図説

鎌倉幕府

田中大喜 編著

戎光祥出版

序にかえて

「鎌倉幕府《かまくらばくふ》」は、おそらく日本中世史のなかで最も有名な歴史用語ではなかろうか。編者が小中学生の頃には、鎌倉幕府の成立年は一一九二年と教えられており、「いい国《（一一九二）》つくろう、鎌倉幕府」という実によくできた語呂合わせで、全国の小中学生の脳裏に「鎌倉幕府」という用語が刻み込まれていったように思われる。最近では、教科書でも鎌倉幕府の成立年の見直しが図られたため、右の語呂合わせが学校の教育現場で使われることはなくなったかもしれないが、それでも「最初の武家政権」という強いインパクトで、「鎌倉幕府」は今もなお人びとの脳裏に刻み込まれ続けていることだろう。

鎌倉幕府を有名にした背景には、右に見た絶妙な語呂合わせの影響も無視できないが、それ以上に戦前以来の重厚な研究史があることを忘れてはならない。これによって、鎌倉幕府は成立から滅亡に至るまでの政治史をはじめ、権力構造・訴訟制度・軍事制度・経済基盤など、さまざまな側面から実態が詳細に明らかにされているのである。しかし、こうした重厚な研究史にもとづく豊かな研究成果を社会に広く発信・還元することは容易ではない。そこで本書では、鎌倉幕府に関係する膨大な研究の到達点を、豊富な図版を交えながらわかりやすく示すことで、これに努めた。各項目には参考文献を付したので、これをご参照いただくことで研究史を確認しながら、内容を吟味することができるはずである。

本書は、「第1部　鎌倉幕府の政争と戦争」・「第2部　鎌倉幕府を構成した人びとと機関」・「第3部　鎌倉幕府の制度と政策」で構成されている。ときどきの関心に沿ってどこからでもお読みいただけると思うが、鎌倉幕府の歴史を通時代的に眺めたいときは第1部を、鎌倉幕府のソフトウェアやハードウェアについて知りたいときには第2部・第3部をお読みいただくことをお勧めする。鎌倉幕府に関心を寄せる方々にとって、本書が良き入門書となれば望外の喜びである。

二〇二一年三月

田中大喜

図説　鎌倉幕府　目次

第3部 鎌倉幕府の制度と政策

コラム

視点

鎌倉関係地図

明月院
建長寺
尾藤ヶ谷
覚園寺
薬師堂谷
北条義時法華堂
法華堂
小袋坂
北谷
永福寺
瑞泉寺
浄光明寺
荏柄天神社
鶴岡八幡宮
西御門
東御門
寿福寺
窟堂
大倉御所
大倉薬師堂
二階堂大路
武蔵大路
政所
筋替橋
南御門
浄妙寺
横大路
若宮大路御所
六浦道
宝戒寺
大倉
明王院
勝長寿院
宇都宮辻子御所
小町大路
東勝寺
中下馬橋
問注所
報国寺
大慈寺
光触寺
釈迦堂
犬懸谷
若宮大路
比企谷
妙本寺
釈迦堂切通し
宅間ヶ谷
下下馬橋
衣張山
大町大路
安養院
一ノ鳥居
元八幡
大町
安国論寺
名越
経師谷
名越切通し
九品寺
弁ヶ谷
光明寺
小坪口
和賀江島

山内
山内道路
円覚寺
最明
東慶寺
浄智寺
梶原
葛原岡神社
化粧坂切通し
銭洗弁天
佐介
無量寿院
常盤
深沢
鎌倉郡衙跡
大仏坂切通し
高徳院
（大仏）
佐々目谷
甘縄
甘縄神明社
車大路
長谷寺
前浜
極楽寺
御霊社
由比浜
滑川
稲瀬川
極楽寺坂
切通し
相模湾
稲村

鎌倉将軍九代の履歴書

代数	名前	父／母	生年／没年	将軍就任年・退任年
初代	**源 頼朝**	源 義朝 由良御前（藤原季範娘）	生：久安三年（一一四七） 没：建久十年（一一九九）	就任：建久三年（一一九二） 退任：建久十年（一一九九）
二代	**源 頼家**	源 頼朝 北条政子	生：寿永元年（一一八二） 没：元久元年（一二〇四）	就任：建仁二年（一二〇二） 退任：建仁三年（一二〇三）
三代	**源 実朝**	源 頼朝 北条政子	生：建久三年（一一九二） 没：建保七年（一二一九）	就任：建仁三年（一二〇三） 退任：建保七年（一二一九）
四代	**藤原（九条）頼経**	藤原（九条）道家 藤原（西園寺）倫子	生：建保六年（一二一八） 没：建長八年（一二五六）	就任：嘉禄二年（一二二六） 退任：寛元二年（一二四四）
五代	**藤原（九条）頼嗣**	藤原（九条）頼経 大宮殿（藤原親能娘）	生：延応元年（一二三九） 没：建長八年（一二五六）	就任：寛元二年（一二四四） 退任：建長四年（一二五二）
六代	**宗尊親王**	後嵯峨天皇 平 棟子	生：仁治三年（一二四二） 没：文永十一年（一二七四）	就任：建長四年（一二五二） 退任：文永三年（一二六六）
七代	**惟康親王**	宗尊親王 藤原（近衛）宰子	生：文永元年（一二六四） 没：嘉暦元年（一三二六）	就任：文永三年（一二六六） 退任：正応二年（一二八九）
八代	**久明親王**	後深草天皇 藤原（三条）房子	生：建治二年（一二七六） 没：嘉暦三年（一三二八）	就任：正応二年（一二八九） 退任：徳治三年（一三〇八）
九代	**守邦親王**	久明親王 惟康親王娘	生：正安三年（一三〇一） 没：元弘三年（一三三三）	就任：延慶元年（一三〇八） 退任：元弘三年（一三三三）

第1部　鎌倉幕府の戦争と政争

挙兵した後醍醐天皇を討伐すべく出陣した鎌倉幕府軍◆『太平記絵巻』　埼玉県立歴史と民俗の博物館蔵

01 治承《じしょう》・寿永《じゅえい》の乱《らん》――「源平合戦《げんぺいかっせん》」の虚像と実像

治承《じしょう》・寿永《じゅえい》の乱《らん》（内乱）とは、いわゆる源平合戦《げんぺいかっせん》を意味する学術用語である。ただし、注意が必要なのは、この戦乱の対立構図が、源氏《げんじ》対平氏《へいし》、あるいは、源頼朝《みなもとのよりとも》対平清盛《たいらのきよもり》、という具合に単純化できないことである。

戦乱勃発当時、頼朝が源氏の代表であることは決して自明ではなかった。頼朝が挙兵したのは治承四年（一一八〇）八月だが、これに先立つ五月、京都で後《ご》白河法皇《しらかわほうおう》の息子である以仁王《もちひとおう》が、反平氏の狼煙《のろし》を上げた。この挙兵に加わった源頼政《よりまさ》は、治承二年に従三位《じゅさんみ》に叙されており、武門源氏《ぶもんげんじ》として初めて公卿《くぎょう》と呼ばれる上級貴族の仲間入りを果たしている。

また、頼朝の挙兵と前後して、他にも源氏の武士が各地で挙兵している。東海地方に進出したのが、甲斐《かい》源氏《げんじ》の武田《たけだ》氏や安田《やすだ》氏である。富士川《ふじがわ》の戦いで平氏軍を撃退したのは、頼朝軍ではなくこの甲斐源氏の勢力である。

頼朝のライバルとしては、従兄弟にあたる源（木《き》曾《そ》）義仲《よしなか》が有名であろう。寿永二年（一一八三）に平氏を都落ちに追い込んだのは義仲である。京都に進駐した義仲軍には、源行家《ゆきいえ》（頼朝の叔父）や美濃源氏《みのげんじ》、尾張源氏《おわりげんじ》の武士が加わっているが、彼らは一つの軍団だったわけではなく、個々に自立した軍事勢力の連合体であった。当初から義仲と行家が主導権争いを演じ、早々に内部分裂に至った。義仲は平氏追討を思うように進められず、むしろ鎌倉にいる頼朝への対抗心を露わにして、後白河法皇の信頼を失い、頼朝が派遣した弟の範頼《のりより》・義経《よしつね》軍に滅ぼされている。

頼朝自身は鎌倉を動くことはなかった。背後の北関東に、新田《にった》氏や佐竹《さたけ》氏といった、同じ河内源氏《かわちげんじ》でありながら頼朝に対抗した勢力が割拠していたからである。

頼朝の父祖を振り返ると、頼義《よりよし》・義家《よしいえ》父子は前九《ぜんく》年《ねん》・後三年《ごさんねん》合戦で活躍し名声をほしいままにしたが、

伝源頼朝木像◆本像は頼朝の可能性も指摘されるもので、源氏ゆかりの鶴岡八幡宮に安置されていた　東京国立博物館蔵　出典：ColBase（https://colbase.nich.go.jp/collection_items/tnm/C-1526?locale=ja）

治承・寿永の乱関係地図

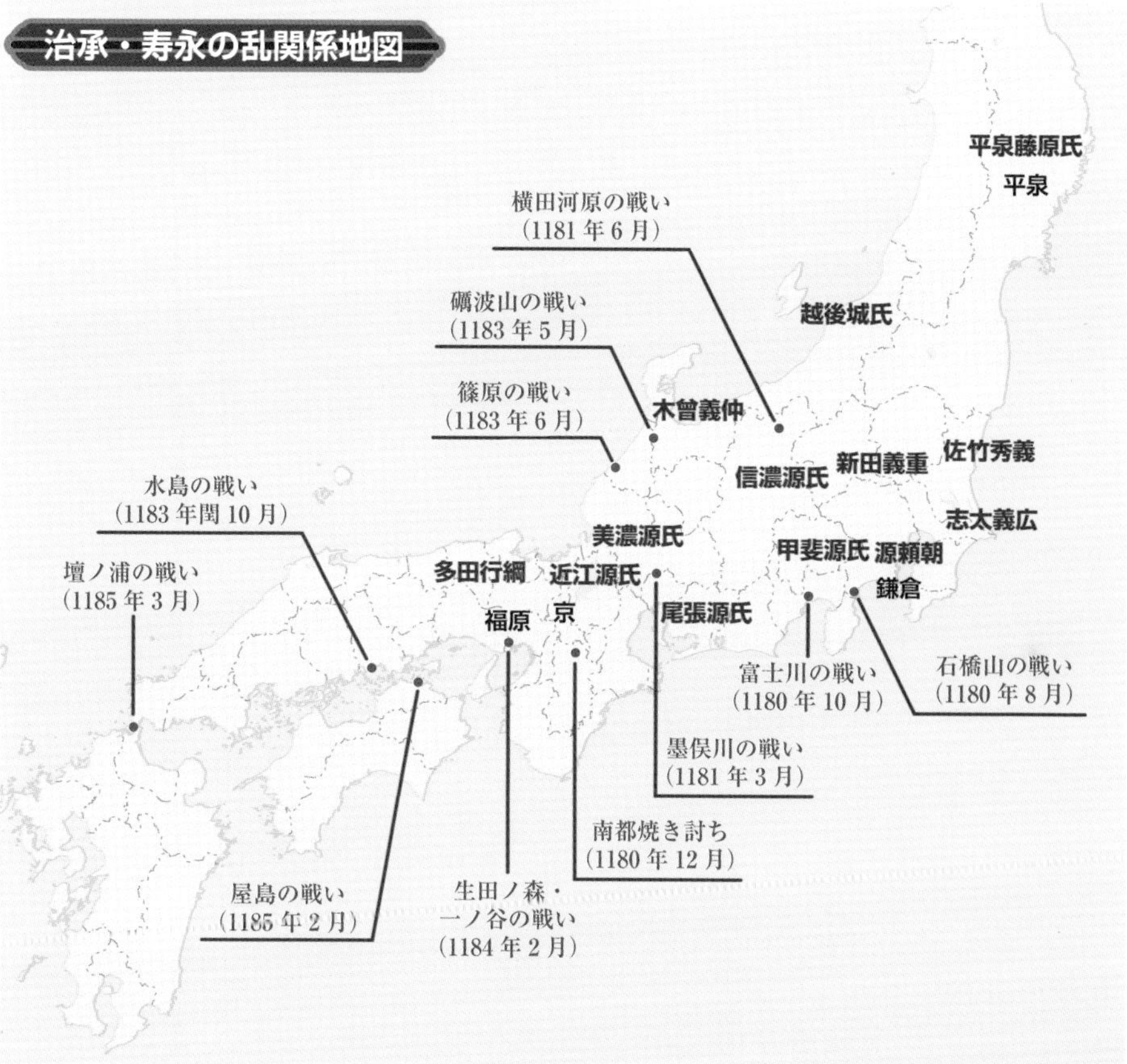

その後、河内源氏内部の嫡庶《ちゃくしょ》関係は揺れ動いている。頼朝の直前では、保元《ほうげん》の乱で祖父為義《ためよし》と父義朝《よしとも》が分裂し、平治《へいじ》の乱では父とともに頼朝自身が敗北している。敗者の頼朝は、死罪こそまぬがれたものの、流罪《るざい》に処され、二十年近くにわたり流刑地《るけいち》の伊豆国《いずのくに》で罪人として暮らしていた。頼朝は過去の人としていったんは歴史の表舞台から姿を消したのであり、治承四年に挙兵したとき、頼朝を源氏の絶対的な代表だと思った人は決して多くなかったであろう。

他方、木曾義仲や新田氏、佐竹氏らも、頼義・義家の子孫として自分こそが源氏の代表だという自負があったに違いない。頼朝は源氏の代表だったわけではなく、また、源氏全体が一枚岩でもなかったのである。

事情は平氏も同じである。栄華をきわめた平清盛だが、弟の頼盛《よりもり》とは母が異なり、しかも頼盛の母のほうが高貴であったため、頼盛は清盛に対して独自の立場で活動している。また、清盛の没後、清盛の息子たちのうち、兄である重盛《しげもり》と、弟ながら家督を継いだ宗盛《むねもり》との間も微妙な関係となっていた。このため、頼盛の系統（池家《いけけ》）は平氏都落ちには同調しておらず、重盛の系統（小松家《こまつけ》）も都落ち後、ほどなく離脱しており、元暦《げんりゃく》二年（一一八五）の壇ノ浦《だんのうら》まで戦い切ったのは宗盛の系統だけである。

また、伊勢平氏《いせへいし》の傍流である平信兼《のぶかね》が、鎌倉から京都へ進軍する義経軍に協力し、一方で、摂津源氏《せっつげんじ》の多《た》田行綱《だゆきつな》が当初は平氏方についていたように、源氏と平氏という対立構図を越えて、それぞれの武士団が時々の利害に応じて同盟と離反を繰り返したのである。

さらに、戦乱を長期化・全国化させた要因に、各地に拠点をおく武士（在地領主《ざいちりょうしゅ》）たちの競合関係があった。すなわち、近隣の武士どうしのあいだで所領支配などをめぐり対立があり、たとえば一方が平氏方につけば、他方は源氏方に従う。こうして、内乱が地域レベルで再生産されていったのである。くわえて、武士身分の者だけでなく、武装した民衆も兵士として動員された。工兵部隊として動員されたものもいた。

治承・寿永の乱において、源平の貴公子の一騎打ち、といったロマン溢れる場面は、実際にはほとんど見られなかったはずである。源氏・平氏の枠組みを越えて、各地の中小武士団や民衆までもが入り乱れて戦ったというのが、この戦乱の実像である。

（下村周太郎）

源平合戦図屏風（部分）◆治承・寿永の乱の最終決戦となった壇ノ浦の戦いを描いたもので、もう一双は一ノ谷の戦いを描いている。『平家物語』等の文学作品を題材に、江戸時代には数多くの源平合戦図屏風が制作された。その中では江戸時代に理想化された武士たちが描かれている　神奈川県立歴史博物館蔵　『武家の古都・鎌倉』展図録（神奈川県立金沢文庫ほか、2012年）より転載

壇ノ浦古戦場跡◆一ノ谷、屋島の戦いで立て続けに敗れた平氏方は長門国彦島に拠ったが、源義経率いる軍勢に敗れ滅亡した。現在、古戦場跡には源義経と平知盛の像が建立されている　山口県下関市　画像提供：山口県観光連盟

【参考文献】

川合康『源平合戦の虚像を剝ぐ』（講談社学術文庫、二〇一〇年）

高橋典幸編『中世史講義　戦乱篇』（ちくま新書、二〇二〇年）

元木泰雄『敗者の日本史5　治承・寿永の内乱と平氏』（吉川弘文館、二〇一三年）

02 奥州合戦《おうしゅうかっせん》——頼朝《よりとも》がこだわった平泉藤原氏《ひらいずみふじわらし》の追討

文治《ぶんじ》五年（一一八九）七月十九日、源頼朝《みなもとのよりとも》は平泉《ひらいずみ》（奥州《おうしゅう》）藤原氏《ふじわらし》の拠点である陸奥国《むつのくに》平泉（岩手県平泉町）に向けて、鎌倉を出発した。幕府軍は三方に分かれて陸奥へと進軍し、頼朝ひきいる大手軍は、関東と東北をつなぐ幹道である奥大道《おくだいどう》を進んだ。

この大手軍に対し、平泉藤原氏当主の泰衡《やすひら》は、伊達《だて》郡《ぐん》阿津賀志山《あつかしやま》（福島県国見町）に全長三キロメートルにおよぶ二重の堀と三重の土塁《どるい》を構築し、二万とも言われる大軍を配備した。幕府軍と平泉藤原氏軍との軍事衝突がいかに大規模なものであったかを、うかがい知ることができよう。

阿津賀志山の合戦を制した幕府軍は、八月二十二日に平泉に到着する。泰衡はすでに北方へ向けて逃亡していたが、九月三日、出羽国贄柵《でわのくににえのさく》（秋田県大館市）で家人河田次郎《かわだじろう》の裏切りに会い、泰衡は討たれた。

以上が奥州合戦の経緯だが、この戦いは、治承《じしょう》四年（一一八〇）以来、十年に及んだ一連の内乱の最終戦といってよい。木曾義仲《きそよしなか》や平氏《へいし》との戦いを西国で展開してきた幕府にとり、背後の北関東や東北にあって頼朝に従わない勢力の存在は懸案だった。平泉藤原氏はその筆頭である。

十二世紀初頭に平泉を拠点とした平泉藤原氏は、金や馬、さらには、鷲《わし》の羽やアザラシの皮など、北方の産物の交易によって大きな利益をあげ、東北に独自の勢力圏を築き上げた。頼朝にとって、平泉藤原氏という一大勢力の軍事的脅威を除き、のみならず、その経済的な富をも手中に入れようとすれば、平泉藤原氏との対決は必至である。

ただし、奥州合戦勃発の背景には、鎌倉と平泉の二大勢力にとって軍事面や経済面での利害関係だけでなく、頼朝による政治パフォーマンスという側面もあった。そのことを次の三点から、考えてみよう。

第一に、全国規模で大規模な軍勢の動員がはかられたことである。東国のみならず、九州にいたるまで動

藤原秀衡画像◆平泉に大勢力を築いた平泉藤原氏の３代目。中央政界とも繋がりをもち、治承・寿永の乱では中立の姿勢を見せたが、次第に頼朝と対立し、同じく頼朝と対立した頼朝の弟義経を平泉に匿った　岩手県平泉町・毛越寺蔵

源義経画像◆頼朝の異母弟で、治承・寿永の乱では兄範頼とともに鎌倉軍の大将をつとめ平氏追討で軍功を上げた。やがて頼朝と対立し、藤原秀衡を頼って奥州平泉に逃れたが、秀衡が没すると跡を継いだ泰衡に攻められ自害した　岩手県平泉町・中尊寺蔵

員がかけられたことが知られている。また、かつて平氏方についた人物も、動員に応じることで赦免《しゃめん》されるなど、広く門戸が開かれた。『吾妻鏡《あずまかがみ》』は最終的に二十八万四〇〇〇騎の軍勢が集結したというが、数字には誇張があるにせよ、過剰な大動員に思われる。

第二に、頼朝みずからが出陣したことである。治承四年八月に挙兵した頼朝だが、実のところ、自ら戦場に立ったのは、挙兵時の山木《やまき》兼隆《かねたか》襲撃と、その直後、敗北を喫した石橋山《いしばしやま》合戦くらいである。木曾義仲や平氏を追討したのは、鎌倉から派遣した弟の範頼《のりより》や義経《よしつね》であって、朝廷側から上洛を期待されていたにもかかわらず、自身は一貫して鎌倉にとどまっていた。その頼朝がみずから戦場に赴いたのである。

第三に、そもそも追討の名目が明確ではないのである。当初の名目は、自らと袂を分かった義経を泰衡が匿ったことであり、たしかに泰衡は義経の身柄引き渡しを求める頼朝の要求を拒んでいた。しかし、最終的には頼朝の圧力に屈して義経を攻め、文治五年四月三十日に義経は自害に追い込まれた。義経の死により、追討する必然性はなくなったはずなのだが、にもかかわらず、頼朝は追討を強行したのである。頼朝は朝廷

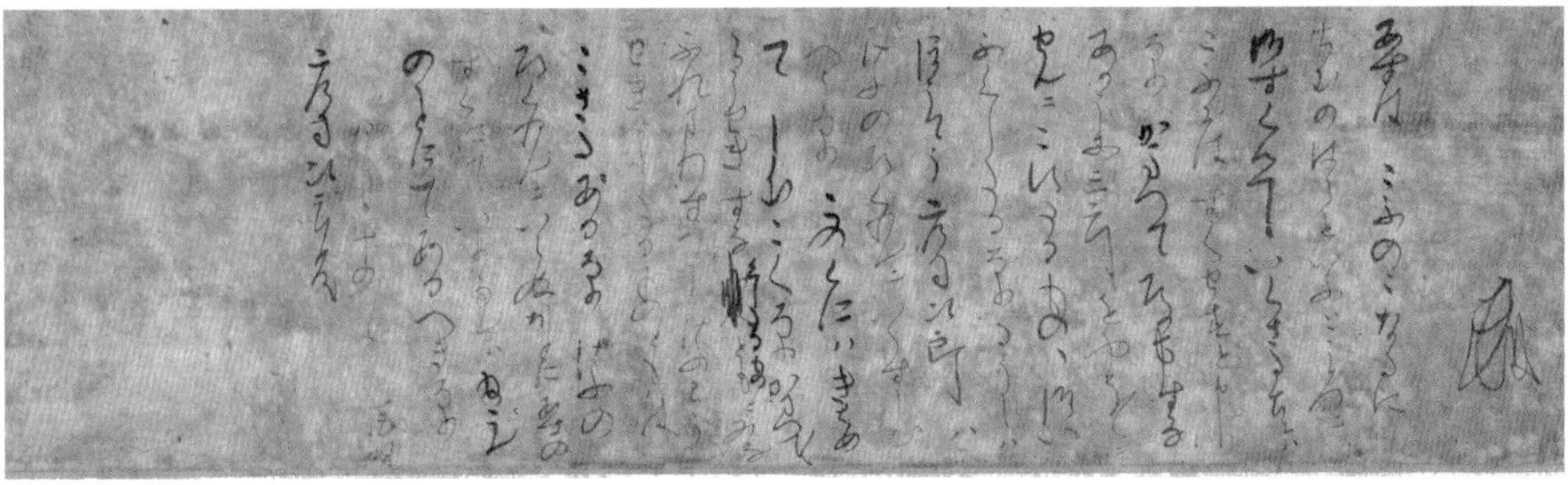

（文治5年）8月15日源頼朝御教書◆平泉に向けて多賀国府を出発した頼朝が、御家人畠山重忠に出した指令書。畠山氏と姻戚関係にある薩摩島津氏に伝来した　島津家文書　東京大学史料編纂所蔵

に追討の勅許を求めたが、朝廷は追討に消極的で、結局は勅許を得られないまま出陣に踏み切っている。

このように、明確な理由のないままに不必要とも思われるほど大規模な軍勢を、しかも頼朝みずから率いて遂行するという異様さが、奥州合戦には認められるのである。

では、なぜ頼朝は平泉藤原氏追討を強行したのだろうか。実は、この合戦は、頼朝の先祖である頼義《よりよし》が勝利した前九年合戦《ぜんくねんかっせん》の再現を意図して遂行された可能性が高い。特に、あえて岩井郡厨川《いわいぐんくりやがわ》（盛岡市）まで進軍し、九月十九日まで駐留してここで泰衡の首をさらしたのは、康平《こうへい》五年（一〇六二）九月十七日に頼義がまさにこの場所で安倍貞任《あべのさだとう》の首をとった歴史の再演に他ならなかった。

源頼義は武門源氏《ぶもんげんじ》たる清和源氏《せいわげんじ》を代表する河内源氏《かわちげんじ》の始祖として、その武功は貴族や武士たちの間で広く認識されていた。全国から動員した多数の武士たちの目の前で頼義の偉業を再現してみせる。このパフォーマンスにより、頼朝は自分こそ頼義の正統な後継者であり、武士社会を糾合する権威的存在であることを誇示しようとしたのである。

（下村周太郎）

【参考文献】
川合康『源平合戦の虚像を剝ぐ』（講談社学術文庫、二〇一〇年）
木村茂光『頼朝と街道』（吉川弘文館、二〇一六年）
柳原敏昭編『東北の中世史1　平泉の光芒』（吉川弘文館、二〇一五年）

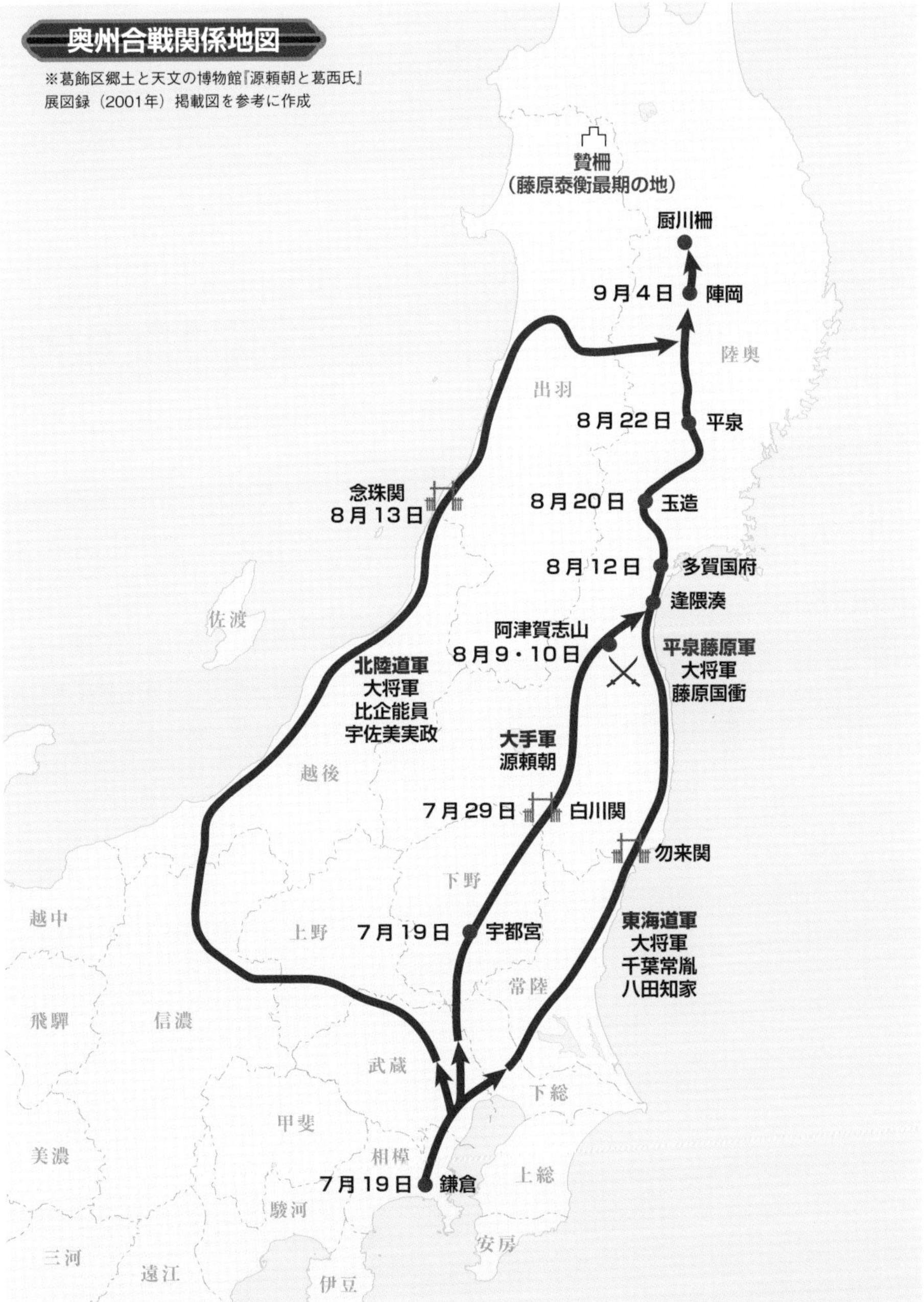
奥州合戦関係地図
※葛飾区郷土と天文の博物館『源頼朝と葛西氏』
展図録（2001年）掲載図を参考に作成
贄柵
（藤原泰衡最期の地）
厨川柵
9月4日
陣岡
陸奥
出羽
8月22日
平泉
念珠関
8月13日
8月20日
玉造
8月12日
多賀国府
逢隈湊
佐渡
阿津賀志山
8月9・10日
平泉藤原軍
大将軍
藤原国衡
北陸道軍
大将軍
比企能員
宇佐美実政
大手軍
源頼朝
越後
7月29日
白川関
勿来関
下野
越中
上野
7月19日
宇都宮
東海道軍
大将軍
千葉常胤
八田知家
常陸
飛騨
信濃
武蔵
下総
甲斐
美濃
相模
上総
7月19日
鎌倉
駿河
安房
三河
遠江
伊豆

03 梶原景時《かじわらかげとき》の乱《らん》——頼朝《よりとも》最側近のたどった運命

正治《しょうじ》元年（一一九九）正月、初代将軍　源頼朝《みなもとのよりとも》の急死を受け、子頼家《よりいえ》が鎌倉殿《かまくらどの》を継承した。この年の冬、阿波局《あわのつぼね》（北条時政《ほうじょうときまさ》娘・政子《まさこ》妹）が御家人《ごけにん》結城朝光《ゆうきともみつ》に「景時《かげとき》の讒言《ざんげん》であなたは誅殺《ちゅうさつ》される」と告げたのをきっかけに、有力御家人六十六人が共同で頼家に対し景時追放を直訴するに至った。

年が明け、頼朝の一周忌が過ぎた頃、景時は籠居《ろうきょ》していた相模一宮《さがみいちのみや》（神奈川県寒川町）から上洛を企てるも、駿河国清見関《するがのくにきよみがせき》（静岡市清水区）で一族もろとも討伐された。『愚管抄《ぐかんしょう》』が「一ノ郎等《いちのろうとう》」と記す頼朝側近中の側近であった景時は、主人の死から一年で族滅したのだった。

頼朝の最側近だけあって、『平家物語《へいけものがたり》』や『吾妻《あずま》鏡《かがみ》』にも多く登場するが、その人物像は概して傲慢で陰湿である。頼朝に讒言して源義経《よしつね》失脚の要因をつくったとの逸話は、特に有名である。

ただ、景時を悪く描く逸話は、滅亡から逆算して歪《わい》曲《きょく》された面もある。頼朝が景時を重用したのには、それなりの理由があったに違いない。例えば、木曽《きそ》義仲《よしなか》の追討後、京都から鎌倉へ義経をはじめ五人から合戦結果が報告されてきたが、景時だけ討ち取り・生け捕りにした敵方のリストも付けていたので、頼朝が大変感心したという。

景時は政治面や軍事面で有能さを発揮しており、京都へ派遣されて朝廷との交渉役を務めるなど、頼朝のあつい信頼を得ていた。幕政においては、侍所《さむらいどころ》の所司《しょし》に抜擢されている。所司は次官で、長官の別当《べっとう》は和田義盛《わだよしもり》であったが、実際の活動においては義盛に勝るとも劣らない存在感を示している。

また、「言語を巧みにするの士」ともされた景時は、和歌《わか》にも優れた才能を示している。『平家物語』をはじめ諸書に、和歌を詠んだ逸話が残っている。こうした文化面での有能さも、頼朝の歓心を買ったのだろう。後継者である頼家の乳母夫《めのと》になっていたことから、

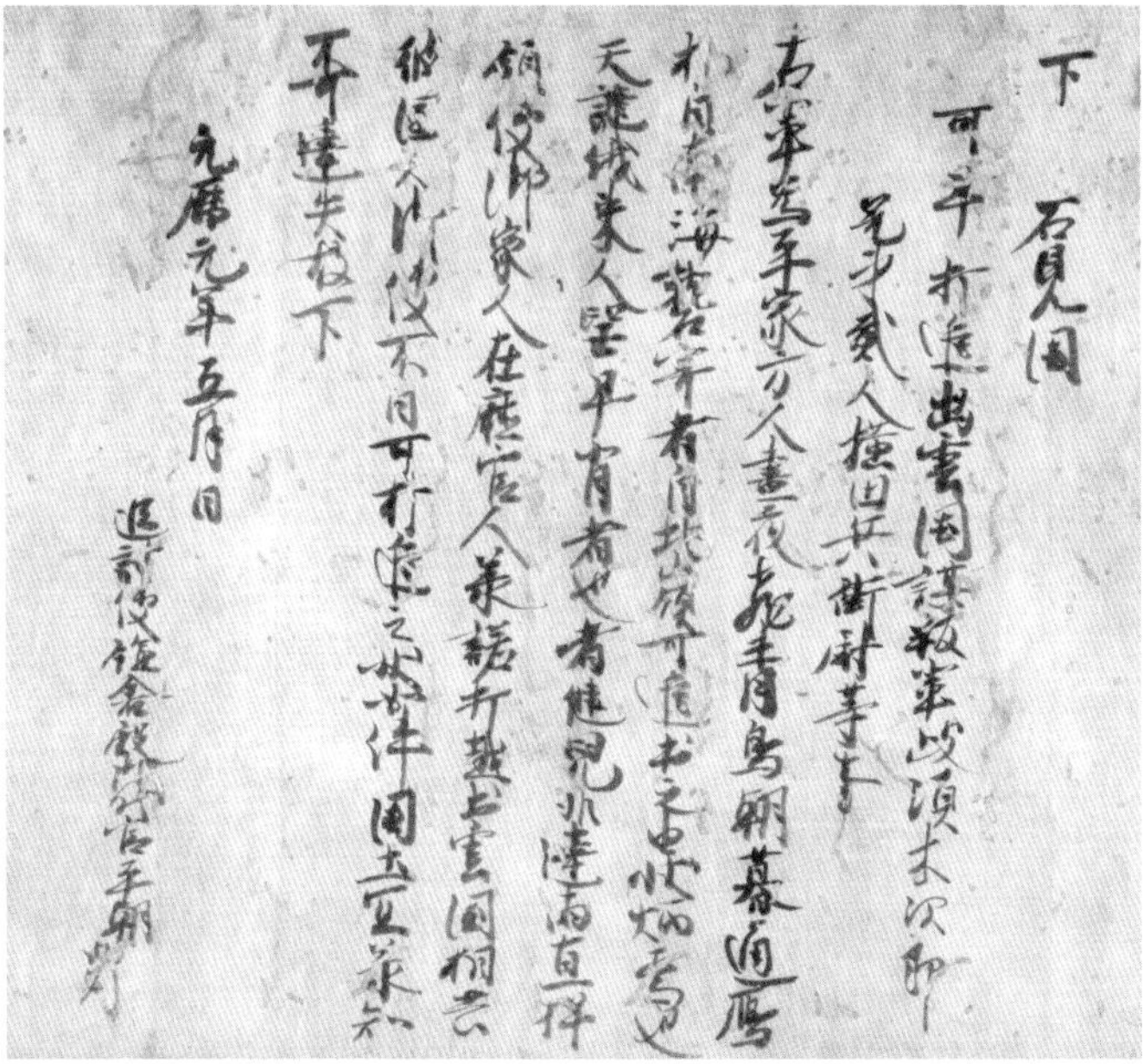

「益田氏代々証文案幷紛失状」所収元暦元年５月日梶原景時下文案◆生田ノ森・一ノ谷での勝利後、景時は鎌倉殿御代官として土肥実平とともに中国地方における軍政を担った。本文書で景時は石見国の武士に対して隣国出雲国の平氏方の武士を討伐するよう命じている　益田家文書　東京大学史料編纂所蔵

頼朝死後も引き続き頼家に重用された。しかし、頼朝・頼家二代にわたり、あまりに将軍個人との関係を深めすぎたことが、他の御家人から弾劾される結果へとつながったのである。

（下村周太郎）

【参考文献】
永井晋『鎌倉源氏三代記』（吉川弘文館、二〇一〇年）
野口実編『中世の人物　京・鎌倉の時代編第二巻　治承～文治の内乱と鎌倉幕府の成立』（清文堂出版、二〇一四年）
山本幸司『頼朝の精神史』（講談社選書メチエ、一九九八年）

梶原景時父子の墓◆景時のほか、景季・景高らの墓と伝えられる　神奈川県鎌倉市

04

比《ひ》企《き》能員《よしかず》の変《へん》——陰謀と将軍殺し

『吾妻鏡《あずまかがみ》』から変の経緯をみよう。建仁《けんにん》三年（一二〇三）七月二十日、将軍・頼家《よりいえ》は重病に陥り、万一の事態が予想された。そこで、八月二十七日、頼家嫡子の一幡《いちまん》に惣守護職《そうしゅごしき》と関東二十八ヶ国の地頭職《しとうしき》を、弟の千幡《せんまん》（のちの実朝《さねとも》）に関西三十八ヶ国の地頭職を譲る決定をする。日本のすべての守護と地頭を任命できる鎌倉殿《かまくらどの》の権限を二人に分割したのである。一幡の母は比企能員《ひきよしかず》の娘、対する千幡の母は北条政子《ほうじょうまさこ》であり、比企氏と北条氏、両勢力の対立が背後にあった。

九月二日、比企能員は病床の頼家に対し、北条時政《ときまさ》を討つことを持ちかけ、頼家も許可を与えた。しかし、障子を隔ててこれを聞いた政子は、急いでこの陰謀を時政に知らせた。時政は一計を案じ、仏事にかこつけて能員を自邸に招き、暗殺した。だましうちである。頭目を失った比企一族は、一幡の屋形（小御所《こごしょ》）に立て籠もる。そこに対し、北条政子の命令で幕府の大軍が押し寄せた。奮戦空しく比企一族は討ち取られ、一幡は混乱のなかで死亡した。

比企氏側の残党狩りと戦後処理が始まったが、予想外なことに、九月五日、頼家の病状が回復した。事件を知った頼家は激怒したが、結局出家《しゅっけ》させられ、伊《い》豆《ず》の修善寺《しゅぜんじ》（静岡県伊豆市）に幽閉されてしまう。翌年の元久《げんきゅう》元年七月十八日、伊豆にて頼家は死去した。死の詳しい事情について『吾妻鏡』は記さないが、『愚管抄《ぐかんしょう》』の記事などから、北条氏側による暗殺と推測される。おそらくは、能員と頼家の謀議も、『吾妻鏡』の曲筆なのではないか。

血なまぐさい過程を経て、千幡は元服して源実《みなもとのさね》朝《とも》として鎌倉殿の地位につき、北条政子の協力のもと、外祖父の北条時政が実権を握る体制が成立した。時政は邸宅に実朝を迎え入れ、鎌倉殿の意思をうけたまわるという体裁で、時政一人の署判による文書を御家人《ごけにん》たちに発給したのであった。

（木下竜馬）

【参考文献】
永井晋「比企氏の乱の基礎的考察」（『埼玉地方史』三七号、一九九七年）

比企能員の変の対立構図

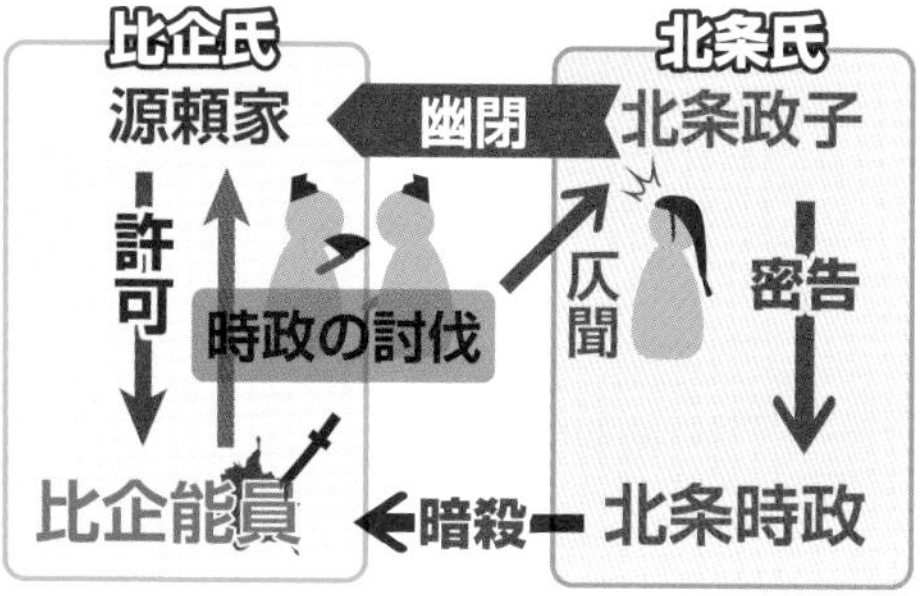

源頼家画像◆頼朝の子で鎌倉幕府２代将軍。頼朝の死後に家督を継ぐも、幕府の運営は重臣たちの合議制でおこなわれることになった　東京大学史料編纂所蔵模写

比企一族の墓◆比企能員は源頼朝の乳母だった比企尼の猶子となり勢力を伸ばし、源頼家の乳母父になっている。また、十三人の合議制のメンバーにも選ばれるなど、初期幕府の重鎮として活躍した。比企一族の墓がある妙本寺は、比企能員の屋敷跡に創建された　神奈川県鎌倉市

05 畠山重忠《はたけやましげただ》の乱《らん》——名門武蔵《むさし》武士の落日

畠山重忠《はたけやましげただ》は、幕府有力者のひとりであり、武蔵武士を名実ともに代表する存在だった。その背景から述べよう。

鎌倉幕府成立以前の武蔵国《むさしのくに》は有力武士団が数多く存在したが、そのなかでも平良文《たいらのよしふみ》を祖とする秩父平《ちちぶへい》氏《し》は最有力の武士であり、国衙《こくが》を拠点としながら、秩父氏、江戸《えど》氏、河越《かわごえ》氏、畠山氏などが各地に枝分かれしていった。重忠は、そんな秩父平氏の嫡流として誕生した。

武蔵国は平氏知行国《ちぎょうこく》であり、秩父平氏も平氏政権に従った。頼朝《よりとも》が挙兵した際は、平氏側として重忠は初陣を飾り、挙兵に応じた三浦《みうら》氏の軍勢と戦っている。しかし房総半島《ぼうそうはんとう》に逃げた頼朝が勢いを得ると、他の秩父平氏とともに頼朝に臣従し、頼朝を武蔵国に迎え入れた。これ以降重忠は頼朝方の有力者のひとりとなり、頼朝の鎌倉入りや建久《けんきゅう》年間の上洛では名誉ある先陣を務めた。重忠は武蔵国留守所惣検校職《るすどころそうけんぎょうしき》に任ぜられ、武蔵国衙を掌握する存在として頼朝に認められた。

頼朝が進めていった合戦で、重忠は活躍していく。寿永二年（一一八三）には源義経《みなもとのよしつね》の指揮下で上洛して木曾義仲《きそよしなか》軍と戦い、生田《いくた》ノ森《もり》・一《いち》ノ谷《たに》の戦いでは平氏軍と戦った。そこでの伝説的な活躍は後世の軍記物にくわしい。文学上の虚構とされているものの、いわゆる「鵯越《ひよどりごえ》の坂落《さかお》とし」で義経軍が騎馬で崖を駆け下るなか、馬を怪我させぬよう、重忠だけは愛馬を担いでいったという話は、重忠が情け深く武勇優れた侍として記憶されていたことを示す。また、奥州《おうしゅう》合戦でも先陣を務め、鎌倉軍の中核を担った。

重忠の人柄は、文治《ぶんじ》三年（一一八七）の『吾妻鏡《あずまかがみ》』の挿話でも描かれる。梶原景時《かじわらかげとき》の讒言《ざんげん》で、重忠は謀反を疑われ、使者に伴われ鎌倉に出頭した。その場で重忠は「謀反を企んでいるという噂が立つのは、かえって名誉である」と言い放ったという。重忠の率直さ、豪胆さ、そして自信のほどを示すものである。

畠山重忠の乱の対立構図

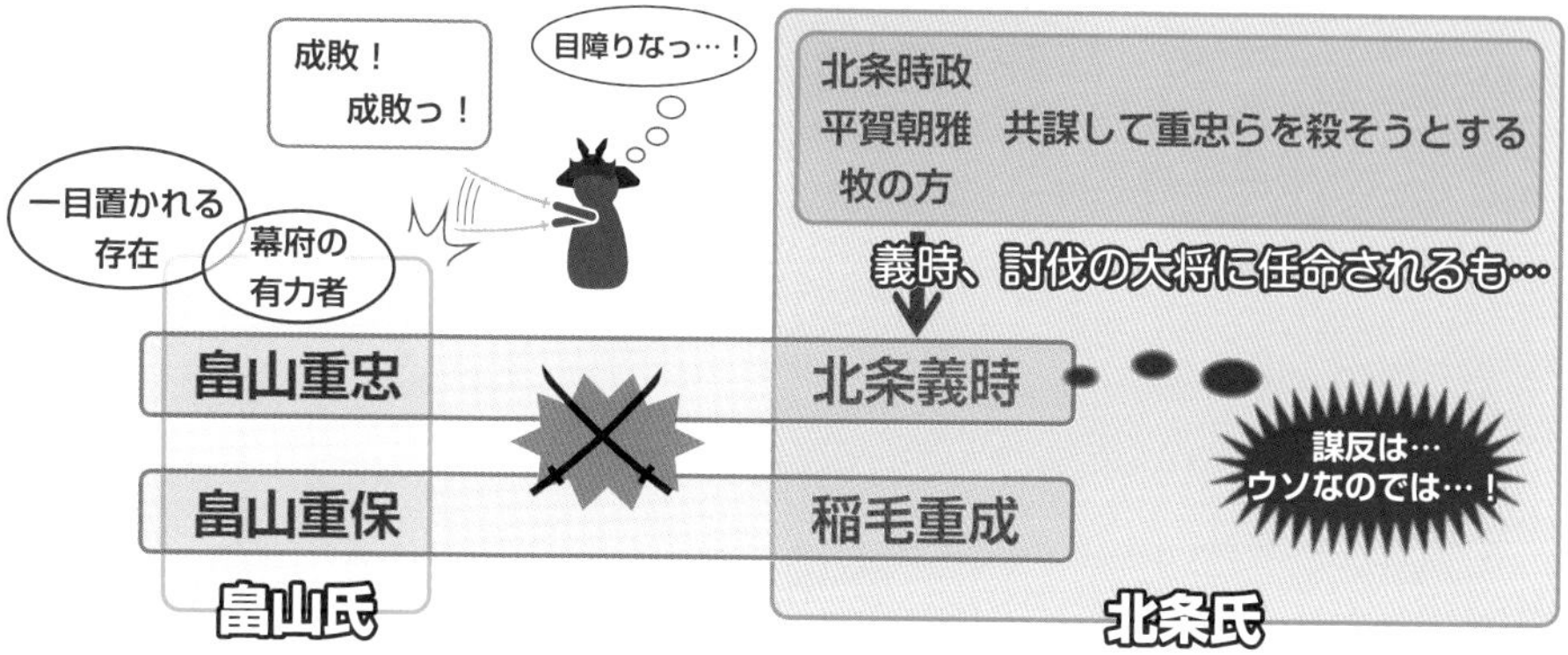

かくして畠山重忠は、幕府内の最有力武士のひとりとして、重要地・武蔵の要となった。頼朝は重忠を厚遇しており、北条時政《ほうじょうときまさ》の娘二人を重忠とその従兄弟の稲毛重成《いなげしげなり》に嫁がせ、姻族としている。

　頼朝死後も重忠は有力者としての地位を保ったが、比企能員《ひきよしかず》の変を経て北条時政が権力を握ると、関係が微妙になってくる。建仁三年（一二〇三）十月二十七日には、武蔵国の武士らに対し、時政に忠誠を誓わせ

秩父平氏略系図

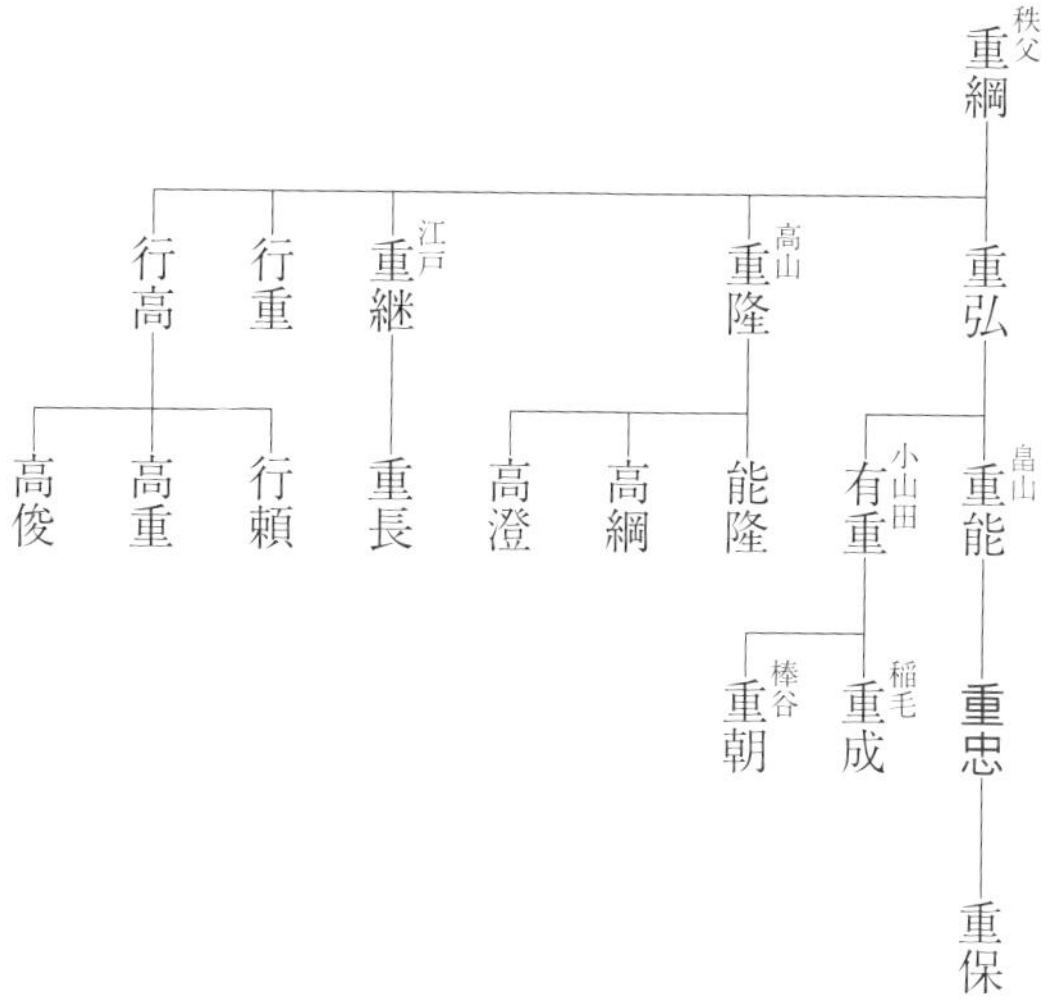

近世の浮世絵に描かれた畠山重忠◆個人蔵

る命令が出ている。武蔵国に進出する気配を見せる時政にとって、重忠は邪魔者に映ったであろう。建仁四年（一二〇四）正月二十八日には、「時政が重忠との合戦に敗れた」という誤報が京に伝わっており、同年十一月四日には平賀朝雅《ひらがともまさ》（時政の婿、前武蔵守）と重忠の嫡男・重保《しげやす》が口論している。時政と重忠の対立は次第にあきらかになっていった。

元久《げんきゅう》二年（一二〇五）六月二十一日、異変は起きた。『吾妻鏡』によって記そう。この日、北条時政は牧《まき》の方《かた》（時政の後妻）、平賀朝雅と図って重忠らを殺害しようとし、息子の義時《よしとき》・時房《ときふさ》に協力を呼びかけた。ふたりは重忠のこれまでの勲功を挙げて反対するが、時政は無言で席を立ってしまう。

翌日、稲毛重成（時政と共謀していたという）によって鎌倉におびき出されていた畠山重保に討手が差し向けられ、合戦の末討ち取られた。そして重忠が鎌倉に攻め寄せてくるという情報に基づき、北条義時を大将とする鎌倉幕府の大軍が北上した。率いる手勢わずかに百三十四騎だった重忠軍は、武蔵国二俣川《ふたまたがわ》（横浜市旭区）において幕府軍を迎えうち、壮絶な戦死を遂げたのであった。義時は鎌倉に戻り、重忠の謀反のうわさが事実無根であったと再度時政に抗議しているが、返答の言葉はなかったという。

畠山重忠の乱後、武蔵国は北条氏支配下にはいった。この乱は、北条氏による政略であり、幕府成立以前からの伝統をもつ武蔵武士の没落という節目にあたる事件であった。

（木下竜馬）

【参考文献】
清水亮編著『中関東武士の研究第七巻　畠山重忠』（戎光祥出版、二〇一二年）
清水亮『中世武士 畠山重忠』（吉川弘文館、二〇一八年）

畠山重忠邸跡碑◆鶴岡八幡宮のすぐ脇にある
神奈川県鎌倉市

畠山重忠の墓◆覆屋の中に重忠主従の墓とされる五輪塔6基が並んでいる。周辺には重忠が生まれた館があったともされ、現在は「畠山重忠公史跡公園」として整備されている
埼玉県深谷市

畠山重忠銅像◆『平家物語』に記された「鵯越の坂落とし」の伝説に基づき、愛馬「三日月」を担いで崖を駆け下りる構図で制作された　埼玉県深谷市

06 和田合戦《わだかっせん》——都市鎌倉、初の大激戦

建暦《けんりゃく》三年（一二一三）五月、和田義盛《わだよしもり》らが幕府軍と戦った和田合戦は、鎌倉《かまくら》でおこなわれた初の本格的市街戦であり、他の政変と比べても抜きんでた被害を及ぼした。背景と経緯を追っていこう。

乱の頭目である和田義盛は、杉本義宗《すぎもとよしむね》の子、三浦義明《みうらよしあき》の孫である。三浦一族は相模国衙《さがみこくが》と関係して勢力を伸ばした雄族であり、頼朝《よりとも》挙兵直後から味方に参じ、数々の忠節を尽くした。なかでも義盛は、侍所別《さむらいどころべっ》当《とう》（初期は侍別当であったともいう）として御家人統制の重責を担い、頼朝の厚い信任を得て、諸合戦で中核的な役割を果たした。頼朝死後、頼家の初政にあたって十三人の合議制が敷かれたが、義盛は宿老《しゅくろう》としてその一人に選ばれている。和田合戦のとき六十七歳であった義盛は、嫡流の三浦義村《よしむら》（義盛の甥にあたる）を官職、経験、幕府内の地位などさまざまな面で上回っており、「三浦ノ長者」（『愚管抄《ぐかんしょう》』）と表現される内実を伴っていた。

和田合戦の前提として、それと同年の二月に発覚した泉親衡《いずみちかひら》の乱がある。信濃国《しなののくに》の泉親衡という武士が、頼家の遺児（千手丸《せんじゅまる》、のち出家して栄実《えいじつ》）を旗印として反逆を起こそうとした計画が察知され、中心人物百三十名、その家来二百名が幕府によって捕縛された、一大事件である。そして捕縛されたなかには、和田義盛の息子らや甥も入っていた。義盛の嘆願によって息子らは赦免されたが、甥は許されなかった。『吾《あ》妻鏡《ずまかがみ》』は、これを義盛謀反の動機としている。

同年三月ごろから鎌倉では兵の動きがあるなど雲行きが怪しくなっていたが、ついに五月二日、和田義盛と一族、そして土屋義清《つちやよしきよ》など相模国《さがみのくに》御家人らが鎌倉で蜂起した。三浦義村ははじめ義盛に味方すると約束していたが、裏切って計画を将軍御所《しょうぐんごしょ》に伝えた。かくして、和田義盛らと北条義時《ほうじょうよしとき》らの幕府軍とが全面的に戦う和田合戦が勃発したのである。

和田方の軍勢は将軍御所に向かい、義時や大江広元《おおえのひろもと》

の指揮下にある御家人らを攻撃して、御所を火で焼き尽くす大乱闘となった。剛力で鳴らした朝夷名義秀《あさひなよしひで》（義盛四男）の活躍は著名である。和田方はじりじりと押されていき、夜には由比《ゆい》が浜《はま》のほうまで撤退していった。しかし一夜明けた三日に、和田方の横山時兼《よこやまときかね》が援

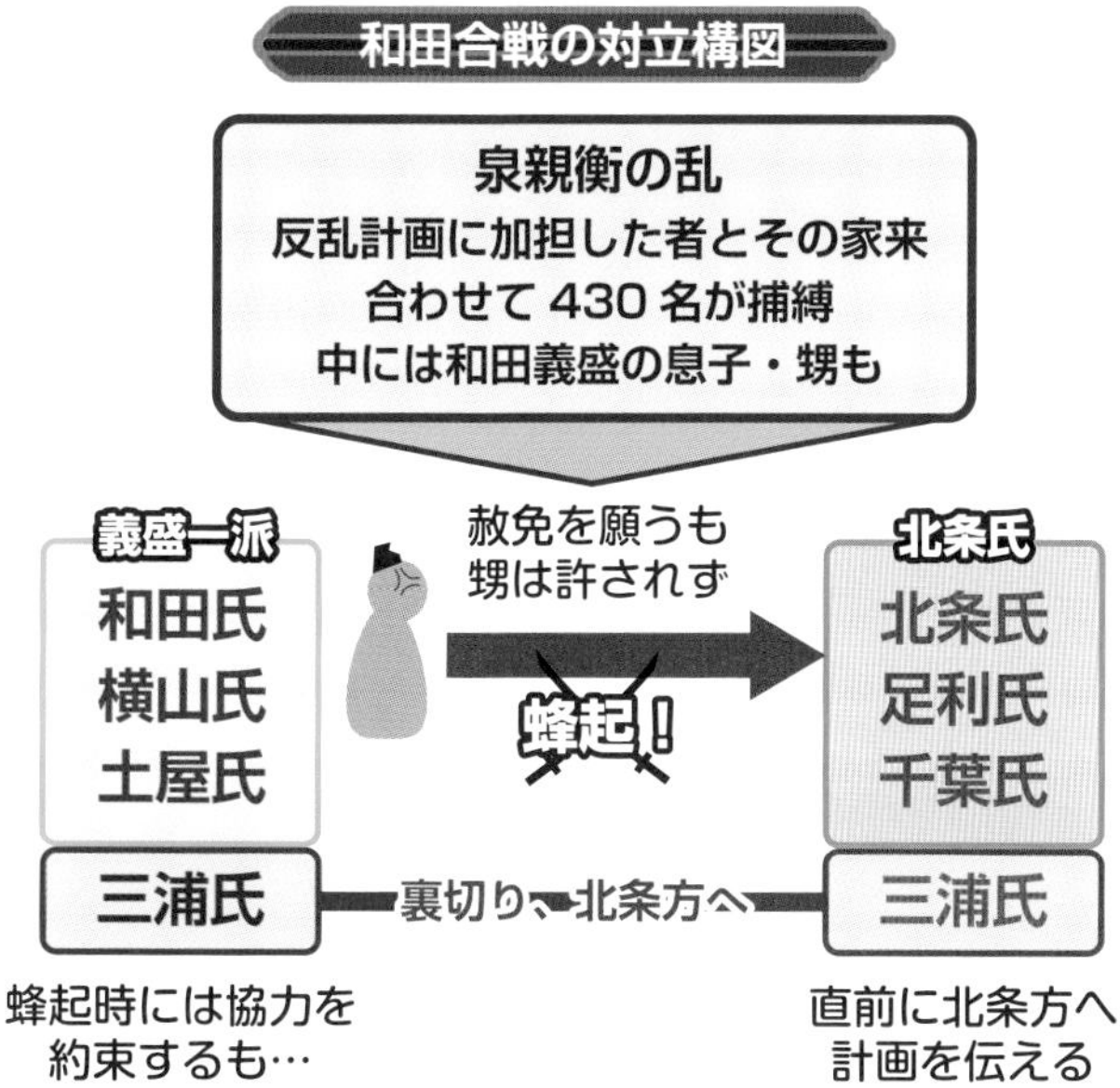

軍を率いて腰越浦《こしごえうら》に到着したため、再度盛り返した和田方が鎌倉のなかまで攻め込み、激しい戦いが展開された。結局この日中に義盛ら主だったものは討ち死にし、和田合戦は終結した。四日に片瀬川《かたせがわ》のほとりにさらされた首の数は、二百三十四にのぼったという。幕

和田義盛一族の墓と伝わる和田塚◆明治時代になって塚の周辺を掘ったところ大量の人骨が出土し、それに因んで「和田一族戦没地」の碑が立てられている
神奈川県鎌倉市

府方の主だった死者は五十人、手負いは千人と記録されており、非常な激戦だったことがうかがえる。

しかし、合戦の余波は続く。合戦の翌月には、西国に隠れた和田方の残党を幕府が警戒している。同年十一月十日、泉親衡の乱で担がれた頼家遺児の千手丸は北条政子《まさこ》によって出家させられ栄実と名乗らされた。翌年十一月十三日、栄実とみられる頼家遺児を頭目として和田方の残党が京都で蜂起しようとした容疑で、大江広元の家人がこれらを討ち取っている。敗残者どうしが結びついたとも考えられるが、泉親衡の乱に和田一族が関与していたことも踏まえると、その結びつきはさかのぼる可能性もある。合戦の際、和田方が実朝《さねとも》の御所に火をつけたことを考えると、単なる義盛の私怨による挙兵とはいえず、実朝と義時・広元らが構成する幕府の体制そのものを否定する目的があったという説もある。

乱の結果、北条義時は政所別当に加え、和田義盛が保っていた侍所別当の座を手に入れ、幕府内での地位を確固たるものとした。また、和田一族を土壇場で裏切った三浦義村は、幕府政治に深く関わる有力者となった。親族を切り捨てた義村の冷徹な判断が、「三浦の犬は友を食らう」（『古今著聞集《ここんちょもんじゅう》』）といわれるゆえんである。

（木下竜馬）

【参考文献】
高橋秀樹『三浦一族の中世』（吉川弘文館、二〇一五年）
高橋秀樹『三浦一族の研究』（吉川弘文館、二〇一六年）

和田合戦図屏風◆中央で門を破壊するのは朝夷名義秀　和田合戦を描いた現存唯一の屏風で、日向国都城藩の藩校・明道館に伝わった　宮崎県都城市・明道小学校蔵　都城市立美術館寄託

木造毘沙門天立像◆和田合戦で義盛の代わりに矢を受けたとされ、矢請けの毘沙門天と呼ばれる　神奈川県横須賀市・清雲寺蔵　画像提供：横須賀市立中央図書館

07
承久《じょうきゅう》の乱《らん》——公武関係《こうぶかんけい》の一大転換点

承久《じょうきゅう》三年（一二二一）、後鳥羽上皇《ごとばじょうこう》は執権北条《しっけんほうじょう》義時《よしとき》の追討を命じた。これに対し、北条泰時《やすとき》・時房《ときふさ》ひきいる幕府軍が京都へと攻め上り、上皇方を破ったのが承久の乱である。

上皇が討幕を企てた理由は必ずしも明確でない。『吾妻鏡《あずまかがみ》』では、上皇が寵愛する遊女亀菊《ゆうじょかめぎく》の所領である摂津国長江《せっつのくにながえ》・倉橋荘《くらはしのしょう》（大阪府豊中市）の地頭《じとう》を停止するよう上皇が幕府に要求したのに対し、特段の理由もなく源頼朝時代に設置された地頭を停止することはできないと義時が拒否したため、上皇が激怒したとされる。上皇の意図は執権義時の排除であって、幕府そのものの打倒ではなかったという見方もあるが、真相はわからない。

いずれにせよ、伏線として重要なのは、建保《けんぽう》七年（一二一九）に、将軍源実朝《みなもとのさねとも》が甥の公暁《くぎょう》によって殺害された事件である。実朝は和歌《わか》など京の文化にも造詣が深く、上皇や貴族と良好な関係を築いていた。ところが、その実朝が暗殺されたことで、上皇は幕府への不信感を募らせることになったのである。

全国の武士たちは、上皇方につくか、幕府方につくか、決断を迫られた。治承《じしょう》・寿永《じゅえい》の乱の結果、幕府が成立したが、滅んだのは平氏《へいし》や平泉《ひらいずみ》（奥州《おうしゅう》）藤原《ふじわら》氏《し》であり、朝廷の権力が否定されたわけではなかった。幕府は東国を中心に御家人《ごけにん》として武士の組織化を進めてはいたが、治天《ちてん》の君《きみ》である上皇の公権力は院政期《いんせいき》と変わらず健在であり、そのため、京都や西国に居住・滞在する武士の多くは、上皇の軍事動員に応じて幕府軍と戦ったのである。

朝廷も幕府も武士にとっては重要な奉公先であったから、武士の中には一族で分業体制をとり、親子兄弟のうち、東国にあって幕府に仕えるものと、京都や西国にあって朝廷に仕えるものとで役割を分担していた。承久の乱では二大奉公先である朝廷と幕府が衝突したから、一族どうしが敵と味方に分かれて命を奪い

紙本著色後鳥羽上皇画像◆高倉天皇の子。平氏が安徳天皇を伴って三種の神器とともに西国に逃れたため、神器なしで即位した。神器なしでの即位は後鳥羽のコンプレックスとなったともされる　大阪府島本町・水無瀬神宮蔵

合う悲劇も起きたのである。

承久の乱は短期決戦であった。上皇の義時追討命令の発出が五月十五日、対する幕府軍が出陣を開始したのが同二十二日、その後、美濃国墨俣《みののくにすのまた》（岐阜県大垣市）、近江国瀬田《おうみのくにせた》（大津市）、山城国宇治《やましろのくにうじ》（京都府宇治市）などで交戦があり、幕府軍が京都を占拠したのが六月十四日の夜である。ひと月ほどの出来事であった。

上皇は自身の公権力を過信していたようである。東国の武士も自らの軍事動員に応じると、上皇は期待していた。ところが、実際には東国武士の多くは幕府方につき、すぐに京都へ攻め上ったため、上皇方は十分な迎撃態勢を整える間もなく敗れ去ったといえる。北条政子《まさこ》が、御家人たちを集めて「頼朝の御恩は山より高く、海より深く……」と諭したというエピソードが本当かはわからないが、東国武士たちに進退に思い悩む猶予を与えず、いち早く京都攻めを決行したことが、幕府に短期間での圧勝をもたらしたといえるだろう。

このように戦闘自体は短期であったが、乱がその後の歴史に与えた影響はあまりに大きい。乱後の戦後処理や治安維持を目的に泰時・時房が京都での駐留を継

後鳥羽天皇関係系図

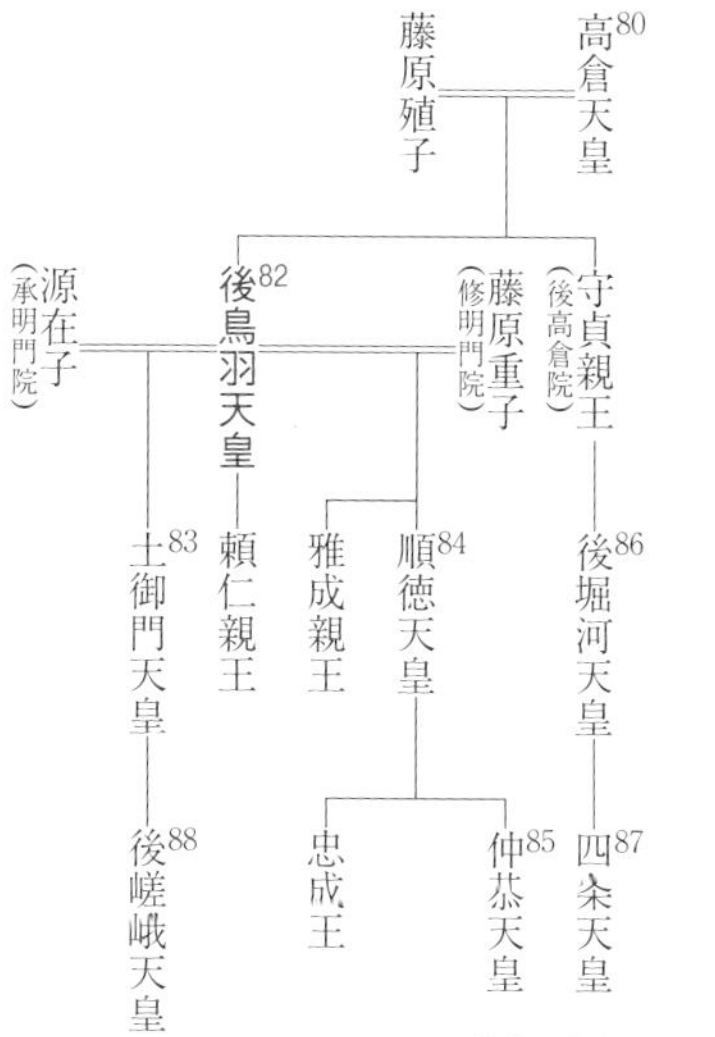

※数字は代数を表す

続し、やがて六波羅題探《ろくはらたんだい》という幕府の出先機関として定着したり、約三〇〇〇箇所ともいわれる上皇方の武士や貴族の所領が没収されて（承久没収地）、新たに地頭（新補《しんぽ》地頭）が設置されたりと、幕府の西国への影響力が格段に強まったことは周知の通りである。

そのうえで、承久の乱がもつ最大のインパクトは、朝廷と幕府の関係性を根底から揺るがしたことであろう。幕府は、後鳥羽・順徳《じゅんとく》・土御門《つちみかど》三上皇と皇位継承候補の雅成《まさなり》・頼仁《よりひと》両親王《しんのう》を流罪《るざい》とし、践祚《せんそ》後、即位《そくい》式《しき》や大嘗会《だいじょうえ》を完了していなかった仲恭《ちゅうぎょう》天皇を廃位した。そして、後鳥羽の兄、守貞《もりさだ》親王を後高倉院《ごたかくらいん》として治天の君にすえ、その子息で僧籍にあった茂仁《とよひと》を還《げん》俗《ぞく》させて天皇とした（後堀河《ごほりかわ》天皇）。こうして幕府の皇位継承への関与が生じ、以後、皇位継承のたびに朝廷が幕府の意向をうかがうことが常態化していく。

くわえて、他ならぬ後鳥羽上皇が所有する所領、すなわち天皇家の荘園が没収されたことも見過ごしてはならない。幕府は後鳥羽上皇が持つ八条院領《はちじょういんりょう》を没収したうえで、後高倉院に寄進《きしん》した。このとき、幕府が必要とすれば返付するとの条件が付けられた。こうして、幕府は天皇家領に対する影響力をも持つことになったのである。

人々は、最高権力者たる後鳥羽上皇が武士に打ち負かされ島流しにされてしまった現実を理解する必要に迫られた。この結果、たとえ天皇（上皇）であっても徳《とく》、すなわち為政者としての資質を欠けばその座を追われることがありうるのだ、天皇も「謀叛人《むほんにん》」となりうるのだ、という新たな社会通念が形成されることになったのである。

（下村周太郎）

【参考文献】
高橋典幸編『中世史講義　戦乱篇』（ちくま新書、二〇二〇年）
長村祥知『中世公武関係と承久の乱』（吉川弘文館、二〇一五年）
野口実編『承久の乱の構造と展開』（戎光祥出版、二〇一九年）

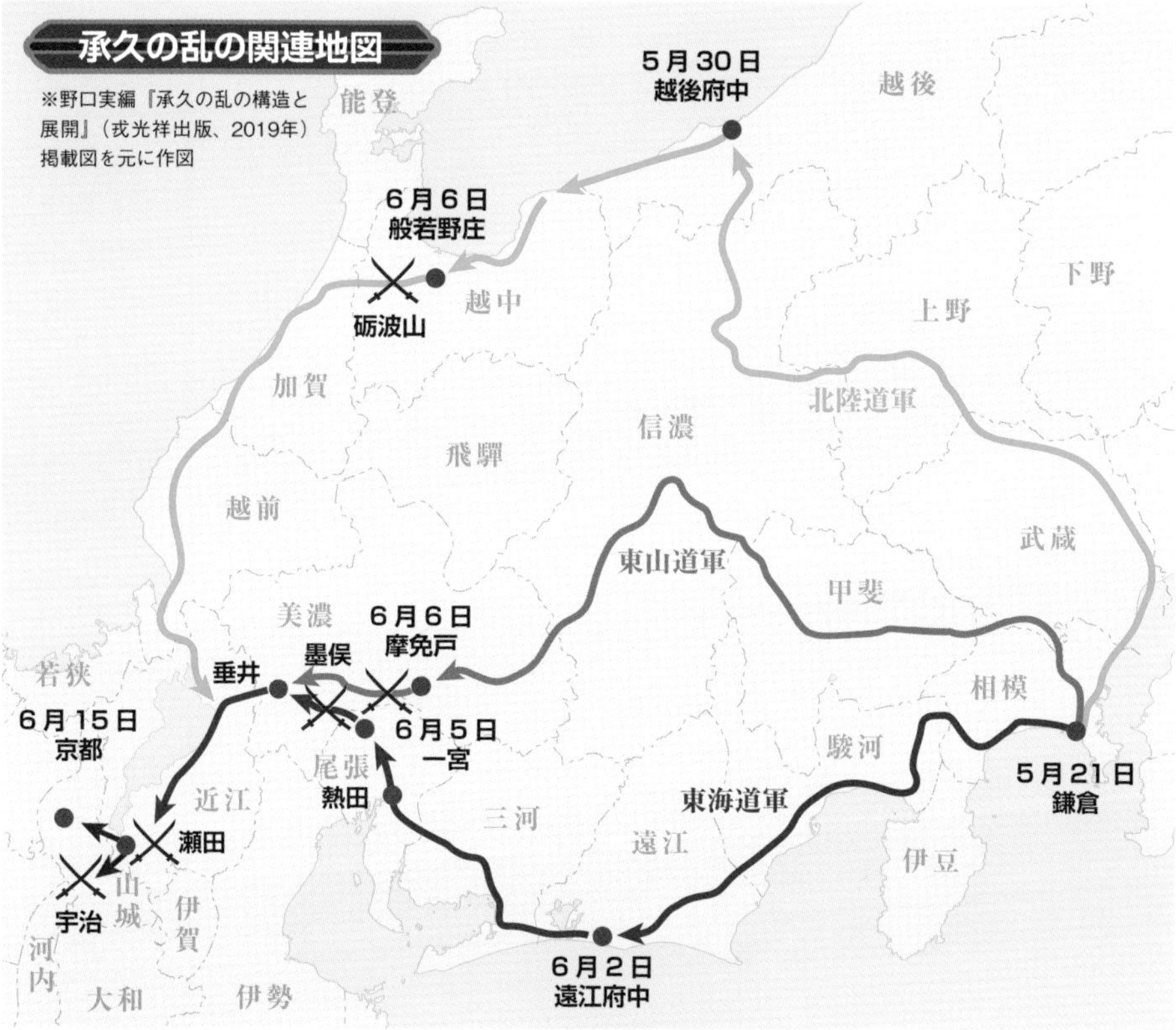

後鳥羽上皇墓所（火葬塚）◆承久の乱で敗れ隠岐に流された後鳥羽は延応元年（1240）に隠岐で没し、埋葬された　島根県海士町

08 牧氏《まきし》の変《へん》と伊賀氏《いがし》の変《へん》——不安定な権力継承

鎌倉殿《かまくらどの》（将軍）の継承は、必ずしも安定的におこなわれたわけではなく、内部抗争をともなうこともあった。ここでは、源　実朝《みなもとのさねとも》の擁立直後の内紛（牧氏《まきし》の変《へん》）と、北条義時《ほうじょうよしとき》の急死直後の新将軍・執権擁立計画（伊賀氏《いがし》の変《へん》）を取り上げよう。

正治《しょうじ》元年（一一九九）、源頼朝《よりとも》が急死して以降、鎌倉幕府の主導権をめぐる権力闘争が繰り広げられることになる。そのなかで、北条時政《ときまさ》は自身の室牧氏《まきし》に踊らされ、娘婿平賀朝雅《ひらがともまさ》（信濃源氏《しなのげんじ》）を源実朝にかえて鎌倉殿に擁立しようと画策するも失敗し、逆に時政が失脚することになる。この元久《げんきゅう》二年（一二〇五）に生起した事件を「牧氏の変」と呼ぶ。

牧氏の変のきっかけは、平賀朝雅と武蔵《むさし》武士畠山《はたけやま》重忠《しげただ》の子重保《しげやす》との口論であった。牧氏はそのことを北条義時に告訴し、同じく時政の娘婿であった稲毛重成《いなげしげなり》（重忠のいとこ）も重忠謀反を幕府に訴えた。その結果、重忠とその一族は幕府によって滅亡させられたのである。また、実は重忠も時政の娘婿であったが、時政が武蔵国支配（支配権は重忠が保持）をもくろんでいたらしく、重忠は障害となっていたのである。

しかし、鎌倉殿を実朝から朝雅へかえることについて北条義時・政子《まさこ》は拒絶する姿勢を見せ、実朝を義時邸で保護した。また、正当な理由なく重忠を滅亡させたことへの反発から、義時に味方する者のほうが多く、朝雅の鎌倉殿擁立は失敗した。そして、時政は出家して伊豆《いず》に下向し、かわって義時が政所《まんどころ》別当《べっとう》に就任して、大江広元《おおえのひろもと》とともに幕政運営に携わった。

その後、実朝は鶴岡八幡宮《つるがおかはちまんぐう》で暗殺され、公武交渉の結果、まだ幼い藤原《ふじわらの》（九条《くじょう》）頼経《よりつね》が次期鎌倉殿として下向する（北条政子が事実上の鎌倉殿として頼経を後見）。そして、承久《じょうきゅう》の乱《らん》を乗り切った幕府に、次の試練が訪れる。それは、元仁《げんにん》元年（一二二四）の北条義時の急死である。

義時の死後、政子は、六波羅探題《ろくはらたんだい》として在京してい

牧氏の変・伊賀氏の変 対立構図

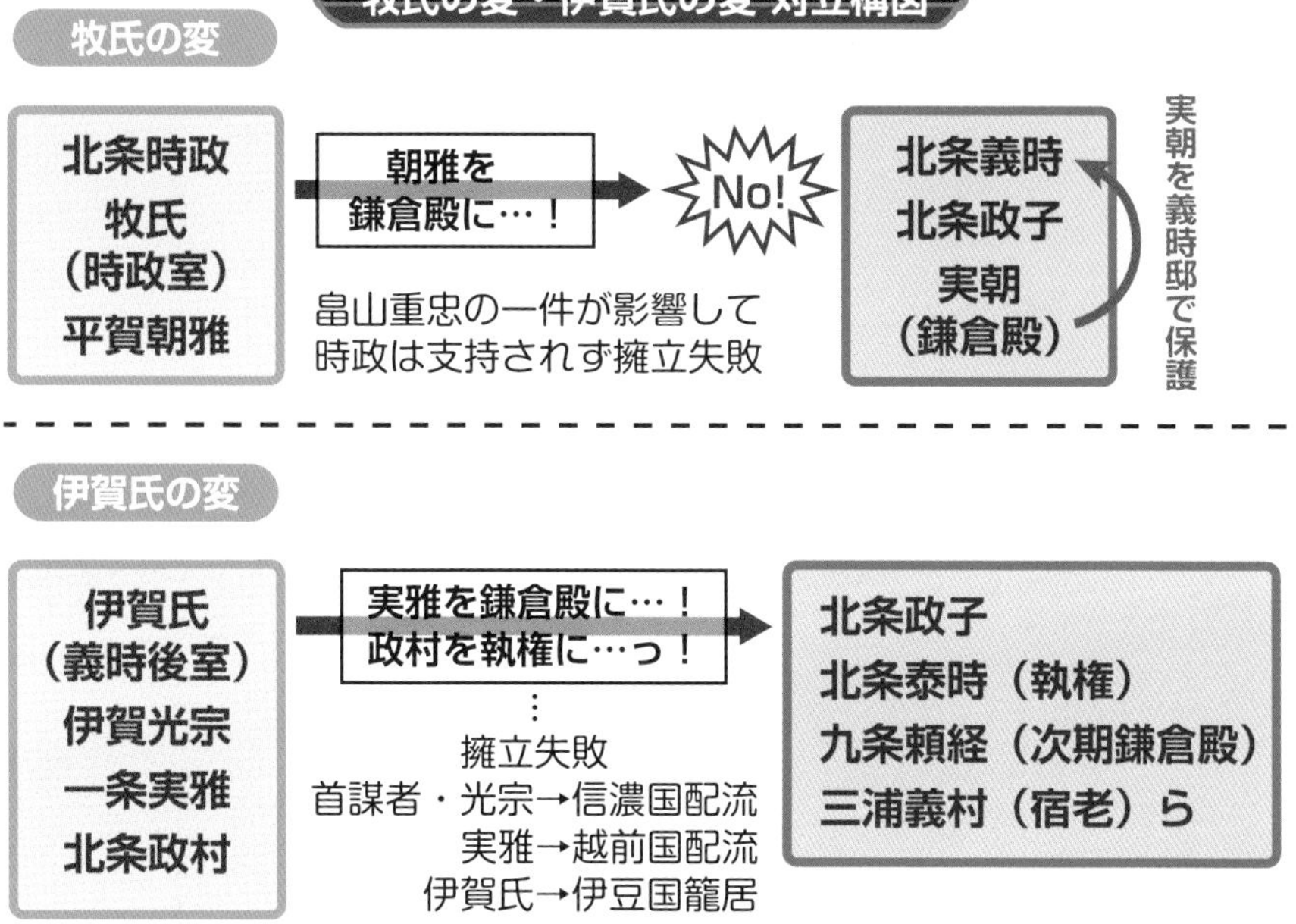

牧氏の変・伊賀氏の変関係系図

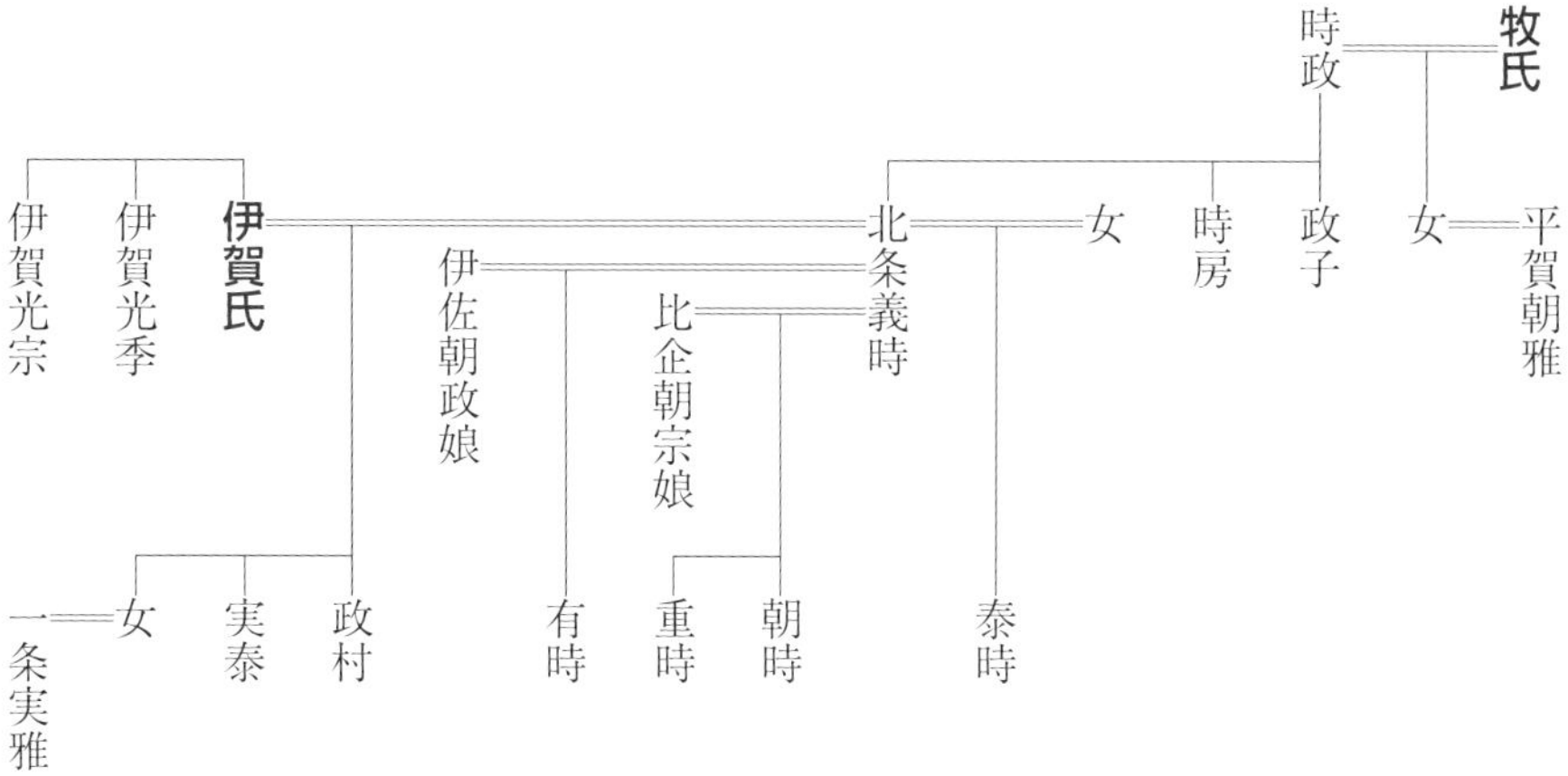

武蔵国有力武士分布図

た北条泰時《やすとき》・時房《ときふさ》を鎌倉に呼び戻したが、鎌倉殿・執《しっ》権《けん》の地位をめぐって別の勢力も動いていた。すなわち、義時の後室伊賀氏とその兄伊賀光宗《みつむね》が中心となり、義時の娘婿一条実雅《いちじょうさねまさ》（源頼朝の義理の兄弟能保《よしやす》の子。頼経とともに鎌倉に下向）を鎌倉殿に、伊賀氏の子政村《まさむら》（泰時の異母弟）を執権にする計画を立てていたのである。

しかし、三浦義村《みうらよしむら》以下の宿老《しゅくろう》を味方につけた政子は、伊賀氏の計画を阻止することに成功した。その結果、実雅は越前国《えちぜんのくに》へ、光宗は信濃国へ配流《はいる》となり、伊賀氏は伊豆国に籠居《ろうきょ》という処分になった。この一件を「伊賀氏の変」と呼ぶ。ただし、政村は処分されず、光宗は政子の死後に復権していることから、この「計画」はでっち上げだったのかもしれない。

（工藤祐一）

【参考文献】
上横手雅敬『人物叢書　北条泰時』（吉川弘文館、一九五八年）
細川重男『執権』（講談社学術文庫、二〇一九年）
森幸夫『人物叢書　北条重時』（吉川弘文館、二〇〇九年）
安田元久『人物叢書　北条義時』（吉川弘文館、一九六一年）

09 寛元《かんげん》・建長《けんちょう》の政変《せいへん》——追放された摂家将軍《せっけしょうぐん》

承久《じょうきゅう》の乱《らん》後、鎌倉幕府の執権《しっけん》は北条泰時《ほうじょうやすとき》・経《つね》時《とき》・時頼《ときより》と継承されていくが、政権運営は必ずしも順風満帆ではなかった。

とりわけ、北条経時・時頼の両政権期で最大の障害となったのは、藤原《ふじわらの》（九条《くじょう》）頼経《よりつね》・頼嗣《よりつぐ》父子（彼らを「摂家将軍《せっけしょうぐん》」と呼ぶ）と結びついた名越《なごえ》氏などの北条氏一門、三浦《みうら》氏・千葉《ちば》氏などの有力御家人《ごけにん》、大江《おおえ》氏・三善《みよし》氏などの吏僚層を含む一大勢力であった。この幕府内での対立は、一般に、「執権派」と「将軍派」とに分類され、両者を軸に政治史の理解が深められている（ただし、両派とも一枚岩ではなく、単純に分けられないことには注意が必要である）。

さて、幕府内における「執権派」「将軍派」の対立は、どのように推移したのだろうか。

まず、北条経時政権期の寛元《かんげん》二年（一二四四）、頼経から頼嗣への将軍交替がおこなわれた。これには、鎌倉へ下向して二十年余り経つ頼経の勢力を削減したいという経時の狙いがあったと考えられる。しかし、頼経は引き続き鎌倉に居続け、「大殿《おおとの》」として存在感を発揮している（「大殿」は摂関家《せっかんけ》の家長《かちょう》に用いられる呼称であり、摂関家出身の頼経の「家」は摂関家に準じる存在であった）。

その後、体調を崩していた北条経時は「寄合《よりあい》」によって弟の時頼に執権を譲り、寛元四年閏四月に死去する（鎌倉後期に実質的な幕府の意思決定機関となる「寄合」の史料上の初見である）。この「寄合」の開催は、得宗《とくそう》家《け》に対抗しうる名越光時《みつとき》らに主導権を握らせないための緊急的な措置であったと見られる。

そして、経時の死去直後から鎌倉で騒動が発生し、同年五月末には、藤原頼経と名越光時《みつとき》とを中心として、時頼を排斥しようとする陰謀が露顕した。摂関家の当主であった藤原（近衛《このえ》）兼経《かねつね》には、頼経が父の道家《みちいえ》と共謀し、武士たち（名越光時ら）に時頼を討たせようとしたこと、その陰謀が発覚して頼経は幽閉され、京

木造九条頼経坐像◆九条道家の子で、最初の摂家将軍として鎌倉に下った。長じるとともに政変に巻き込まれ京都に送還された
神奈川県鎌倉市・明王院蔵　画像提供：鎌倉国宝館

都へ送還されることが情報としてもたらされている。この閏四月からの一連の騒動を「寛元《かんげん》の政変《せいへん》」と呼ぶ(『鎌倉年代記《かまくらねんだいき》』では「宮騒動《みやそうどう》」とするが、由来ははっきりしない)。

この政変後の処理によって、名越氏など「将軍派」の勢力が削減された。そして、七月には頼経が京都へ送還され、その余波を受けて、父道家の京都政界における存在感も低下している(関東申次《かんとうもうしつぎ》が道家から藤原〈西園寺《さいおんじ》〉実氏《さねうじ》に交替したとされる)。なお、『吾妻鏡《あずまかがみ》』には、親将軍勢力の中心人物であった三浦光村《みつむら》が、涙を流しながら頼経に「もう一度鎌倉にお迎えいたします」と述べた逸話があるが、後の宝治合戦《ほうじかっせん》の伏線として創作・挿入されたとおぼしい。

ところで、この寛元の政変は、北条時頼の外戚《がいせき》である安達《あだち》氏が主導していたという指摘がある。また、三浦氏が滅ぼされた宝治合戦も、時頼の意図とは別に安達氏によって開戦している。これらの事件を通じて、時頼政権の安定化とともに、安達氏は特権的な地位の確保に成功したのである。

話を幕府政治の動向に戻そう。時頼に嫡子時宗《ときむね》が誕生した建長《けんちょう》三年(一二五一)の末、幕府内で高い家格を有し、北条氏得宗家と婚姻を通じて密接な関係にあった足利泰氏《あしかがやすうじ》が自由出家《じゆうしゅっけ》の罪で処罰された。その後、了行法師《りょうぎょうほっし》・矢作常氏《やはぎつねうじ》・長久連《ちょうひさつら》らが謀叛の疑いで捕縛され、処罰されている。了行と常氏は、宝治合戦で三浦氏とともに討伐された千葉氏に連なり、かつ九条家とも密接な関係を有していたとされる。また、了行の出身である原《はら》氏は足利氏と接点があり、加えて久連は泰氏の家人である可能性が高いという。これら

九条家略系図

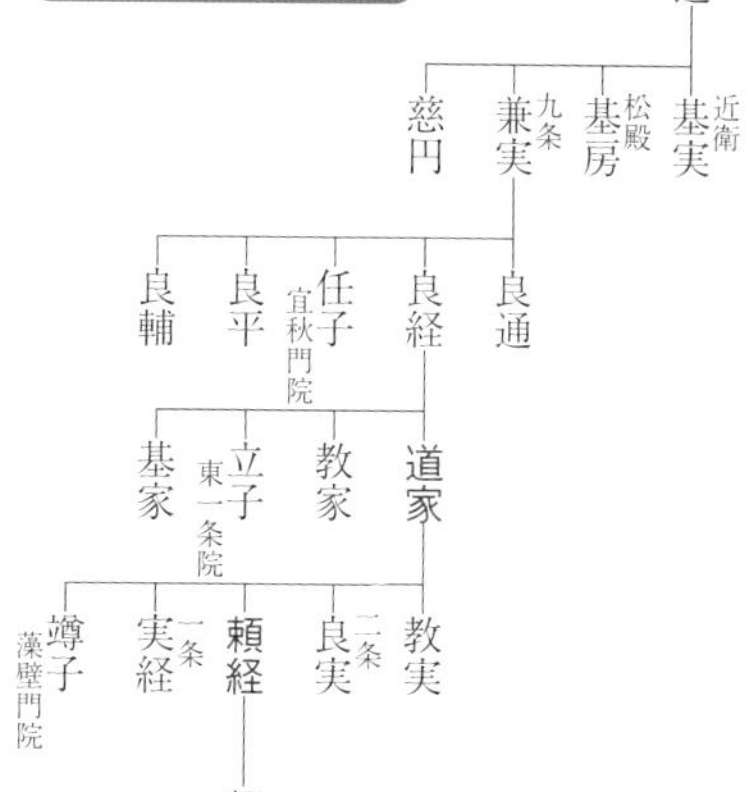

名越氏略系図

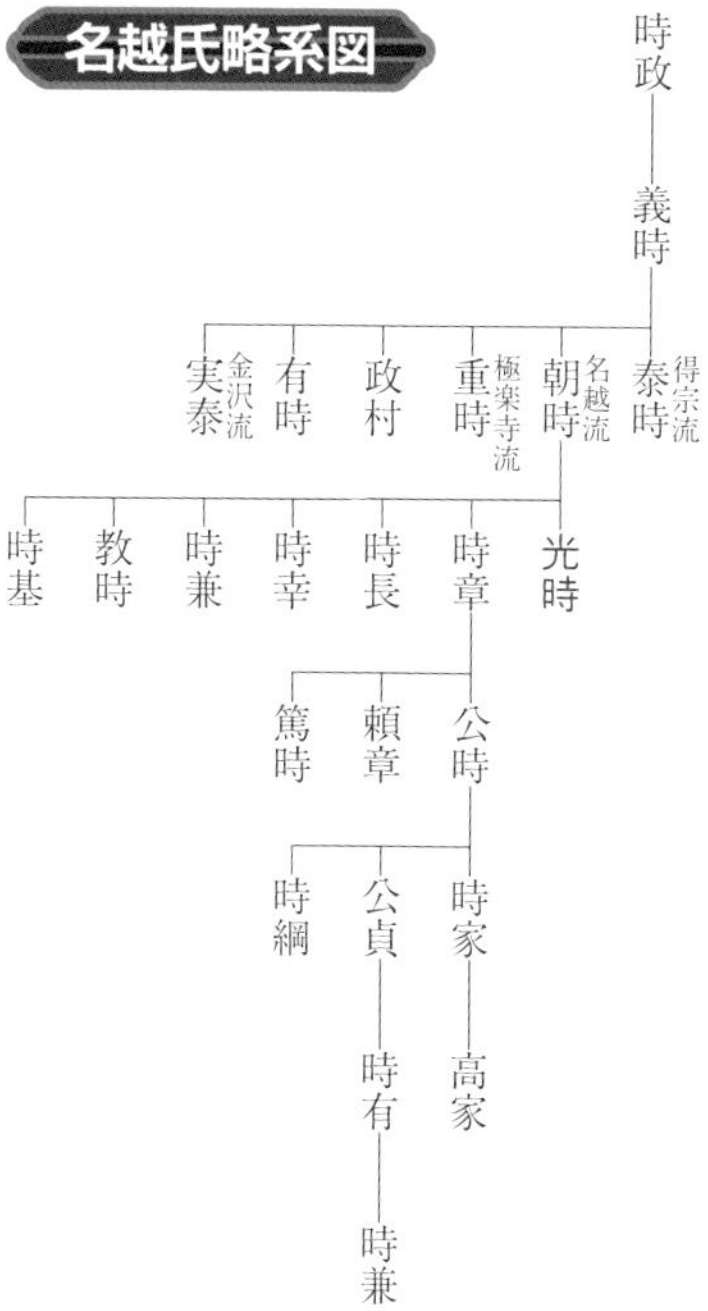

から、九条家（道家・頼経）や足利氏が謀叛に関与していたと考えられている。

そして、建長四年春、将軍藤原頼嗣の更迭と後嵯峨《ごさが》天皇《てんのう》の皇子宗尊親王《むねたかしんのう》（「親王将軍」のはじめ）の鎌倉下向が決定し、九条家の退潮が決定的となった。

この建長三年末から翌年にかけて起こった足利泰氏の自由出家・謀叛の発覚・藤原頼嗣の将軍更迭という一連の事件を「建長《けんちょう》の政変《せいへん》」と呼ぶ。この政変において、謀叛人らは、頼経を慕う寛元の政変・宝治合戦の敗者たちを糾合し、頼経を将軍に戻し、執権には時頼に替えて足利泰氏を据えるという計画を準備していたと考えられる。しかし、建長の政変後に関係者が処分された結果、得宗家が幕府内の実権を握ることが確定した。この権力構造は、来たる北条時宗政権の基層となったのである。

（工藤祐一）

【参考文献】

高橋慎一朗『人物叢書　北条時頼』（吉川弘文館、二〇一三年）
村井章介『北条時宗と蒙古襲来』（日本放送出版協会、二〇〇一年）
森幸夫『人物叢書　北条重時』（吉川弘文館、二〇〇九年）

10 宝治合戦《ほうじかっせん》——「得宗専制《とくそうせんせい》」への転換点

　鎌倉中期の幕府は、三浦《みうら》氏を中心として将軍藤原《ふじわらの》（九条《くじょう》）頼経《よりつね》・頼嗣《よりつぐ》に親しい勢力が形成されていた。そして、その存在は、北条《ほうじょう》氏による政権運営上の不安定要素でもあった。実際、寛元《かんげん》の政変《せいへん》後に、頼経が京都に送還される際の三浦光村《みつむら》の逸話が『吾妻《あずま》鏡《かがみ》』に記載されている。そのようななか、翌宝治元年（一二四七）に北条氏と三浦氏との間での緊張関係が極限に達し、合戦となったのが「宝治合戦《ほうじかっせん》」である（「三浦氏《みうらし》の乱《らん》」とも呼ぶ）。

　この宝治合戦にいたるまで、『吾妻鏡』の各所に北条氏あるいはその外戚《がいせき》安達《あだち》氏と三浦氏との確執という伏線が張られている。たとえば、執権《しっけん》北条時頼《ときより》が、六《ろく》波羅探題《はらたんだい》であった幕府重鎮の北条重時《しげとき》を鎌倉に下向させることを三浦泰村《やすむら》（光村の兄）に打診したものの、泰村は拒絶した。この人事は、時頼の舅である重時を政権に迎え入れることによって、未確立であった時頼の権力を強化する狙いがあり、時頼との血縁関係が薄い三浦氏は、自らの政治的立場が不利になることを恐れて拒絶したと考えられている。

　また、出家して高野山《こうやさん》（和歌山県高野町）にいた安達景盛《かげもり》が、わざわざ下山して鎌倉を訪れ、時頼に三浦氏との開戦を要求し、さらに子の安達義景《よしかげ》、孫の泰盛《やすもり》を叱責するという逸話もある。義景・泰盛への叱責は、煮え切らない時頼を説得できなかった八つ当たりに近いと思われるが、その背景には、安達氏が、時頼の外戚でありながら三浦氏にかわって幕府内での特権的な地位を確立できていないことが考えられる。その後、安達氏によると思われる立て札が鶴岡八幡宮《つるがおかはちまんぐう》の鳥居の前に立てられ、泰村の邸宅で落書《らくしょ》が見つかるなど、徐々に三浦氏は追い詰められた。

　このような『吾妻鏡』の記述から、通説では、時頼が外戚安達氏と協力し、三浦氏に対して挑発を繰りかえしたことで開戦にいたると考えられている。ただ、『吾妻鏡』から見える時頼と泰村との関係は、開戦直前まで良好であったとおぼしい。具体的には、時頼は、泰村の次男駒石丸《こまいしまる》を自身の養子にすることで縁戚関係を結んでいる。さらに、将軍藤原頼嗣の室で時頼の妹であった檜皮姫《ひわだひめ》が亡くなった際、その喪に服するために時頼が泰村邸に渡っている。このことから明らかなように、時頼と泰村は開戦を回避するための努力を続けていた。

しかし、すでに述べたように、三浦氏にかわって特権的な地位をねらう安達氏、とりわけ景盛は、三浦氏

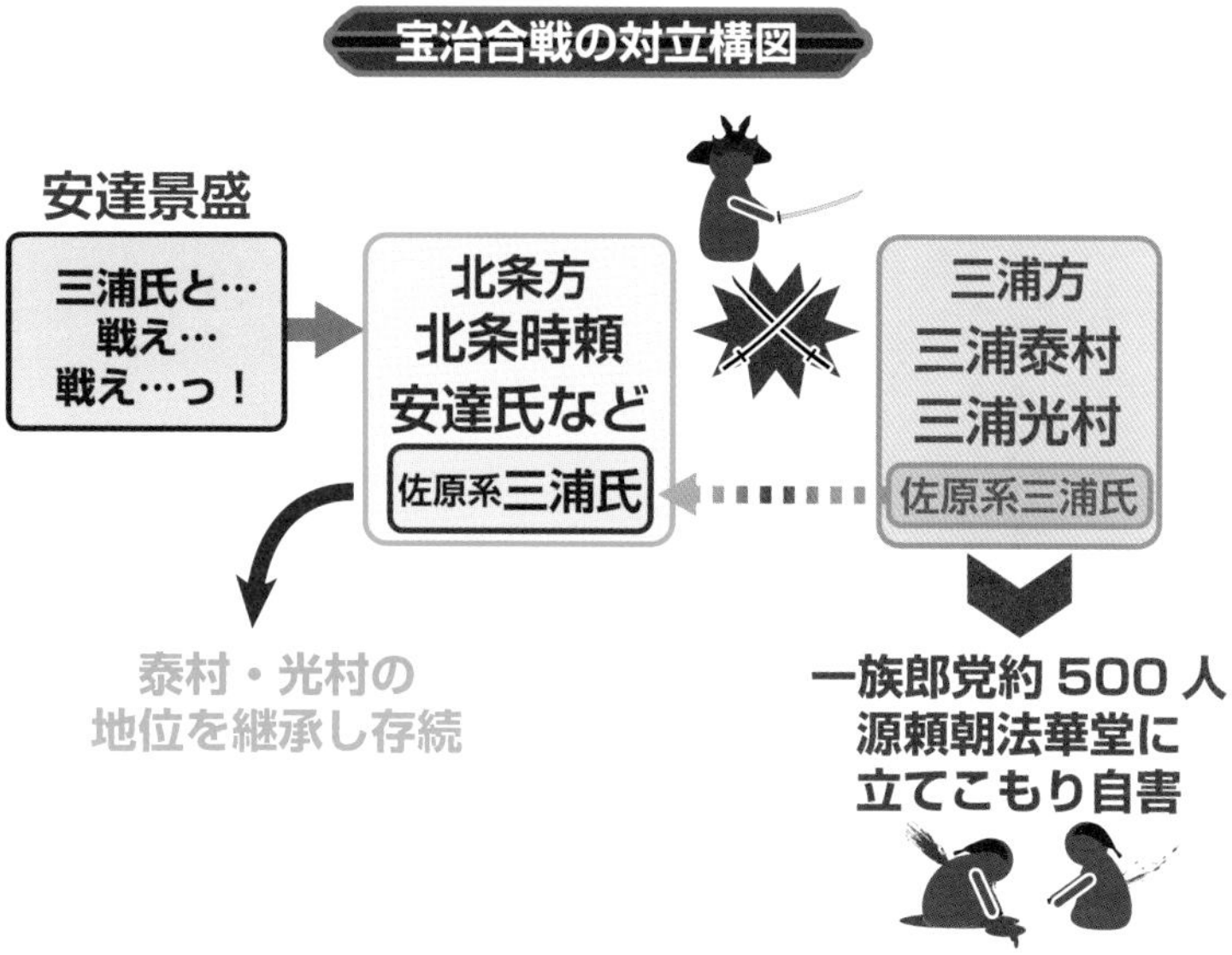

三浦義村木像◆三浦義澄の子で泰村の父。北条氏と協調関係を築き、数々の政変で重要な役割を果たし、幕府の宿老として活躍した　神奈川県横須賀市・近殿神社蔵

を滅亡させるため、時頼の意図とは別に開戦を主張していた。一方、三浦氏の内部でも、光村が合戦の準備をすすめ、時頼邸にも武士が集結するなど、鎌倉中は大騒動となっていた。

宝治元年六月五日、このような空気のなかで、時頼からの和平の書状が、御内人《みうちびと》の平盛綱《たいらのもりつな》を通じて泰村のもとに到来した。泰村も和平を受け入れ、政治的に解決されるはずであった。このような時頼の動きに反し、盛綱が時頼邸に帰着する前に、安達氏が三浦氏に攻撃をしかけ宝治合戦が勃発した。安達氏の先制攻撃に対し、時頼もなし崩し的に軍勢を差し向け、和田合戦《わだかっせん》以来となる市街戦が繰り広げられた。

そして、攻勢に耐えきれなくなった泰村・光村ら三浦一族は、源頼朝《みなもとのよりとも》の法華堂《ほっけどう》に立て籠もり、自刃することになった。その数は約五百人、うち御家人《ごけにん》の一族は二百六十人にのぼったと伝えられている。死に場所に頼朝の法華堂を選択したのは、頼朝の幕府とともにあったという三浦氏の歴史を確認するとともに、北条氏・安達氏に対してその立場を強烈に主張するためだったのだろう。翌日、泰村の娘婿であった千葉秀胤《ちばひでたね》が討たれ、三浦与党とみられていた御家人も討伐されている。

以上が宝治合戦のあらましである。最後に、その戦後処理についてみておきたい。まず、朝廷に対しては、「三浦一族が謀叛を起こし誅殺された」という報告がなされている。これが幕府の宝治合戦に対する公式見解であった。また、北条重時が鎌倉へ下向して複数執権体制（いわゆる執権・連署《れんしょ》）へ移行し、時頼権力の強化がなされた。そして、北条一門の権力伸張がすすみ、幕府の政務・儀礼などでは、これまでの身分的な枠組みを超えて、無位無官であっても北条氏が上席を占めるようになるなど「得宗専制《とくそうせんせい》」の画期となったことが指摘されている。

一方、三浦氏は、一族の中心であった泰村・光村を失ったものの、北条方に与《くみ》した佐原《さわら》系三浦氏が彼らの社会的な地位を継承し、その多くは、鎌倉幕府滅亡後も生き残り、中世末まで存続している。

（工藤祐一）

【参考文献】

高橋慎一朗『人物叢書　北条時頼』（吉川弘文館、二〇一三年）
高橋秀樹『三浦一族の中世』（吉川弘文館、二〇一五年）

三浦一族の墓◆来迎寺の本堂裏手に100基あまりの多数の五輪塔が並ぶ。来迎寺は源頼朝によって三浦義明の菩提を弔うために建立された。本尊の阿弥陀三尊像は義明の守り本尊とされる　神奈川県鎌倉市

「鎌倉名勝図」に描かれた法華堂周辺◆江戸時代の様子を描いたもので、「法華堂」「頼朝屋敷」「頼朝墓」などの名称が見える　個人蔵

源頼朝の墓◆法華堂の跡地に江戸時代に島津豪秀によって建立された。頼朝の墓の周辺は「法華堂跡」として国の指定史跡になっている。『吾妻鏡』によると、法華堂の本尊だった聖観音像は頼朝が幼子のころに清水寺からもらったものとされる　神奈川県鎌倉市

11　二月騒動《にがっそうどう》——執権《しっけん》・時宗《ときむね》の非情

文永《ぶんえい》九年（一二七二）二月、鎌倉と京都でそれはほぼ同時に起きた。十一日、評定衆《ひょうじょうしゅう》であった名越時章《なごえときあきら》とその弟の教時《のりとき》が、執権《しっけん》・時宗《ときむね》の家人《けにん》などによって襲われ、殺害された。ついで十五日、六波羅北方探題《ろくはらきたかたたんだい》・北条義宗《ほうじょうよしむね》が南方探題《みなみかたたんだい》・北条時輔《ときすけ》と六波羅で合戦し、時輔が討ち取られた。これを二月騒動《にがっそうどう》という（『保暦間記《ほうりゃくかんき》』）。

時輔らが謀反の計画を立てたため、先んじて時宗らが兵を起こしたと後代の史書は語るが、あまりにも謎が多い事件である。なかでも不可解なのは、名越時章の罪は誤りだったとして討手は処刑、教時の討手も賞罰なしという処置となったことである。時輔は時宗の異母兄であり、得宗《とくそう》一族として相応に遇されてはいたものの、嫡子である時宗とは一線を画されており、反時宗派に担がれる恐れはあったかもしれない。また名越家は代々得宗家と微妙な対立関係にあり、宗尊親王《むねたかしんのう》追放の際には教時が挙兵しようとした前歴があった。これら潜在的に敵対しうる有力者を粛清し、モンゴル襲来《しゅうらい》に向けて一族統制を固めようとした時宗による策謀だった可能性は十分にある。鎌倉の討手たちへの不可解な処置は、時宗らの軍事行動にさしたる正当性がないことを暗示している。

日蓮は『立正安国論《りっしょうあんこくろん》』で他国侵逼難《たこくしんぴつなん》（外国の侵略）と自界叛逆難《じかいほんぎゃくなん》（内乱）を予言していたが、この二月騒動は後者を証するものと考えられた。そして前者に対応するモンゴル襲来はもうそこまで迫っていた。

なお時輔に関しては、生存説がしばらく囁かれた（『興福寺略年代記《こうふくじりゃくねんだいき》』『野津本北条系図《のづぼんほうじょうけいず》』など）。文永十一年（一二七四）にはモンゴル襲来とともに時輔らが京に攻め上ってくるという噂があり（『勘仲記《かんちゅうき》』）、弘安《こうあん》七年（一二八四）には時輔とその子が活動しているという情報によって幕府が取り締まりを強化している（『鰐淵寺文書《がくえんじもんじょ》』）。

（木下竜馬）

【参考文献】
細川重男『執権』（講談社学術文庫、二〇一九年）

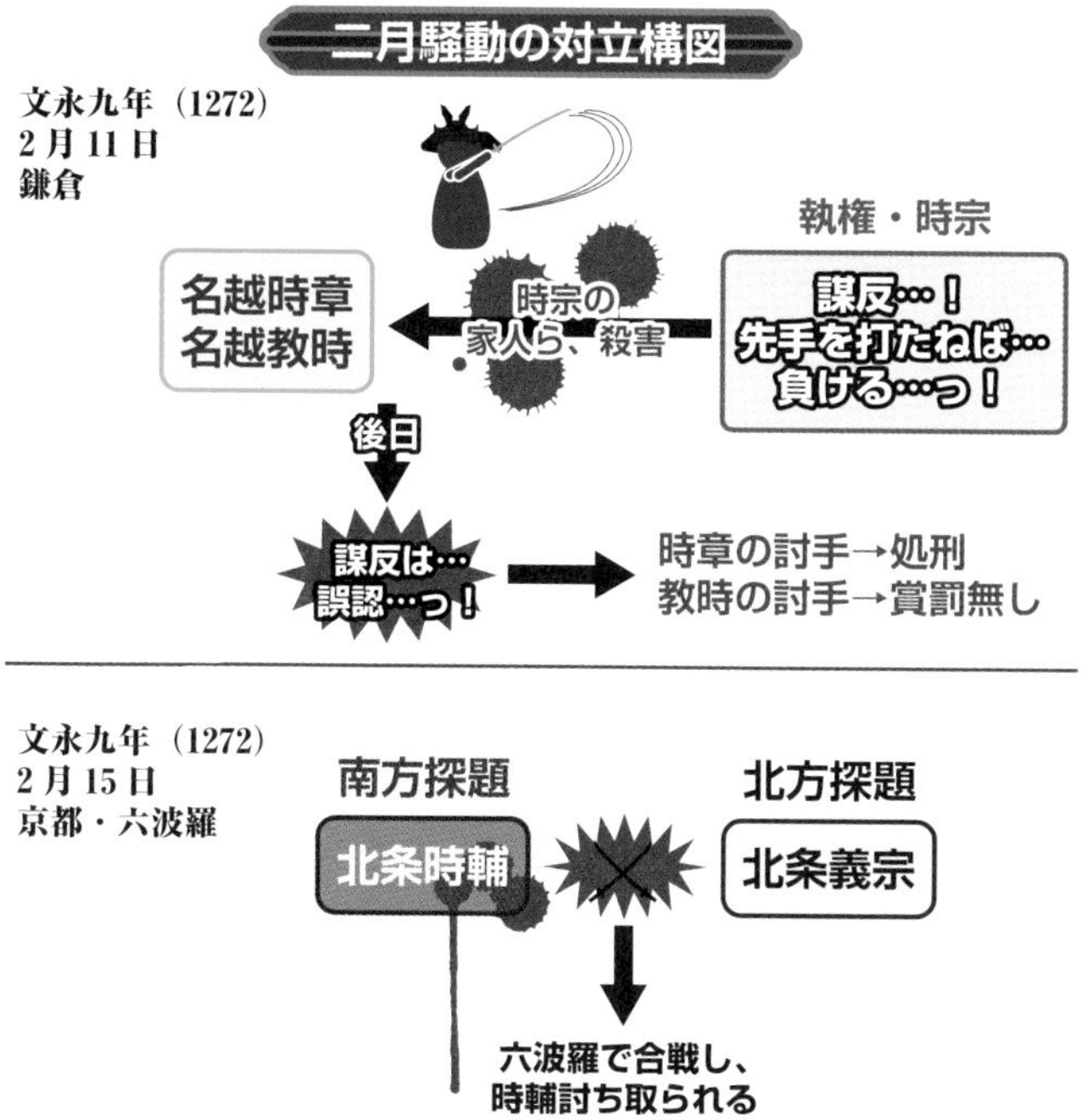

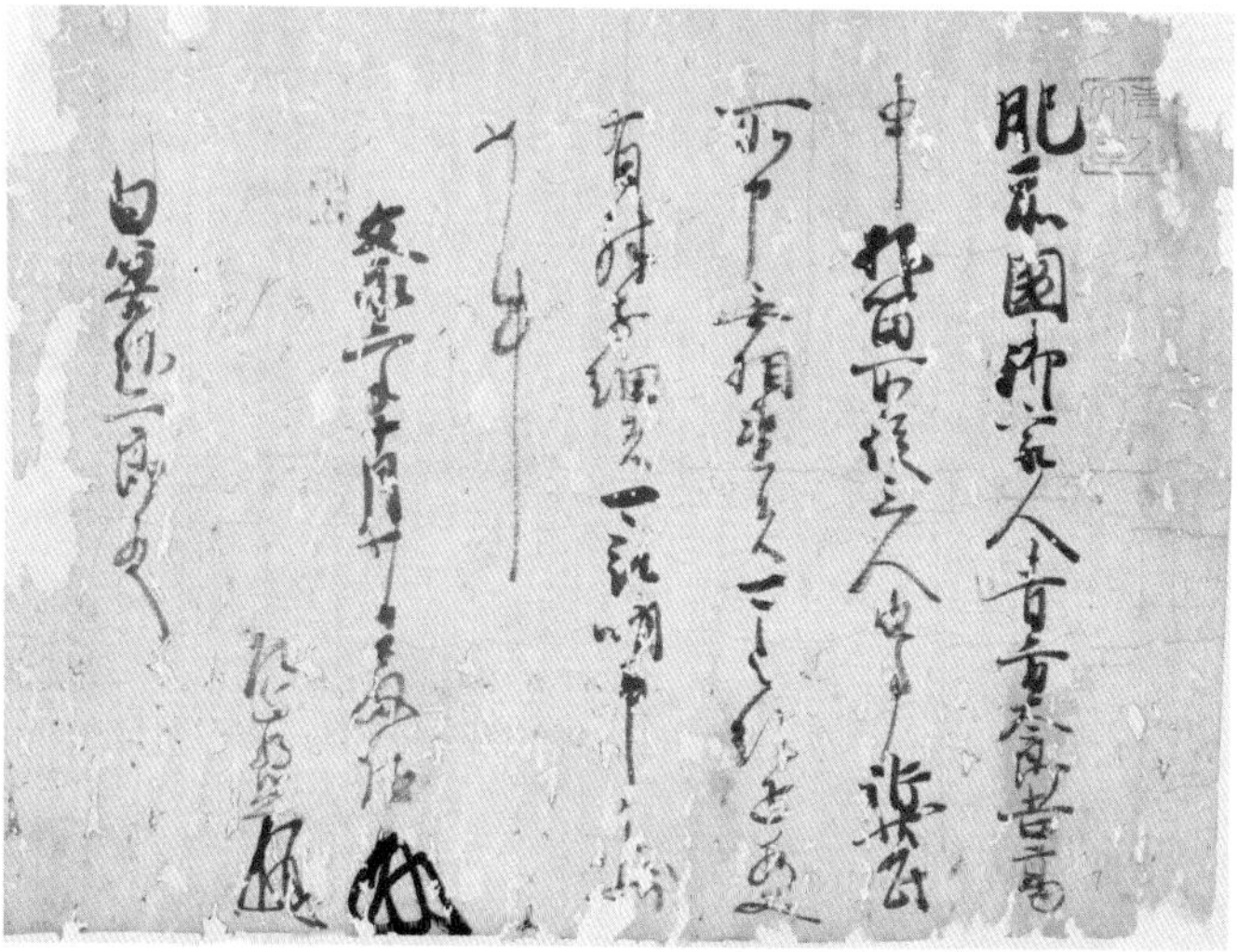
文永２年10月20日六波羅問状◆六波羅南方探題として北条時輔が花押を据えている　青方文書　長崎歴史文化博物館蔵

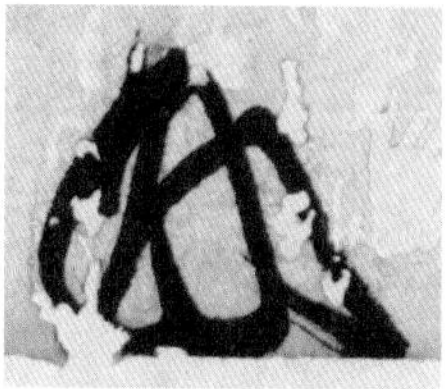
北条時輔の花押

12
文永《ぶんえい》の役《えき》——モンゴル軍はなぜ撤退したのか？

十三世紀後半、日本列島はモンゴル帝国から二度の襲撃を受けた。その最初の襲撃が文永《ぶんえい》の役《えき》である。

一二六〇年にクビライが第五代皇帝に即位した頃には、モンゴル帝国の版図はすでに東ヨーロッパや北アフリカにせまろうとしていた。クビライにとって次なる課題は、淮河《わいが》をはさんで対峙する南宋《なんそう》を征服し、中国全土を統一することであった。その過程で標的となったのが日本である。日本と南宋との間には正式の国交こそないものの、民間貿易により人とモノの往来はさかんであった。そこでクビライは、南宋攻略作戦の一環として日本を標的に定めたのである。

クビライはまず外交交渉を試み、一二六六年以来、連年のように日本に服属を求める招諭使《しょうゆし》を派遣した。しかし、いずれも日本側からの回答を得ることはできず、追い返されてしまう。招諭使がもたらしたモンゴルの国書《こくしょ》は、親子のような関係を結ぶことを謳いつつも、服属に応じない場合の武力行使に言及していたため、日本国内には緊張が走ることになる。朝廷は諸寺社に異国降伏《いこくこうふく》・異国退散《いこくたいさん》の祈祷を命じ、鎌倉幕府は御《ご》家人《けにん》たちに警戒命令を発し、九州の御家人たちに交替で博多の警備にあたらせる異国警固番役《いこくけいごばんやく》を開始した。

モンゴルが軍事行動を開始したのは一二七四年十月三日。モンゴル・高麗《こうらい》連合軍を載せた約九〇〇艘の軍船が朝鮮半島南岸の合浦《がっぽ》（現在の馬山《マサン》）を出撃した。高麗は一二六〇年にモンゴルに服属しており、招諭使派遣をはじめ、モンゴルの日本遠征の一翼を担わされていた。

モンゴル軍は対馬《つしま》・壱岐《いき》を攻略し、十月二十日には博多湾西部に上陸した。日本側も筑前《ちくぜん》・肥前守護《ひぜんしゅご》の少弐資能《しょうにすけよし》・豊後《ぶんご》守護の大友頼泰《おおともよりやす》を中心に迎撃態勢をとっており、博多湾岸の赤坂《あかさか》や鳥飼《とりかい》（いずれも現在の福岡市内）などで両軍は衝突した。このときの戦闘の様子は、竹崎季長《たけざきすえなが》の活躍を描いた『蒙古襲来絵詞《もうこしゅうらいえことば》』に詳しい。それによれば、騎馬武者による一騎打ちを

文永の役当時の東アジア
※『詳説日本史』(山川出版社) 掲載「13世紀の東アジア」を参考に作成

中心とする日本軍は、モンゴル軍の統制のとれた集団戦法や、鏃《やじり》に毒を塗った短弓や「てつはう」と呼ばれる火薬兵器に苦戦したことが知られる。

戦闘一日にして日本軍は大宰府《だざいふ》（福岡県太宰府市）への撤退をしいられたが、モンゴル軍は一夜にして撤退してしまう。以上の結末は八幡神《はちまんしん》の霊験《れいげん》・神徳《しんとく》を語る『八幡愚童訓《はちまんぐどうくん》』の伝えるところであるが、暴風が吹いていたとされたこともあいまって中世以来、神々が吹かせた「神風」によって文永の役は一日で幕を閉じたと考えられてきた。

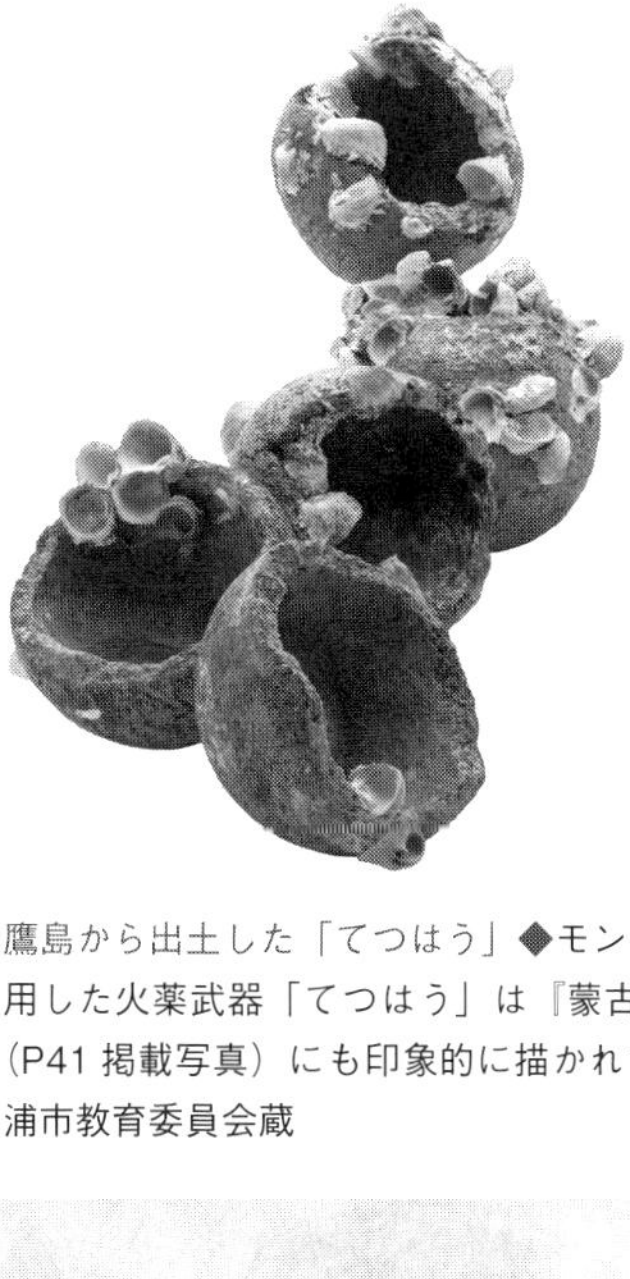
鷹島から出土した「てつはう」◆モンゴル軍が使用した火薬武器「てつはう」は『蒙古襲来絵詞』（P41掲載写真）にも印象的に描かれている　松浦市教育委員会蔵

こうした通説に対して、近年再検討が試みられている。まず気象学の立場から、文永の役の時期（現在の暦では十一月末）に九州に台風が上陸することはないとして、「神風」説が否定されたことをきっかけに、モンゴル軍の撤退理由があらためて検討されている。暴風が吹いたこと、それによってモンゴル軍が被害を受けたことは当時の史料にも見えるところであるが、モンゴルにとって今回の出撃は単なる威力偵察であり、当初からすぐに撤退予定であったとする説や、予想外の日本軍の抵抗にあった結果、モンゴル・高麗連合軍内の士気が乱れ、早期の撤退を決断したとする説などが出されており、暴風被害は撤退途中でのことと考えられるようになっている。

また、モンゴル軍が「一日で」撤退したことについても疑問が呈され

モンゴル軍の攻撃に晒されながらも奮戦する竹崎季長◆『蒙古襲来絵詞』　宮内庁三の丸尚蔵館蔵　熊本県立美術館『蒙古襲来絵詞展』図録（2001 年）より転載

ており、十月二十四日ごろまで大宰府周辺で攻防戦が続けられたとする説も出されている。文永の役の実態、とくにモンゴル軍の撤退理由についてはなお究明の余地が残されていると言えよう。

文永の役直後、鎌倉幕府はモンゴル軍の出撃拠点である高麗に侵攻する「異国征伐《いこくせいばつ》」を計画している。実行に移されることはなかったが、九州や中国地方では実際に武士の動員や船舶の徴発がおこなわれていたことが知られている。

（高橋典幸）

【参考文献】

相田二郎『蒙古襲来の研究　増補版』（吉川弘文館、一九八二年）
池内宏『元寇の新研究』一・二（東洋文庫、一九三一年）
佐伯弘次『日本の中世9　モンゴル襲来の衝撃』（中央公論新社、二〇〇三年）
服部英雄『蒙古襲来と神風』（中央公論新社、二〇一七年）

13 弘安《こうあん》の役《えき》——モンゴル襲来が残したもの

文永《ぶんえい》の役《えき》に続く、モンゴル帝国二度目の襲来が弘安《こうあん》の役《えき》である。文永の役直後から、クビライは外交交渉を再開するが、いずれも失敗、派遣された使者は鎌倉幕府によって処刑されてしまう。文永の役以前の使者が追い返されていたことを考えれば、文永の役により日本側（鎌倉幕府）の態度が硬化したことがうかがわれる。実際、文永の役後、鎌倉幕府はモンゴルの再来襲を予想して、博多湾岸に「石築地《いしついじ》」と呼ばれる防塁《ぼうるい》を構築するなど、異国警固番役《いこくけいごばんやく》を強化している。

一方、文永の役後にはモンゴルにも大きな変化があった。一二七九年、ついに南宋《なんそう》を攻略したのである。そして、その後に実行されたのが二度目の日本攻撃、弘安の役である。すでに南宋は滅亡しているので、弘安の役は日本攻略そのものが目的であった。

弘安の役では南宋から接収した兵員も動員された。すなわち、文永の役と同様にモンゴル・高麗《こうらい》連合軍からなる東路軍《とうろぐん》とともに、旧南宋の兵員を中心に江南《こうなん》軍《ぐん》が編成され、東路軍は高麗合浦《がっぽ》（現在の馬山《マサン》）から、江南軍は中国の慶元《けいげん》（現在の寧波《ニンポー》）から出撃、壱岐《いき》で合流して博多を襲撃する計画が立てられたのである。東路軍は四万人、江南軍は十万人ともいわれ、文永の役時の四倍近い兵力であった。

一二八一年五月三日、東路軍が出撃する。ところが江南軍は司令官の急病により出撃が遅れたため、まずは東路軍のみで博多攻撃がおこなわれることになる。対馬《つしま》・壱岐での戦いを経て、博多での攻防戦が始まったのは六月六日であるが、文永の役とは異なり、モンゴル軍は博多に上陸することはできなかった。異国警固番役により構築された「石築地」が威力を発揮したのである。なお、東路軍の一部は長門《ながと》（山口県）にも姿を見せている。

江南軍が出撃を開始したのはようやく六月中旬のことであった。東路軍・江南軍は七月上旬に平戸《ひらど》（長崎県平戸市）で合流すると、さらに七月二十七日には松《まつ》浦湾《らわん》の鷹島《たかしま》（同松浦市）に移動した。鷹島が天然の防波堤になっているため、松浦湾は大艦隊が停泊するには格好の場所であった。モンゴル軍はここで態勢を整えて、博多総攻撃に臨もうとしたのである。

　ところが、モンゴル軍にとって不運なことに、ここで暴風雨に襲われたのである。時期から考えて（現在の暦では九月中旬）、台風の直撃である。これにより艦隊は壊滅的な打撃を受け、博多攻撃どころではなくなってしまう。さらに台風通過後には、日本軍の襲撃にさらされる。この後、日本から帰還できた者は、出撃した兵員の十分の一か二という、大惨敗に終わったのである。

　弘安の役直後の八月には、文永の役後に続き再び、鎌倉幕府は「異国征伐《いこくせいばつ》」高麗攻撃を計画している。今回も結局は実行に移されることはなかったが、なおモンゴルは三度目の日本遠征を計画したため、警戒を緩めることができず、異国警固番役は鎌倉幕府が滅亡するまで継続された。

長崎県鷹島沖の海中から引き上げられたモンゴル軍船の木製碇◆画像提供：松浦市教育委員会

　またモンゴル軍を撃退したとはいえ、新たな所領を獲得したわけではないので、戦後の幕府は御家人《ごけにん》たちに対する恩賞給与に苦心することになる。さらに注目されるのは、鎌倉幕府は「本所一円地住人《ほんじょいちえんちじゅうにん》」を「異国征伐」や異国警固番役に動員していたことである。「本所一円地住人」とは、朝廷・貴族や寺社配下の武士のことで、本来は鎌倉幕府の管轄下にはなかった存在である。モンゴルとの戦争遂行にあたって幕府は、「本所一円地住人」をはじめとして、それまで関与してこなかった分野・領域にも介入するようになったが、それは新たな課題や問題

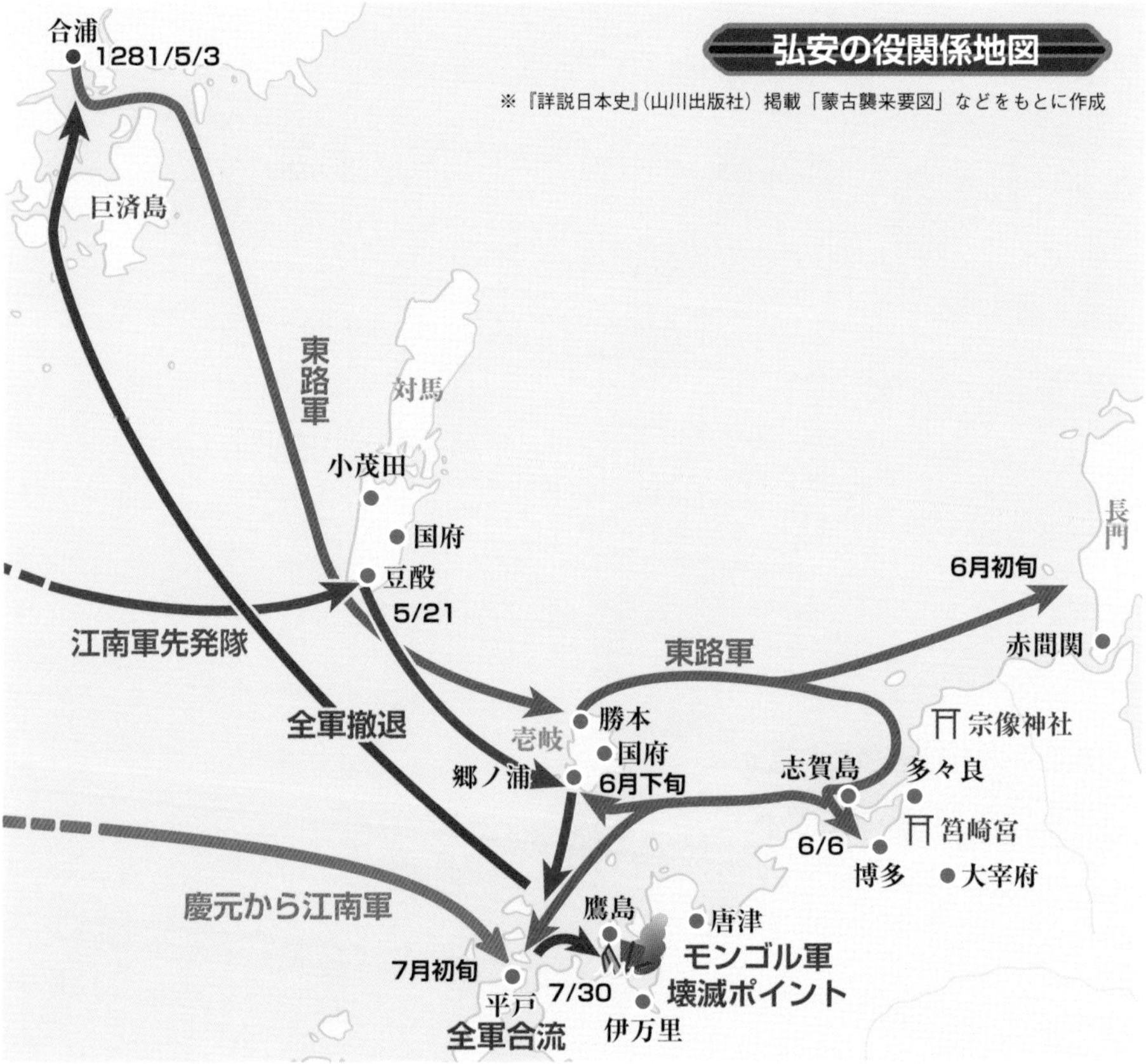

が幕府に持ち込まれることも意味した。そうした事態にどのように対応すればよいのか、モンゴル襲来後の鎌倉幕府は模索を強いられることになったのである。

（高橋典幸）

【参考文献】

相田二郎『蒙古襲来の研究　増補版』（吉川弘文館、一九八二年）
池内宏『元寇の新研究』一・二（東洋文庫、一九三一年）
佐伯弘次『日本の中世9　モンゴル襲来の衝撃』（中央公論新社、二〇〇三年）
服部英雄『蒙古襲来と神風』（中央公論新社、二〇一七年）
村井章介『北条時宗と蒙古襲来』（日本放送出版協会、二〇〇一年）

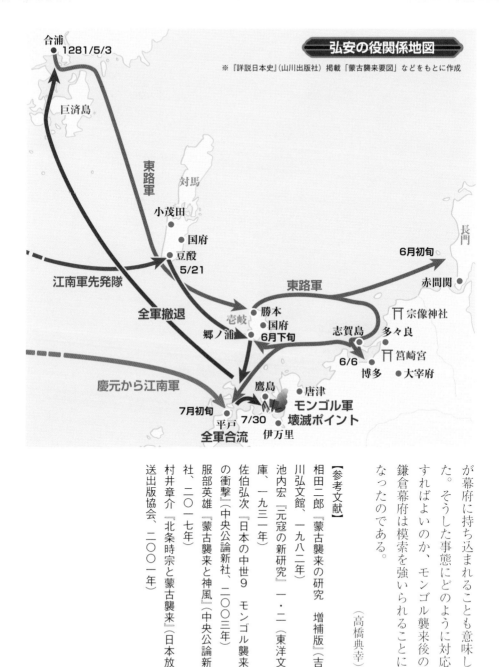

生の松原に築かれた石築地を警固する幕府軍◆『蒙古襲来絵詞』　宮内庁三の丸尚蔵館蔵　熊本県立美術館『蒙古襲来絵詞展』図録（2001 年）より転載

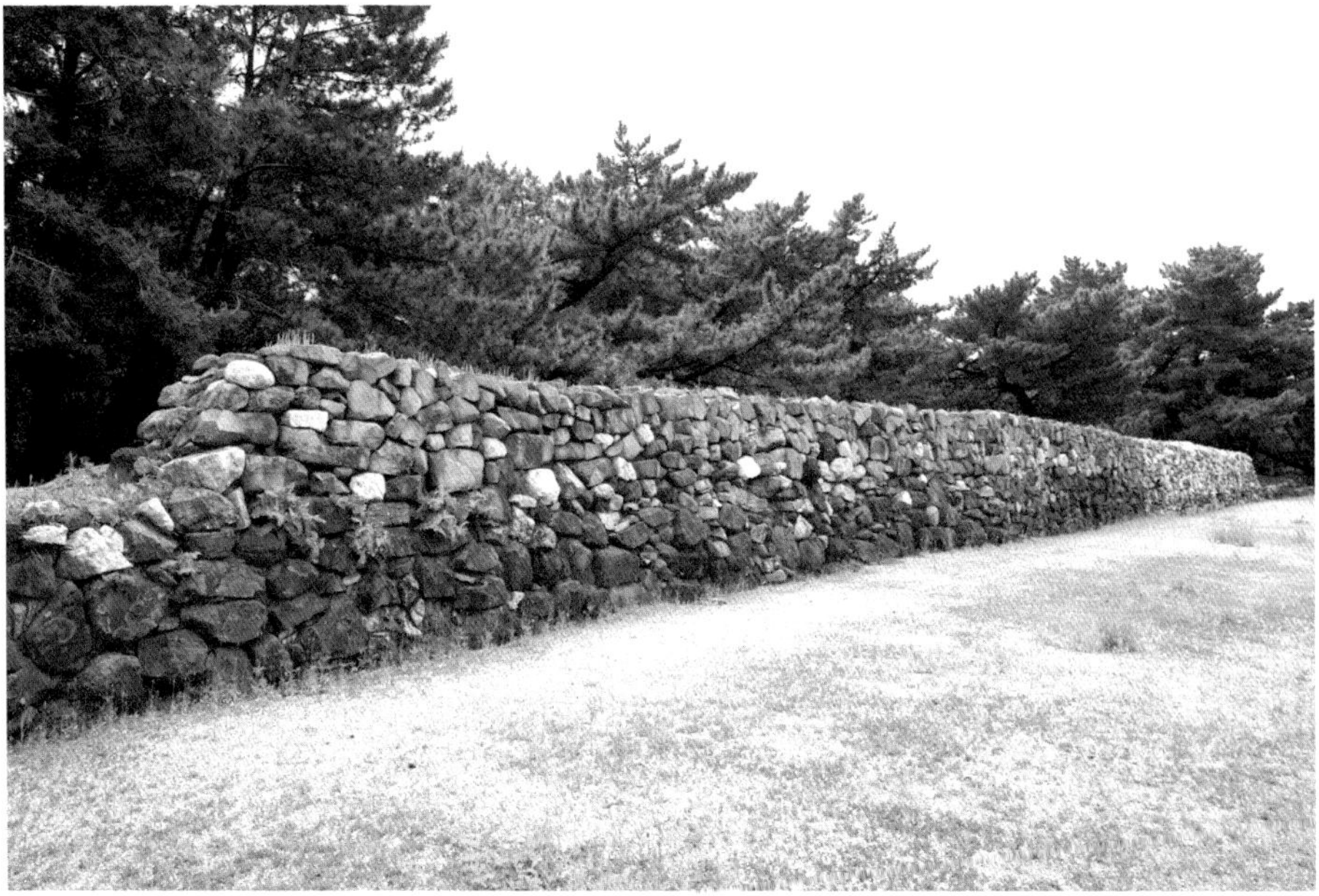

生の松原の元寇防塁◆幅 1 ～ 1.5m、高さ約 1.8m の石築地（元寇防塁）の跡が残っている。この地区の石築地は『蒙古襲来絵詞』にも描かれている（上図参照）　福岡市西区

14 霜月騒動《しもつきそうどう》——安達泰盛《あだちやすもり》の挑戦と挫折

弘安《こうあん》八年（一二八五）十一月十七日、鎌倉において安達泰盛《あだちやすもり》をはじめとする安達一族が、得宗家執事《とくそうけしつじ》（内《うち》管領《かんれい》）の平頼綱《たいらのよりつな》によって滅ぼされた事件のこと。事件の名称は、南北朝時代に記された歴史書『保暦間《ほうりゃくかん》記《き》』に由来する。

安達一族は、当時、二月騒動《にがつそうどう》に連座して逼塞《ひっそく》していた泰盛の兄頼景《よりかげ》を除いて、ことごとく滅ぼされた。安達一族以外にも、その縁戚や与党に連なる御家人《ごけにん》も多数殺されたが、とくに武蔵《むさし》・上野《こうずけ》両国の御家人の自害者は注進に暇がないほどだったという。また、事件の余波は九州にも及び、肥後守護名代《ひごしゅごみょうだい》として博多に滞在していた泰盛の子盛宗《もりむね》が討たれ、安達氏の与党だった少弐景資《しょうにかげすけ》も兄経資《つねすけ》に討たれた（岩戸合戦《いわとかっせん》）。

霜月騒動の背景には、北条時宗の死後に泰盛が主導した弘安徳政《こうあんとくせい》と呼ばれる幕府政治の抜本的改革があった。この改革の主眼は、モンゴルとの合戦に功績のあった九州の神社と武士に対して、本来の権利が実現できていない所領を回復させる（それぞれ神領興行《しんりょうこうぎょう》および名主職安堵《みょうしゅしきあんど》と呼んでいる）とともに、受益者を幕府の統制・支配のもとに置くことにあった。

なかでも九州の武士に対する所領回復令＝名主職安堵令（追加法五一四・五六二条）は、前後に例をみないラディカルな政策だった。というのも、モンゴルとの合戦に動員された武士は御家人だけでなく、「本所一《ほんじょいち》円地住人《えんちじゅうにん》」と呼ばれた非御家人をも対象としたため、幕府は管轄下にない非御家人の所領までも将軍の下《くだし》文《ぶみ》によって回復しようとしたからである。将軍の下文をもらった非御家人は、その時点で御家人となるため、弘安徳政を主導した泰盛はすべての武士たちを御家人に組織し、幕府の基盤を拡大させようとしたと考えられる。

しかし、御家人制を武士層一般にまで拡大しようとしたこの法令には、すぐに修正法令（追加法五六七条）が制定され、さらに実施は立法から半年後という遅さ

霜月騒動の対立構図

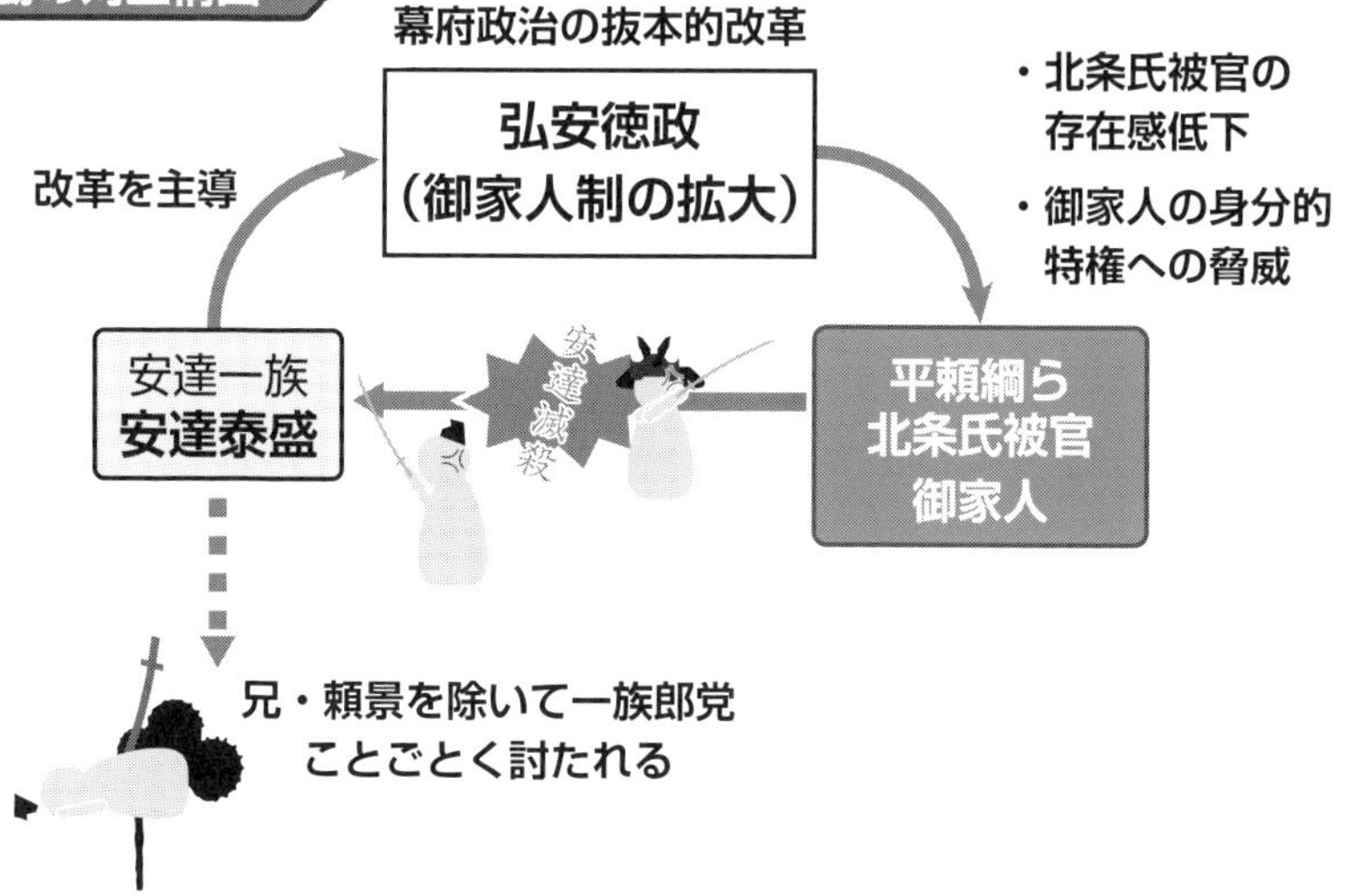

得宗家・安達氏・平頼綱関係図

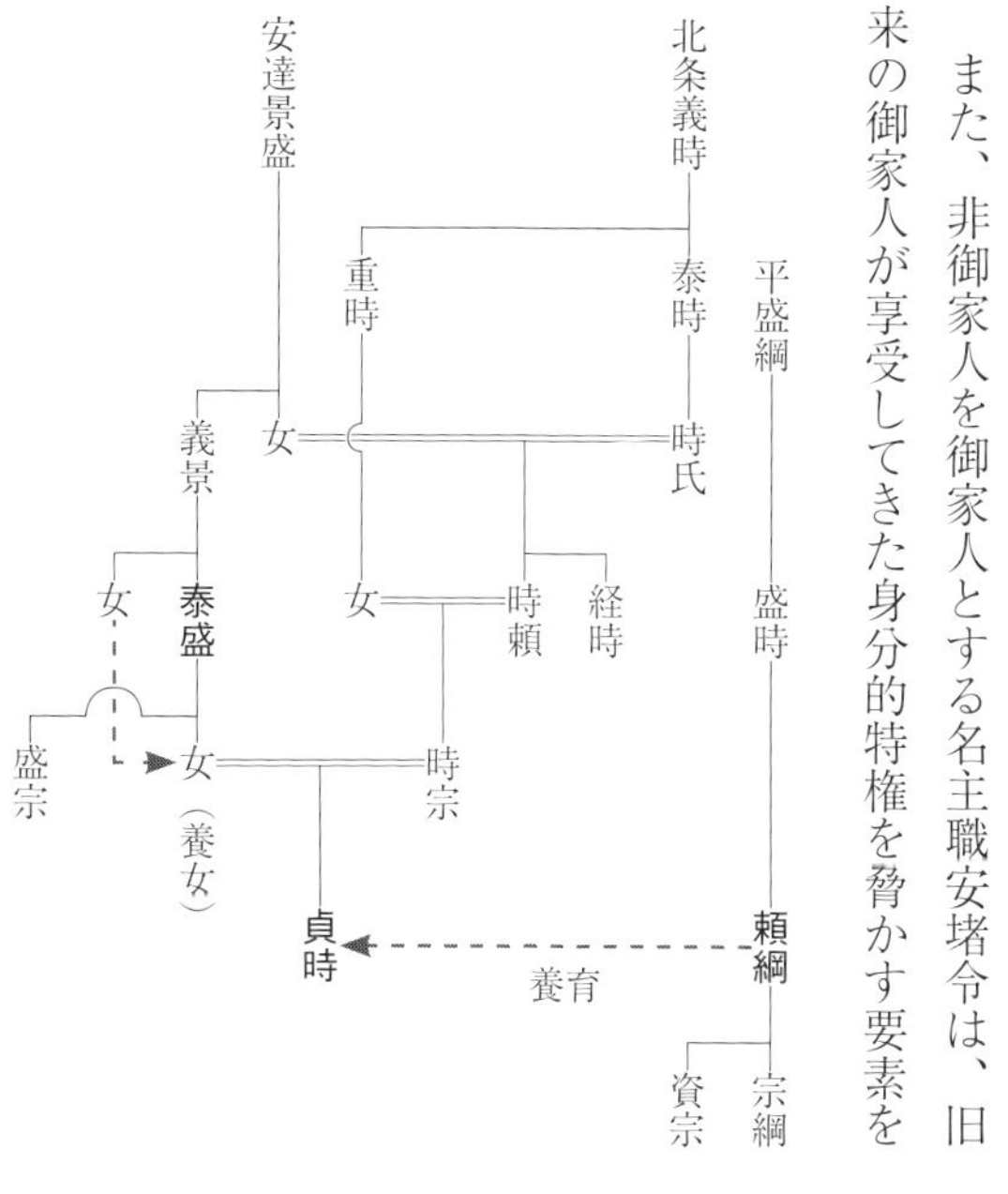

であり、幕府内部で強い抵抗があった様子がうかがえる（霜月騒動後、名主職安堵令も神領興行令もともに撤廃された）。抵抗した勢力の中心は、御内人《みうちびと》をはじめとする北条氏《ほうじょうし》の被官層だったと推測される。御家人の大幅拡大をねらった名主職安堵令が効果を発揮すると、御家人のなかにおける北条氏の比重が相対的に低下し、その被官の存在感も軽くならざるをえないからである。

　また、非御家人を御家人とする名主職安堵令は、旧来の御家人が享受してきた身分的特権を脅かす要素を

『蒙古襲来絵詞』に描かれた安達邸と安達泰盛◆肥後国の御家人だった竹崎季長は、幕府の御恩奉行を務めていた泰盛に対し、文永の役の際の自身の功績を訴えた『蒙古襲来絵詞』　宮内庁三の丸尚蔵館蔵　熊本県立美術館『蒙古襲来絵詞展』図録（2001年）より転載

『蒙古襲来絵詞』に描かれた少弐景資◆中央の櫃に座っている人物が景資である『蒙古襲来絵詞』　宮内庁三の丸尚蔵館蔵　熊本県立美術館『蒙古襲来絵詞展』図録（2001年）より転載

持っていたため、御家人のなかにも抵抗勢力が少なからず存在したと考えられる。実際、安達一族を襲撃した武士のなかには多数の御家人が含まれていたが、この事実はこうした事情を反映していると理解できる。

安達盛長邸跡◆盛長は源頼朝の信頼厚く、甘縄神明神社付近にあったとされる屋敷には頼朝もたびたび訪れている。その後も安達氏の屋敷として用いられたようで、北条時宗の母が安達氏出身であったことから、周辺には時宗が産湯を浸かったとされる井戸もある　神奈川県鎌倉市

このように北条氏の被官とともに御家人も安達一族を襲撃したことから、霜月騒動を北条氏被官と御家人との抗争と捉える図式は成り立たない。このことは、御内人の頼綱と御家人の泰盛の権力基盤がともに得宗との私的関係に立脚していた点からも明らかである。すなわち、頼綱は得宗北条貞時《さだとき》の乳母夫《めのとふ》として、泰盛はその外祖父《がいそふ》としてそれぞれ幕府政治の実権を握ったのであり、両者は共通する政治的性格を有していたのである。霜月騒動とは、泰盛が主導する弘安徳政によって不利益を蒙ることを危惧した北条氏被官と御家人とが、反泰盛の一点で結集して起こした事件だったといえよう。

（田中大喜）

【参考文献】
村井章介『北条時宗と蒙古襲来』（日本放送出版協会、二〇〇一年）

15 平禅門の乱《へいぜんもんのらん》——幕府を牛耳《ぎゅうじ》った御内人《みうちびと》の最期

正応《しょうおう》六年（一二九三）四月二十二日、鎌倉において平頼綱《たいらのよりつな》とその子息の飯沼資宗《いいぬますけむね》が、主人の北条貞時《ほうじょうさだとき》によって滅ぼされた事件のこと。

頼綱は、御内人《みうちびと》の立場にありながら、霜月騒動後の幕府政治を主導していた。頼綱の幕府政治の特色は、安達泰盛《あだちやすもり》が主導した幕政改革＝弘安《こうあん》徳政の修正にある。すなわち、九州において軍事指揮（恩賞配分）と所務沙汰《しょむざた》（所領や年貢に関する訴訟）を専管する鎮西談義所《ちんぜいだんぎしょ》という機関を設置するなど、弘安徳政が対処しようとしたモンゴル襲来後の政治課題に積極的に取り組む一方、その主眼と目されるモンゴルとの合戦に功績のあった九州の神社と武士に対する所領回復令についてはともに撤廃したのである。

特に九州の武士に対する所領回復令＝名主職安堵《みょうしゅしきあんど》令《れい》は、合戦に動員された非御家人をも対象とし、彼らを新たに御家人に組み込んで幕府の基盤を拡大させようとするラディカルな政策だった。頼綱は、これを幕府の存立基盤である御家人制を破壊する悪政と見なして撤廃し、泰盛によってミスリードされたと判断した弘安徳政の修正を試みたのである。

しかし、頼綱は、泰盛のようにモンゴル襲来後の幕府体制に対する明確な改革ビジョンを持ち合わせていなかったうえに、寄合《よりあい》―評定《ひょうじょう》―引付《ひきつけ》という当時の幕府政治のシステム上では寄合にしか地位を有さず権力基盤が脆弱だったため、その強化に走った。すなわち、御内人ゆえに家格が低く評定・引付衆に就任できなかった頼綱は、自らの一門を中心とする御内人に引付の監察権を与えるほか、持明院統《じみょういんとう》朝廷に接近して自らが擁立する得宗《とくそう》（貞時）を公卿《くぎょう》（三位《さんみ》以上の位階を持つ身分）に、将軍（源惟康《みなもとのこれやす》）を親王にするという具合に王朝身分によって荘厳し（実際には貞時は三位に昇進しなかった）、さらに子息の資宗を諸大夫《しょだいぶ》（四位《し》・五位《ごい》の位階を持つ身分）に昇進させることで評定・引付衆への就任を押し進めたのである。

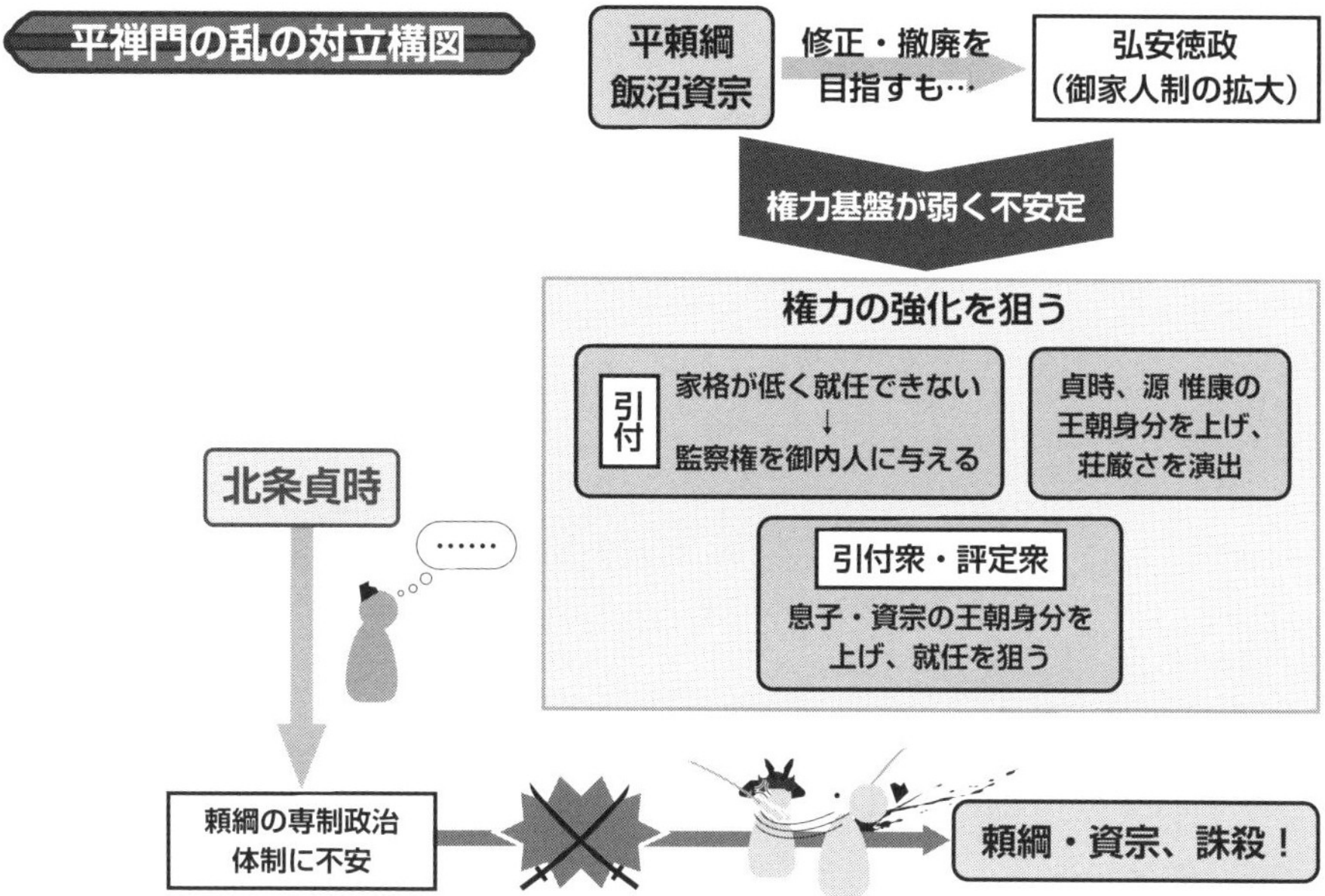

こうして頼綱は、「諸人恐懼《しょにんきょうく》の外《ほか》、他事《たじ》無《な》く候《そうろう》」（『実躬卿記《さねみきょうき》』正応六年四月二十六日条）と評される専制政治を布いた結果、これを恐れた貞時によって排除され、幕府政治の実権は彼の手に帰したのだった。

（田中大喜）

【参考文献】
築地貴久「鎮西探題の成立と鎌倉幕府」（『明治大学大学院文学研究論集』二八号、二〇〇八年）
細川重男「飯沼大夫判官資宗」（同『鎌倉北条氏の神話と権威』日本史史料研究会、二〇〇七年、初出二〇〇二年）

平左衛門の湯◆熱海の頼綱の別邸跡に湧く。この別邸は頼綱の死とともに地中に陥没し、人びとは館の跡を指して「平左衛門地獄」と呼んだという　静岡県熱海市

16 嘉元《かげん》の乱《らん》――得宗北条貞時《とくそうほうじょうさだとき》の挑戦？

嘉元《かげん》三年（一三〇五）四月二十三日深夜、北条宗方《ほうじょうむねかた》の企てにより、連署北条時村《れんしょほうじょうときむら》が殺害された。当初は得宗《とくそう》北条貞時《さだとき》の命令による誅殺《ちゅうさつ》とされていたが、その日のうちにそれは誤りであることが判明し、五月二日には時村を襲撃した御家人《ごけにん》・御内人《みうちびと》十一名が処刑された。さらに首謀者宗方も同四日に討たれた。この一連の事件を「嘉元《かげん》の乱《らん》」という。

十四世紀半ばに成立したとされる歴史書『保暦間記《ほうりゃくかんき》』は、北条師時《もろとき》が嘉元元年に貞時に代わって執権《しっけん》に任じられたことを無念に思った宗方が、師時討滅を画策し、その手始めに連署時村を討ったとする。宗方・師時いずれも貞時の従弟であり、事件当時は宗方も評定衆《ひょうじょうしゅう》・越訴頭人《おっそとうにん》（幕府裁判所での原判決の再審請求を受け付ける越訴方の責任者）の要職にあった。また時村も北条氏の有力一門政村《まさむら》流の当主で、評定衆・引付頭人《ひきつけとうにん》・六波羅探題《ろくはらたんだい》等を歴任し、北条一門の長老ともいうべき立場にあった。嘉元の乱にはこれら北条一門間の権力闘争の側面が見いだされる。

さらに近年の研究で注目されているのは、得宗貞時の事件との関わりである。永仁《えいにん》元年（一二九三）四月に内管領《うちかんれい》平頼綱《たいらのよりつな》を討って幕政の実権を握った貞時は、得宗へのさらなる権力集中を進めようとしたが、その手足となったのが宗方であった。先にふれたように宗方は越訴頭人に就いていたが、他にも得宗家執事・侍所所司《さむらいどころしょし》も務めていた。これらは本来、有力御家人や有力得宗被官の任じられるところであったが、貞時はあえて得宗家の宗方を起用して、彼らを排除しようとしたという。嘉元の乱についても、貞時が宗方を使って有力な北条一門の排斥・抑圧をはかった可能性が指摘されている。ただし、その試みは失敗したことになる。

嘉元の乱については史料が乏しく、その真相は不明とせざるをえないが、これが貞時に少なからぬ影響を与えたことはたしかなようである。徳治《とくじ》三年

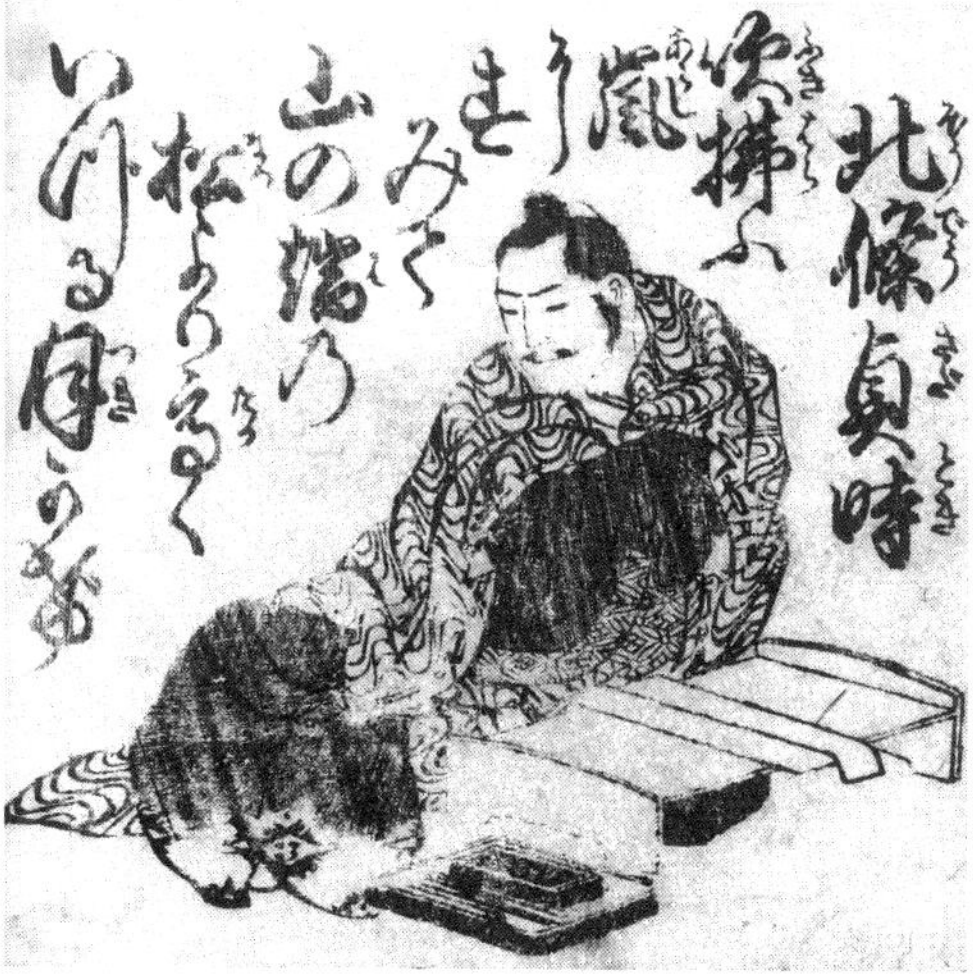

北条貞時画像◆弘安７年（1284）、父時宗の死後、わずか13歳で執権となる。永仁元年（1293）に内管領平頼綱を滅ぼして幕政の実権を握る　『続英雄百首』　個人蔵

嘉元の乱関係略系図

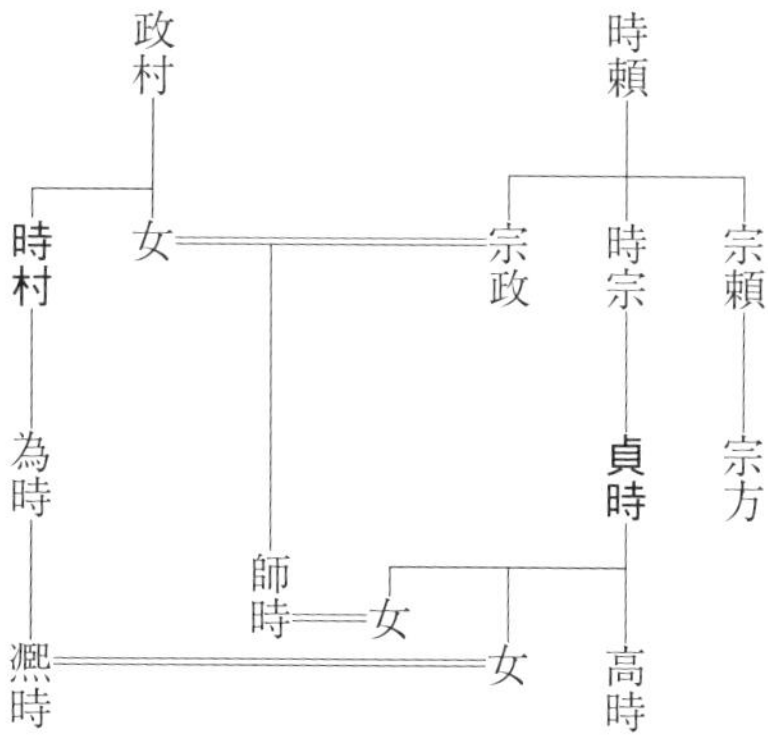

（一三〇八）八月に貞時に呈された『平《たいらの》政連《まさつら》諫草《かんそう》』からは、事件後の貞時が急速に政治的意欲を減退させていたことがうかがわれるのである。

（高橋典幸）

【参考文献】
菊池紳一「嘉元の乱に関する新史料について」（北条氏研究会編『北条時宗の時代』八木書店、二〇〇八年）
高橋慎一朗「北条時村と嘉元の乱」（同『日本中世の権力と寺院』吉川弘文館、二〇一六年、初出一九九四年）
細川重男「嘉元の乱と北条貞時政権」（同『鎌倉政権得宗専制論』吉川弘文館、二〇〇〇年、初出一九九一年）

17 正中《しょうちゅう》の変《へん》――後醍醐天皇《ごだいごてんのう》の倒幕未遂事件か？

元亨《げんこう》四年（一三二四）九月、ある密告により後醍醐《ごだいご》天皇《てんのう》の倒幕計画が発覚した。それは九月二十三日に予定されていた北野祭《きたのまつり》の喧騒に乗じて六波羅探題《ろくはらたんだい》を襲撃、ついで山門《さんもん》や南都《なんと》の衆徒《しゅうと》に呼びかけて宇治《うじ》（京都府宇治市）や勢多《せた》（滋賀県大津市）を固め、近国の武士を招集するというものであった。この密告に始まる倒幕未遂事件を正中《しょうちゅう》の変《へん》という（元亨四年は十二月に正中元年に改元される）。

通報を受けた六波羅探題はただちに計画に関わった武士のもとに軍勢を派遣して自害に追いこむとともに、後醍醐に対しては、計画を実際に指揮していたとされる側近の日資野朝《ひのすけとも》・俊基《としもと》の身柄引き渡しを要求した。後醍醐はそれに応じて両者を出頭させ、さらに近臣の万里小路宣房《までのこうじのぶふさ》に親書《しんしょ》をもたせて鎌倉に派遣し、弁明にあたらせた。

事件の知らせは「当今《とうぎん》（天皇のこと）御謀叛《ごむほん》」「公家《こうけ》（天皇のこと）御謀反」として、すなわち後醍醐天皇の倒幕計画未遂として各地に広まっていた。人びとの関心は後醍醐に対する処分に集まったが、おおかたの予想に反して、十月二十二日に帰洛した宣房は「無為《ぶい》（後醍醐にお咎めなし）」という幕府の判断を持ち帰った。入れかわりに資朝・俊基および祐雅法師《ゆうがほっし》が鎌倉に送られ取り調べを受けることになる。いったんは資朝・俊基ともに無実という情報も流れたが、結局、正中二年二月、資朝は配流《はいる》、俊基は証拠不十分により釈放という決定が下され、資朝は八月に佐渡《さど》に流された。こうして事件は幕引きとなった。

なお祐雅法師については詳細不明であるが、資朝・俊基が「無礼講《ぶれいこう》」という酒宴にかこつけて倒幕計画を練ったとされる会合の参加者を六波羅に通報したとされる。祐雅は追放に処された。

従来、正中の変は後醍醐による最初の倒幕計画（未遂事件）とみなされてきた。事件発覚前の元亨四年六月に後醍醐の父後宇多法皇《ごうだほうおう》が没したことも、後醍醐が倒幕にふみきるきっかけになったと考えられている。また、幕府の追及・対応が不徹底なものであったことも指摘されており、宣房の弁明や資朝の陳弁により幕府は事件の全貌をつかむことができなかったことや、幕府政治そのものが沈滞していたため、断固たる措置をとることができなかったことなどが、その理由として挙げられている。

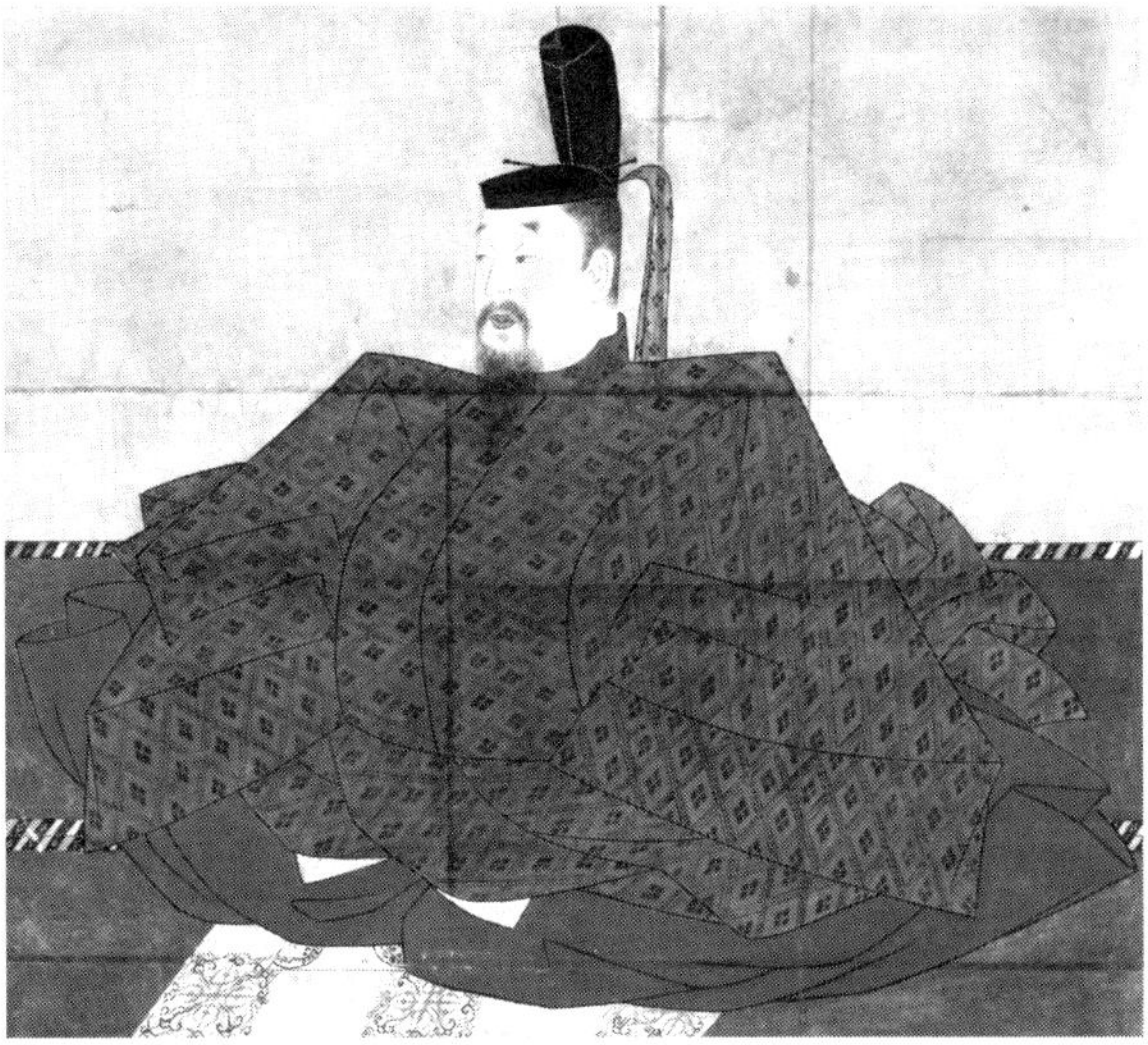

後醍醐天皇画像◆大覚寺統の後宇多天皇の子。正中の変、元弘の変等を経て鎌倉幕府打倒を果たし、建武の新政を開始するも、やがて足利尊氏らの離反を招き、朝廷が南朝と北朝に分裂するきっかけをつくった　東京大学史料編纂所蔵模写

それに対して、近年、正中の変を後醍醐の倒幕計画（未遂事件）としてではなく、むしろ後醍醐を退位に追い込もうとする勢力による謀略事件とする新説が示されている。十三世紀後半以来、皇位は大覚寺統《だいかくじとう》と持明院統《じみょういんとう》という二つの天皇家によって争われていた。後醍醐は大覚寺統出身の天皇として即位していたが、大覚寺統も一枚岩ではなく、分裂していた。すなわち皇太子には早世した兄後二条《ごにじょう》の子邦良親王《くによししんのう》がついており、即位《そくい》の機会を狙っていた。また、亀山院《かめやまいん》皇子の恒明《つねあき》親王も皇位をうかがう有力者であった。さらに持明院統にとっては、量仁《かずひと》親王を皇太子に送り込み皇位

正中の変関係天皇家略系図

※数字は即位順

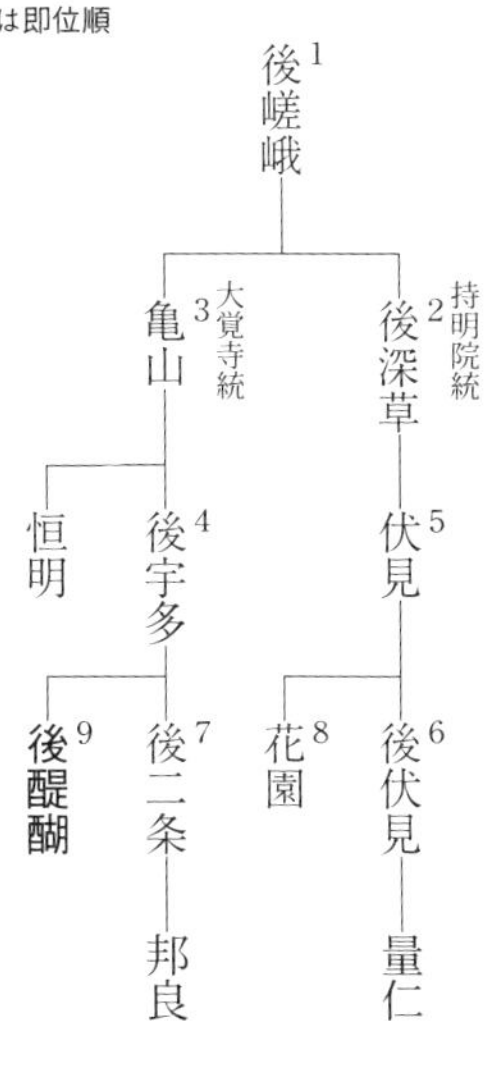

を奪還するのは悲願であった。いずれも後醍醐の退位を画策する動機はじゅうぶんにあったのである。

ただし後醍醐退位の謀略が明るみに出ることによって、朝廷にさらなる混乱がもたらされることは必至であった。皇位継承問題の調停にあたってきた幕府にとって、それはもっとも避けたい事態である。そこで幕府は事件の真相には触れない形で、すなわち徹底追及を避ける形で事態の収束を図ったとするのが、新説の指摘するところである。

正中の変の実相については今後さらに検討される必要があるが、これは後醍醐の倒幕の意思をどの段階から認めるかという問題とも関わっている。従来の研究では後醍醐天皇は早くから倒幕を企図していたと考えられ、元亨元年（一三二一）十二月に後宇多院政が停止され後醍醐親政が始まったことや、先にも触れたように元亨四年六月に後宇多が死去したことなどがその画期として注目されてきた。しかし、新説は後醍醐が倒幕を志した時期は正中の変をさかのぼらない可能性を示唆しているのである。

いずれにせよ正中の変はこの後の政治情勢に大きな影響を残すことになった。幕府が徹底追及を避ける形での幕引きを図ったとしても、これを機に皇位をめぐる動きが活発化することになったのである。大覚寺統の邦良親王や恒明親王、持明院統の量仁親王の陣営からは後醍醐の退位を求める使者があいついで鎌倉に派遣されるようになり、対する後醍醐天皇からも使者が派遣され、そのありさまは「競馬《くらべうま》のごとし」といわれるほどであった（『花園天皇日記《はなぞのてんのうにっき》』正中二年正月十三日条）。正中の変が鎌倉末期の政治の動きを加速する役割を果たしたことは間違いないところである。

（高橋典幸）

【参考文献】

河内祥輔「後醍醐天皇の倒幕運動について」（同『日本中世の朝廷・幕府体制』吉川弘文館、二〇〇七年）
村井章介「吉田定房奏状はいつ書かれたか」（同『中世の国家と在地社会』校倉書房、二〇〇五年、初出一九九七年）

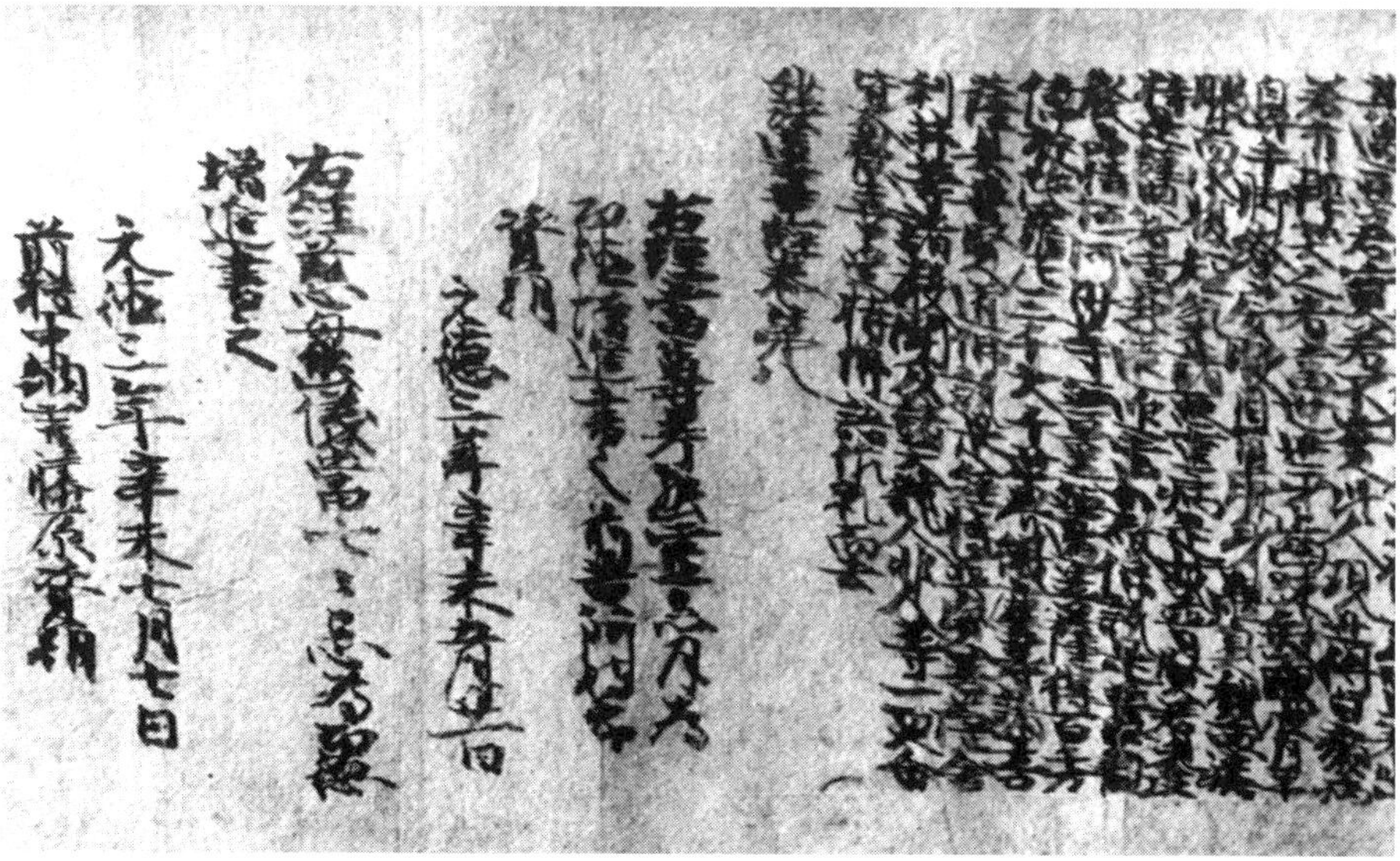

細字法華経（一部八巻）日野資朝筆◆佐渡に配流された資朝が亡き父母の菩提を弔うために自筆で書写したもの。配流中の資朝の様子を伝えるものとして貴重である　新潟県佐渡市・妙宣寺蔵　画像提供：佐渡市教育委員会

日野資朝の墓◆佐渡に配流された資朝は元弘２年（1332）に処刑された。明治17年（1884）には従二位を贈られている　新潟県佐渡市・妙宣寺

『前賢故実』に描かれた日野資朝◆持明院統の花園天皇の蔵人に任じられるなど側近として活躍したが、やがて後醍醐天皇の側近に加えられ重用された　国立国会図書館蔵

視点 安藤氏《あんどうし》の乱《らん》と北方問題《ほっぽうもんだい》

一般的にはあまり知られていないが、列島の北方世界にも鎌倉幕府を悩ませた問題が存在した。それが、元応《げんおう》二年（一三一九）よりはじまった、蝦夷《えみし》の蜂起と安藤氏《あんどうし》の内紛とが関係する「安藤氏《あんどうし》の乱《らん》」である。

安藤氏の乱が勃発する背景には、文永《ぶんえい》五年（一二六八）の蝦夷反乱があった。これは、サハリン周辺でのモンゴル・ニヴフとアイヌとの抗争が列島北方に波及したものと考えられ、《もうひとつの蒙古襲来《もうこしゅうらい》》とも呼ばれている。この反乱に対応したとおぼしい氏族が、「東夷成敗《とういせいばい》」権を実質的に担った安藤氏である。しかし、惣領《そうりょう》の安藤五郎《ごろう》は敗死してしまい、さらに得宗家《とくそうけ》によって、惣領の地位が「又《また》太郎《たろう》」を名乗る別の一族に交替させられた。

その結果、冒頭で述べた安藤氏の乱に発展する。このとき、鎌倉には「蝦夷蜂起《えみしほうき》」という報告がもたらされ、北《ほう》条高時《じょうたかとき》がモンゴル襲来の際と同じ降伏祈禱《こうふくきとう》をおこなっている。この点も《もうひとつの蒙古襲来》として注目される。その後、元亨《げんこう》二年（一三二二）に安藤季長《すえなが》（現惣領家）と安藤季久《すえひさ》（元惣領家）とが嫡庶を争った際、北条高時執《しっ》事《じ》の長崎高資《ながさきたかすけ》が、季長・季久の双方から賄賂を取り、いずれへも有利な判決を与えたという。また、北条高時・長崎高資と縁戚関係にある秋田城介《あきたじょうすけ》の安達時顕《あだちときあき》が、その職権である出羽《でわ》方面の「東夷成敗」権を強化しようとした点も「蝦夷蜂起」に影響したと見られる。

安藤氏の乱の結果、惣領の地位は季長から季久に移動する（季久は「又太郎季宗《すえむね》」と改名）。季長は抵抗を続けたが、鎌倉から派遣された有力御内人《みうちびと》の工藤貞祐《くどうさだすけ》によって捕縛・処刑された。その後も季長残党の抵抗は続き、ついに幕府は、正規軍として下野《しもつけ》の宇都宮高貞《うつのみやたかさだ》・常陸《ひたち》の小田高知《おだたかとも》を派遣する。陸奥国に隣接する北関東の有力御家人《ごけにん》を動員する手法は、源頼朝《みなもとのよりとも》の奥州合戦《おうしゅうかっせん》と同じであり、この点で安藤氏の乱の鎮圧は、《もうひとつの奥州合戦》と言えるだろう。嘉暦《かりゃく》三年（一三二八）に和談が成立し、北方問題も終息にむかった。

以上のような北方問題が、幕府滅亡とただちに結びつくわけではないが、北方の得宗家領における戦乱は、幕府と一体化した得宗の経済的基盤を動揺させ、幕府運営上にも大きな影響があったことは間違いない。

（工藤祐一）

十三湊遺跡空撮写真◆津軽半島北西部に位置し、蝦夷地との間の重要交易拠点として安藤氏の下で繁栄した。鎌倉時代から十三湊は「津軽船」と呼ばれる航路で中央とつながり、人と物の移動が盛んになされていた　画像提供：五所川原市教育委員会

十三湊領主館から出土した遺物◆十三湊遺跡からは中国や朝鮮からの輸入陶磁、能登の珠洲焼、古瀬戸などの陶磁器類が多数出土している　画像提供：五所川原市教育委員会

【参考文献】
七海雅人編『東北の中世史2　鎌倉幕府と東北』（吉川弘文館、二〇一五年）

18 元弘《げんこう》の変《へん》――後醍醐天皇《ごだいごてんのう》の執念と敗北

元弘《げんこう》元年（一三三一）八月、後醍醐《ごだいご》天皇が鎌倉幕府を倒すべく挙兵したものの失敗し、隠岐国《おきのくに》へ流された事件のこと。

これに先立つこと七年前の元亨《げんこう》四年（一三二四）九月、後醍醐の最初の倒幕計画が発覚した（この正中《しょうちゅう》の変《へん》については、近年、後醍醐の倒幕計画とみなさない見解が提示されているが、ここでは通説にしたがって二度目の倒幕計画として扱う）。このときの後醍醐は、幕府に陳謝したこともあって不問に付されたが、これを知った皇太子邦良《くによし》親王側は、後醍醐に譲位を勧告するように幕府に働きかけた。これに対し後醍醐側も、幕府に譲位の繰り延べを要請した。「競馬《くらべうま》」（『花園天皇《はなぞのてんのう》日記《にっき》』正中二年正月十三日条）とも評されたこの両者の幕府への働きかけは、大覚寺統《だいかくじとう》王家において後醍醐を一代限りの中継ぎの天皇とし、邦良を正統な皇位継承者とすることが定められていたことに起因する。

正中三年（一三二六）三月、もともと病弱だった邦良が急逝すると、彼に代わる皇太子の人選が問題となった。後醍醐は子の尊良《たかよし》親王か世良《よよし》親王を、邦良の遺臣たちは弟の邦省《くにみ》親王を、持明院統《じみょういんとう》王家は量仁《かずひと》親王を推したが、幕府は文保《ぶんぽう》の和談《わだん》にしたがって量仁を指名した。これを受けて、後醍醐の在位が十年を越した嘉暦《かりゃく》三年（一三二八）二月、持明院統王家の家長の後伏見《ごふしみ》法皇は幕府に量仁践祚《せんそ》の実現を働きかけた。一方、後醍醐は中宮《ちゅうぐう》嬉子《きし》との間に皇嗣《こうし》となる男子の誕生を切望していたが、それは実現せず、元徳《げんとく》二年（一三三〇）頃に幕府は邦良の子康仁《やすひと》を大覚寺統の皇位継承者に定めた。

こうして後醍醐は、再び倒幕の決意を固めることになったとみられる。幕府と結んで皇位を奪おうとする持明院統王家に打ち勝つため、そして幕府を後ろ盾に大覚寺統王家の皇位継承者に収まった康仁に打ち勝つためには、幕府を倒すことが不可欠だったからである。

ところが、元徳三年（一三三一）五月、状況を危ぶ

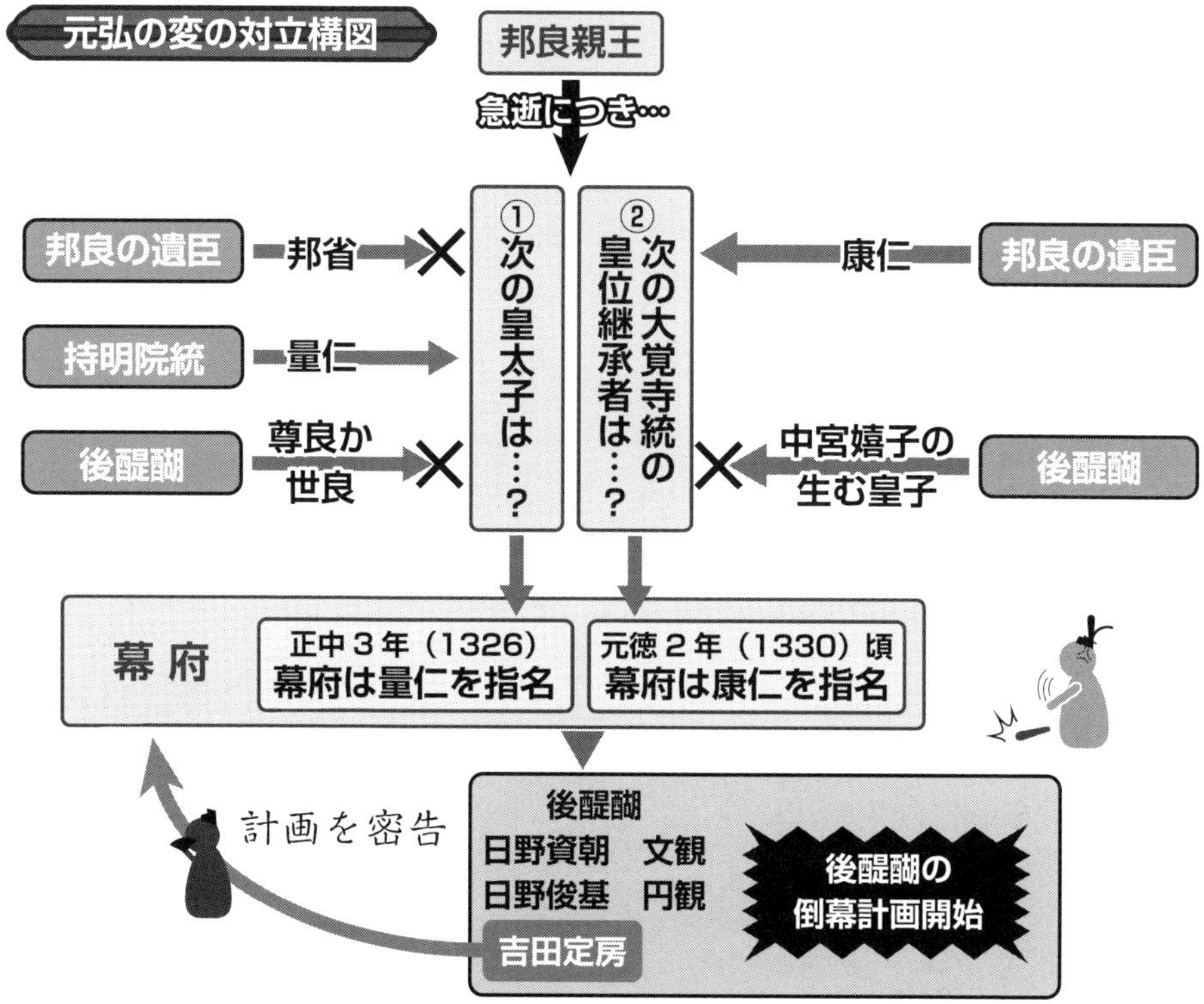

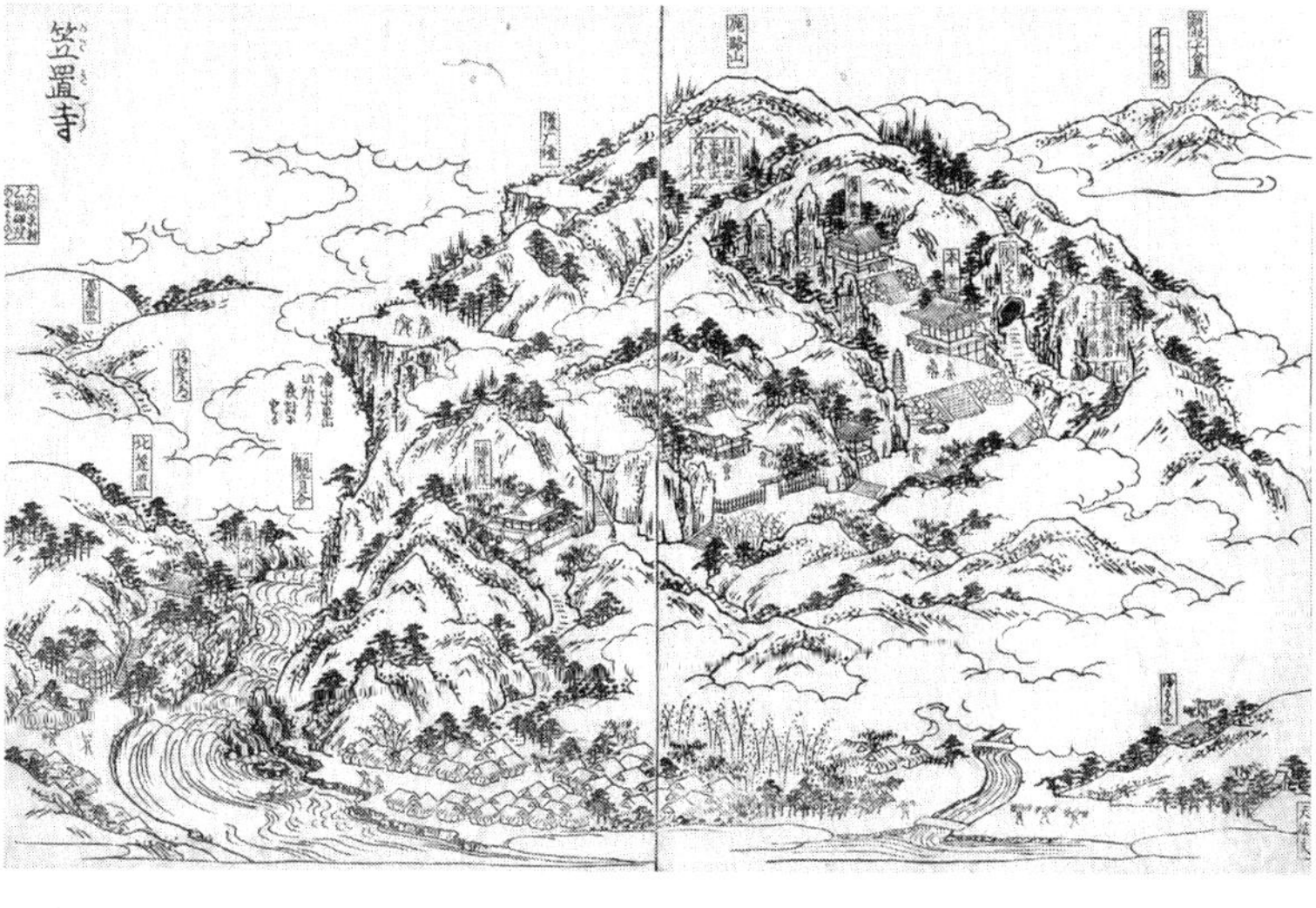

『都名所図会』に描かれた笠置寺◆標高289メートルの笠置山を境内とする。後醍醐天皇が籠もるなど、元弘の変の舞台となった　個人蔵

んだ近臣の吉田定房《よしださだふさ》が幕府に密告したことにより、後醍醐の倒幕計画は露見した。護持僧の文観《もんかん》・円観《えんかん》ら、そして正中の変でも捕らえられた日野俊基《ひのとしもと》が幕府に捕縛されると、身の危険を感じた後醍醐は三種の神器を帯して内裏を脱し、山城国《やましろのくに》の笠置山《かさぎやま》（京都府笠置町）に籠もって抵抗を試みた。だが、幕府軍の攻撃の前に笠置山は陥落し、捕らえられた後醍醐は十月に京都へ戻り、神器を量仁（光厳《こうごん》天皇）に渡した。そして翌年三月、承久《じょうきゅう》の乱の先例に則り、後醍醐は幕府によって隠岐国へ流されたのだった。

ところで、嘉暦元年（一三二六）から四年もの間、中宮禧子の安産祈祷がおこなわれたが、その様子が『太平記』と幕府の執権《しっけん》を務めた金沢貞顕《かねとわさだあき》の書状に記されている。『太平記』では、これを中宮御産の祈りに仮託した幕府調伏《ちょうぶく》の祈祷としており、貞顕の書状もこれに結びつけて解釈されてきた。しかし、『太平記』の当該記事は、白居易《はくきょい》の詩を踏まえた虚構であることが明らかにされており、『太平記』にとらわれずに貞顕の書状を解釈すると、それは後醍醐が熱心に安産祈祷を執りおこなっていた様子と、中宮懐妊への祝意を表した内容にすぎないと指摘されている。鎌倉末期の政治史研究にとって『太平記』は重要な史料になるが、適切な史料批判を通して使用することが求められるのである。

（田中大喜）

【参考文献】

河内祥輔「後醍醐天皇の倒幕運動について」（同『日本中世の朝廷・幕府体制』吉川弘文館、二〇〇七年）

兵藤祐己『後醍醐天皇』（岩波新書、二〇一八年）

村井章介『日本の中世10　分裂する王権と社会』（中央公論新社、二〇〇三年）

「沙門文観正平二年」の底銘のある木像◆護持僧として後醍醐天皇の厚い信任を得た文観の木像とも、文観が自ら彫った木像ともされる　ウォルターズ美術館蔵

笠置山から落ち延びる後醍醐天皇◆『太平記絵巻』　埼玉県立歴史と民俗の博物館蔵

葛原岡神社◆明治時代になると日野俊基は倒幕の功労者として評価され、明治20年（1887）には俊基を祭神とする葛原岡神社が鎌倉に建立された　神奈川県鎌倉市

日野俊基の墓◆俊基が処刑された葛原岡の地に建つ。命日にあたる6月3日には毎年葛原岡神社の例大祭がおこなわれている　神奈川県鎌倉市

19 鎌倉幕府の滅亡――北条氏権力の崩壊

元弘《げんこう》二年（一三三二）三月、後醍醐《ごだいご》天皇は隠岐国《おきのくに》に流されたものの、まもなく畿内では倒幕勢力の活動が再開された。まず四月、楠木正成《くすのきまさしげ》が河内国《かわちのくに》千早城《ちはやじょう》（大阪府千早赤阪村）で再度挙兵し、摂津国天王寺《せっつのくにてんのうじ》（大阪市天王寺区）へ進出した。正成は、元弘の変で後醍醐の呼びかけに応じて河内国赤坂城《あかさかじょう》（大阪府千早赤阪村）で挙兵したが、笠置山《かさぎやま》（京都府笠置町）の陥落後、行方をくらませていたのだった。

そして十一月になると、元弘の変後、大和《やまと》・紀伊国《きいのくに》の山間地帯で倒幕勢力の動員に奔走していた後醍醐の子の護良《もりよし》親王が、大和国南部の吉野《よしの》（奈良県吉野町）で挙兵した。護良は、幕府に不満を持つとみられる勢力に対し、広く精力的に令旨《りょうじ》を発給して反乱への決起を呼びかけた。これにより、播磨国《はりまのくに》の赤松円心《あかまつえんしん》をはじめ、畿内およびその近国では倒幕勢力の挙兵が相次ぐことになった。

こうした情勢を見た後醍醐は、元弘三年閏二月に隠岐国を脱し、護良の呼びかけに応じた伯耆国《ほうきのくに》の名和長年《なわながとし》を頼って同国の船上山《せんじょうさん》（鳥取県琴浦町）に拠り、北条氏の追討を諸国に命じた。東国・西国の御家人を動員して鎮圧を図ったものの、苦戦を強いられていた幕府は、深刻化する事態を打開するべく、東国から名越《なごえ》高家《たかいえ》と足利高氏《あしかがたかうじ》（のち尊氏）を大将とする大軍を畿内へ派遣した。しかし、高家が山城国久我畷《やましろのくにこがなわて》（京都市伏見区）で討ち死にすると、丹波国篠村荘《たんばのくにしのむらのしょう》（京都府亀山市）に進んでいた高氏は幕府に叛旗を翻し、挙兵した。実は高氏は、鎌倉を出発する時点で幕府の行く末を見限っていたようであり、京都到着前には後醍醐の北条氏追討の綸旨《りんじ》を受け取っていたのだった。

高氏は京都へ侵攻し、五月七日、六波羅探題《ろくはらたんだい》を陥落させた。探題北方《きたかた》の北条仲時《ほうじょうなかとき》以下の六波羅勢は、持明院統《じみょういんとう》の光厳《こうごん》天皇・花園《はなぞの》上皇・後伏見《ごふしみ》法皇らを奉じて鎌倉に落ち延びようとしたが、途中の近江国番場《おうみのくにばんば》宿《しゅく》（滋賀県米原市）で進退窮まり集団自殺を遂げた。

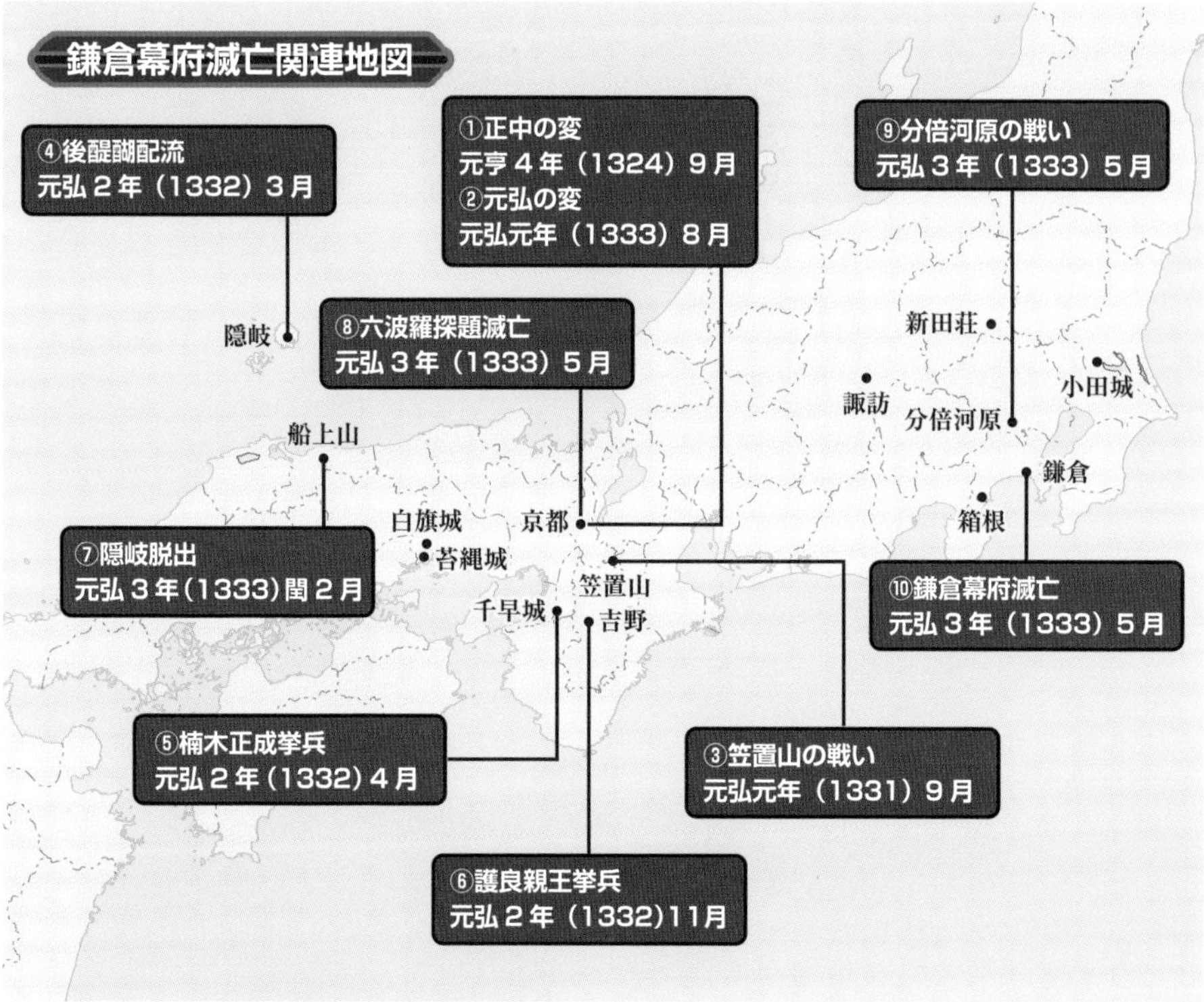

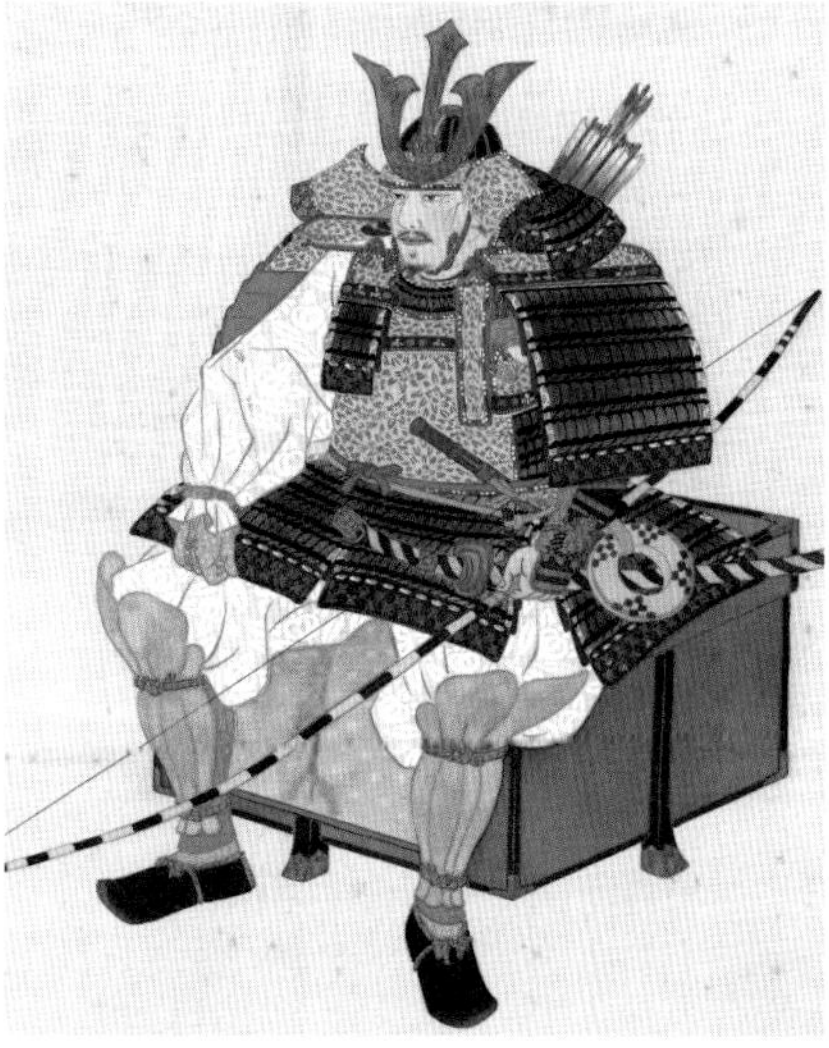

楠木正成画像◆かつては「悪党」の代名詞であったが、近年研究が進み、幕府関係者であったことが指摘されている。護良親王の令旨に応えて挙兵し、倒幕では大きな役割を果たした　個人蔵

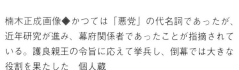

六波羅陥落の翌日には、高氏の挙兵指令に応じた新《にっ》田《た》義貞《よしさだ》が、上野国新田荘《こうずけのくににったのしょう》（群馬県太田市とみどり市・桐生市・伊勢崎市の一部）で挙兵した。義貞のもとには、関東とその近国から多くの武士が集い、関東の倒幕軍が形成された。義貞率いる倒幕軍は鎌倉街道上道《かまくらかいどうかみつみち》を南下し、武蔵国《むさしのくに》で幕府軍との激しい攻防戦を制すと、五月二十二日に鎌倉を陥落させ、得宗《とくそう》の北条高時《たかとき》をはじめとする北条氏一門と御内人《みうちびと》を滅ぼした。そして、残る博多の鎮西探題《ちんぜいたんだい》も、五月二十五日に九州全域から参じた武士たちの総攻撃を受け、滅亡した。鎮西探題は、三月にも護良の呼びかけに応じた菊池武時《きくちたけとき》らの攻撃を受けていたが、このとき九州の御家人の多くは形勢を観望したため、撃退できた。しかし、高氏が離叛して六波羅探題を滅ぼした状況下では、鎮西探題に味方する御家人はいなかったのである。

以上の出来事を、通常「鎌倉幕府の滅亡」と呼んでいる。しかし、幕府方の死者はことごとく北条氏一門とその被官たちであり、幕府体制の中核に位置するはずの一般御家人はほとんどいなかった点に注意を要する。滅びたのはあくまで北条氏権力であり、幕府という権力構造が復活するベースは強固に残されたのである。

なお、隠岐国を脱した後醍醐は、光厳在位中の任官を取り消すことを命じていたが、六波羅探題滅亡の知らせに接すると、さらに光厳の即位と正慶《しょうぎょう》年号の無効を宣言した。六月四日、後醍醐は幕府権力が消滅した京都に入り、改めて自身の復位を宣言したが、その際重祚《ちょうそ》の形式をとらず、光厳を皇太子として扱った。つまり、新政権の発足にあたって後醍醐は、すべてを幕府によって譲位を強要される直前の状態にリセットしたのだった。

（田中大喜）

【参考文献】

田中大喜『新田一族の中世』（吉川弘文館、二〇一五年）
村井章介『日本の中世10　分裂する王権と社会』（中央公論新社、二〇〇三年）
森茂暁『戦争の日本史8　南北朝の動乱』（吉川弘文館、二〇〇七年）

北条高時画像◆北条貞時の子で最後の得宗。『太平記』などの歴史書では田楽や闘犬に興じた暗君として描かれることが多い　東京大学史料編纂所蔵模写

伝赤橋守時の墓◆北条一族の赤橋久時の子で、最後の執権。妹の登子は足利尊氏の妻となった　神奈川県鎌倉市・浄光明寺

東勝寺跡の腹切りやぐら◆新田義貞の軍勢に攻められた高時ら北条一族は菩提寺東勝寺に籠もって抵抗したが、衆寡敵せず自ら火を放ち自害したとされる　神奈川県鎌倉市

視点 鎌倉幕府のなかの足利《あしかが》氏

後醍醐《ごだいご》天皇の北条氏《ほうじょうし》追討命令に応じて、倒幕の立役者となった足利尊氏《あしかがたかうじ》は、やがて幕府を再興して将軍に就任する。足利氏は北条氏に代わって幕府を主宰する立場に立ったわけだが、これを可能にした要因は鎌倉幕府体制下における足利氏の政治的・経済的地位の高さにあった。鎌倉期における足利氏の政治動向をトレースしながら、この具体相を確認してみよう。

御家人足利氏の祖となった義兼《よしかね》は、母と源頼朝《みなもとのよりとも》が従兄弟の関係にあったうえ、頼朝の妻北条政子《まさこ》の妹と結婚しており、その「御門葉《ごもんよう》」として頼朝に仕えた。また、平家の追討戦では主将の一人に抜擢されて軍功を挙げ、叙《じょ》爵《しゃく》（従五位下《じゅうごいのげ》の位階《いかい》を授けられること）して上総国司《かずさこくし》（上総介《かずさのすけ》）に任官した。こうして義兼は、官位を基準とする公的序列、また頼朝との個人的な関係を基準とする私的序列のいずれにおいても、御家人集団の最上位層に位置づき、御家人足利氏の基礎を固めたのである。

義兼の跡を継いだ義氏《よしうじ》は、幕府内部で勢力を伸長させた北条氏（得宗家《とくそうけ》）との政治的連携を深めることで、御家人足利氏の立場をいっそう強固にした。すなわち義氏は、畠山重忠《はたけやましげただ》の乱後の北条氏による武蔵国《むさしのくに》支配の再建に協力し、北条泰時《やすとき》の娘を妻に迎えると、和田《わだ》合戦・承久《じょうきゅう》の乱・宝治《ほうじ》合戦では幕府・北条氏方として活躍し、やがて執権《しっけん》泰時の補佐役として幕府政所別当《まんどころべっとう》に加わり、「関東の宿老《しゅくろう》」（『吾妻鏡《あずまかがみ》』建長《けんちょう》三年〈一二五一〉十二月七日条）と呼ばれるに至ったのである。義氏は二十代半ばまでに叙爵して武蔵国司（武蔵守《むさしのかみ》）に任官したが、叙爵および任官の年齢を基準に幕府での序列をみてみると、義氏のそれは泰時とほぼ同格だったことがわかる。

義氏の子泰氏《やすうじ》も、北条時氏《ときうじ》の娘を妻に迎えて得宗家との政治的連携を継承したが、建長の政変に関与して失脚した。しかし、泰氏の子頼氏《よりうじ》以降の足利氏当主の叙爵・任官の年齢をみると、得宗家には及ばないものの、それに次ぐ特権的支配層の北条氏系寄合衆家《よりあいしゅうけ》に匹敵しており、足利氏の政治的地位の高さは維持され続けたことが知られる。この背景には、五代将軍藤原頼嗣《ふじわらのよりつぐ》以降、足利氏は得宗が擁立する将軍の近臣の役割を担うことでその政権運営を支えるほか、北条時宗《ときむね》死後に起きた得宗グループと庶流佐介《さすけ》氏との権力闘争の際には、家時《いえとき》が自害して姻戚関係にあった後者に荷担せず、得宗に服従する姿勢を見せるなどの「努力」があったのである。

得宗家との政治的連携のもと、承久の乱や幕府内部の政争を勝ち抜いた足利氏は、宝治合戦後には二か国の守護かつ全国規模におよぶ三十か所以上の所領を有するようになり、経済的にも得宗家に次ぐ有力御家人となった。これにともない、鎌倉の足利氏の邸宅には、これら全国的な散在所領を管理・運営する政所《まんどころ》や、訴訟を扱う奉行所《ぶぎょうしょ》、そして被官群を取りまとめる御内侍所《みうちさむらいどころ》といった家政機関が整備された。政所および奉行所の奉行人には、幕府法曹官僚系の人物が確認でき、彼らの専門的知識のもと、足利氏奉行所の裁判は幕府裁判と同様の手続きを経て裁許が下された様子がうかがえ、興味深い（元亨《げんこう》二年〈一三二二〉五月二十三日付高師重《こうのもろしげ》下知状《げちじょう》）。

以上のように、鎌倉期を通じて足利氏は、鎌倉幕府体制下において得宗家に次ぐ政治的・経済的地位を確立し、幕府支配層の一角に連なったのである。これにより足利氏は、幕府の中央要職に就かなかったものの、得宗の政権運営お

鎌倉期足利氏・北条氏関係系図

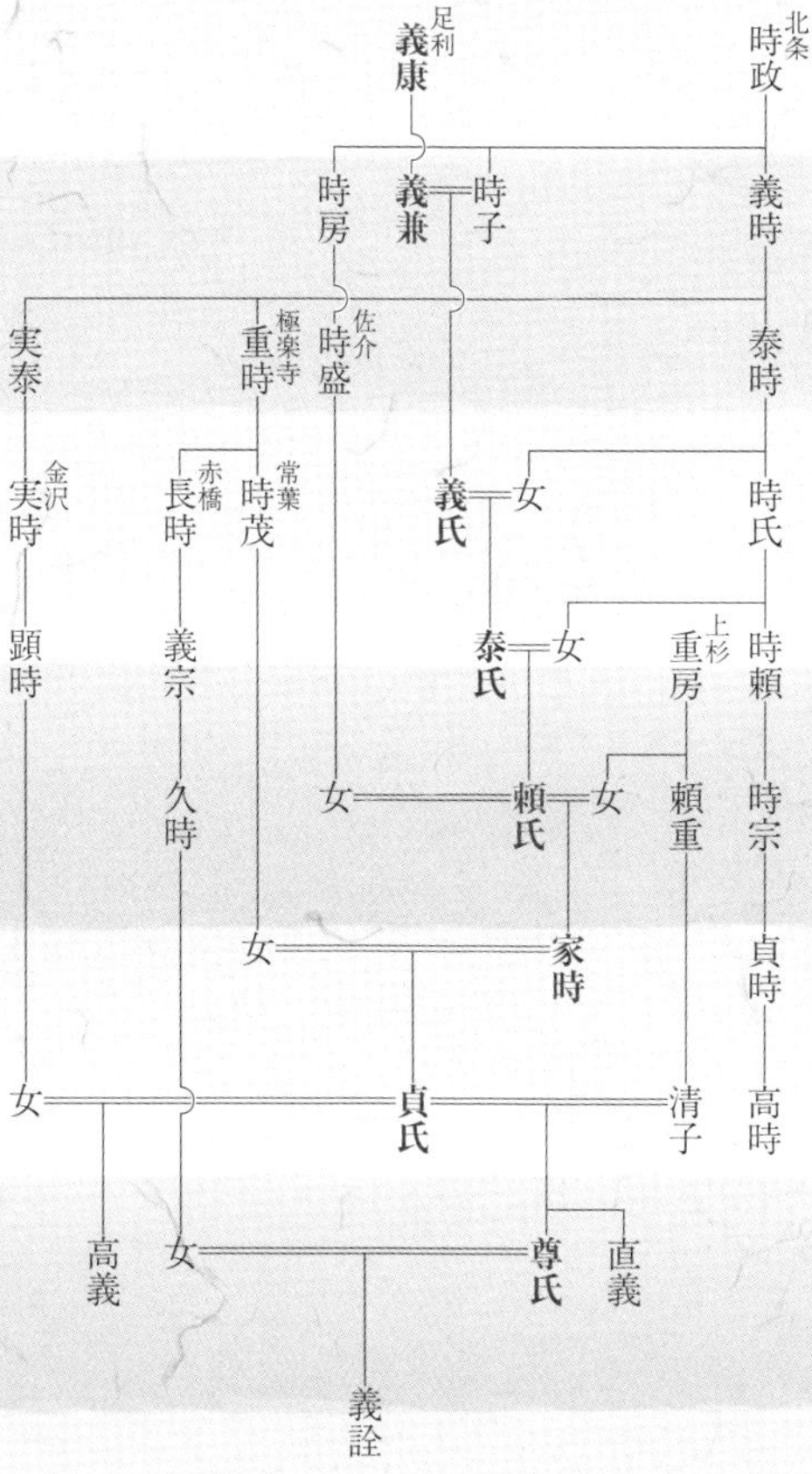

よび幕府制度のノウハウを蓄積するとともに、それらを運用する人材を確保できたと考えられる。こうして足利氏は、北条氏に代わる幕府の主宰者になりえたのである。

（田中大喜）

【参考文献】
清水克行『人をあるく　足利尊氏と関東』（吉川弘文館、二〇一三年）
田中大喜「中世前期下野足利氏論」（同編著『中世関東武士の研究第九巻　下野足利氏』戎光祥出版、二〇一三年）
前田治幸「鎌倉幕府家格秩序における足利氏」（同右書、初出二〇一〇年）

伝足利義兼画像◆比較的早くから頼朝に従い、木曾義仲の遺児義高残党の討伐や大河兼任の反乱を平定するなど軍功を上げ、幕府内での足利氏の地位の基礎をつくった　栃木県足利市・鑁阿寺蔵

足利公方邸跡◆この付近一帯に、鎌倉時代の足利氏の本宅「大蔵邸」があった　神奈川県鎌倉市

第2部　鎌倉幕府を構成した人びとと機関

源頼朝画像／平治の乱で父源義朝が敗死し、伊豆国に流されるも、以仁王の挙兵に始まる治承・寿永の乱に勝ち抜き、鎌倉幕府初代将軍となった　個人蔵

01

源氏将軍《げんじしょうぐん》——後世の歴史に与えた影響

日本の歴史上、将軍といえば、幕府の首長である源《げん》氏の征夷大将軍《せいいたいしょうぐん》、と考える人が多いだろう。決して間違いではないが、それですべてを説明できるわけではない。

鎌倉幕府以前の征夷大将軍任官者としては、大伴《おおともの》弟麻呂《おとまろ》・坂上田村麻呂《さかのうえのたむらまろ》・文室綿麻呂《ふんやのわたまろ》の三人がいるが、みな源氏ではない。しかも、任官は八世紀末から九世紀初頭のことで、鎌倉幕府が成立した十二世紀末の時点から見れば、なかば伝説化されたあまりに遠い過去の歴史である。これに対し平安時代中期以降も任官例が続いたのは鎮守府将軍《ちんじゅふしょうぐん》で、幕府成立の前提となる平安時代末期の段階で将軍といえば鎮守府将軍を指すのが一般的だった。

将軍＝征夷大将軍となるのは、鎌倉幕府が成立して以降の話となるわけだが、源頼朝《みなもとのよりとも》が征夷大将軍に任官したのも、多分に偶然の出来事であった。朝廷の貴族である中山忠親《なかやまただちか》の日記によれば、建久《けんきゅう》三年（一一九二）、頼朝が朝廷に「大将軍」の称号を望んだのに対し、朝廷では征夷大将軍・征東大将軍《せいとうたいしょうぐん》・惣《そう》官《かん》・上将軍の四つの候補から、先例の吉凶や有無を踏まえ、消去法で征夷大将軍を選んだようである（『三《さん》槐荒涼抜書要《かいこうりょうぬきがきのかなめ》』）。

また、正治元年（一一九九）、頼朝の急死後すぐ、幕府は頼家《よりいえ》が後継者であることを朝廷に伝え、同意を得ているが、このとき頼家が征夷大将軍に任官した事実はなく、鎌倉殿《かまくらどの》の継承において征夷大将軍任官が絶対条件ではなかったことを示唆している。頼家の征夷大将軍任官は、その三年後であり、失脚する一年前のことである。一方で、頼家から実朝《さねとも》へ鎌倉殿が交代する際の政変劇では、朝廷に要請してただちに実朝を征夷大将軍に任官させているから、ここに幕府の首長＝征夷大将軍という認識が成立してきたものと言える。それでも、実朝暗殺後、北条政子《ほうじょうまさこ》が事実上将軍の立場にある間は、征夷大将軍は不在であった。

その後、将軍は摂家将軍《せっけしょうぐん》、親王将軍《しんのうしょうぐん》と続くが、前者は摂関家《せっかんけ》藤原《ふじわら》氏、後者は天皇家であって、源氏ではない。鎌倉幕府の一五〇年ちかい歴史のうち、一〇〇年以上が源氏将軍ではなかったわけであり、結局のところ鎌倉時代には、征夷大将軍＝源氏という認識が確立していたとは言えないのである。

鎌倉幕府を滅ぼした後醍醐天皇《ごだいごてんのう》が息子の親王を征夷大将軍に任じたのも、それまで八十年近くにわたり親

清和源氏略系図

※数字は将軍就任順

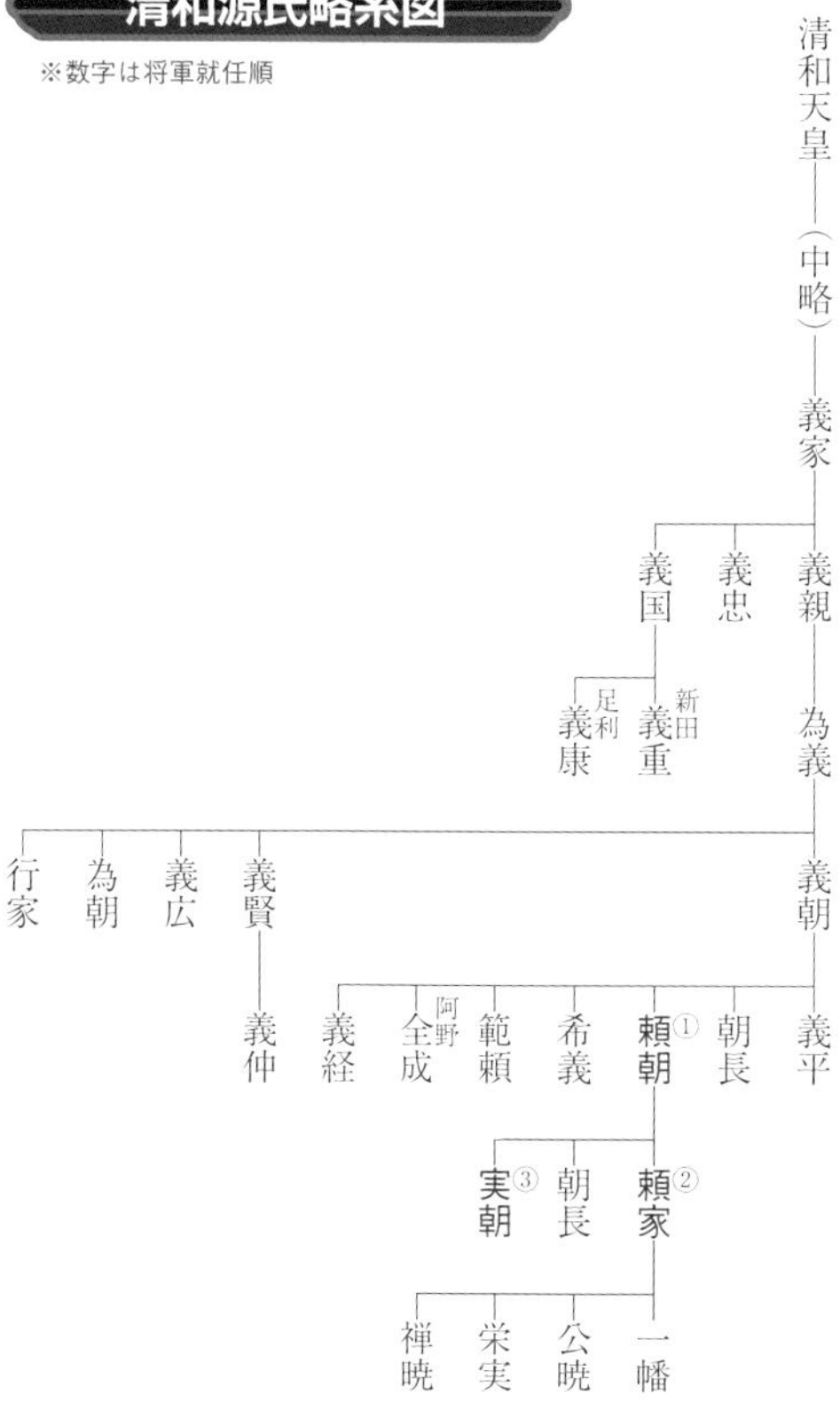

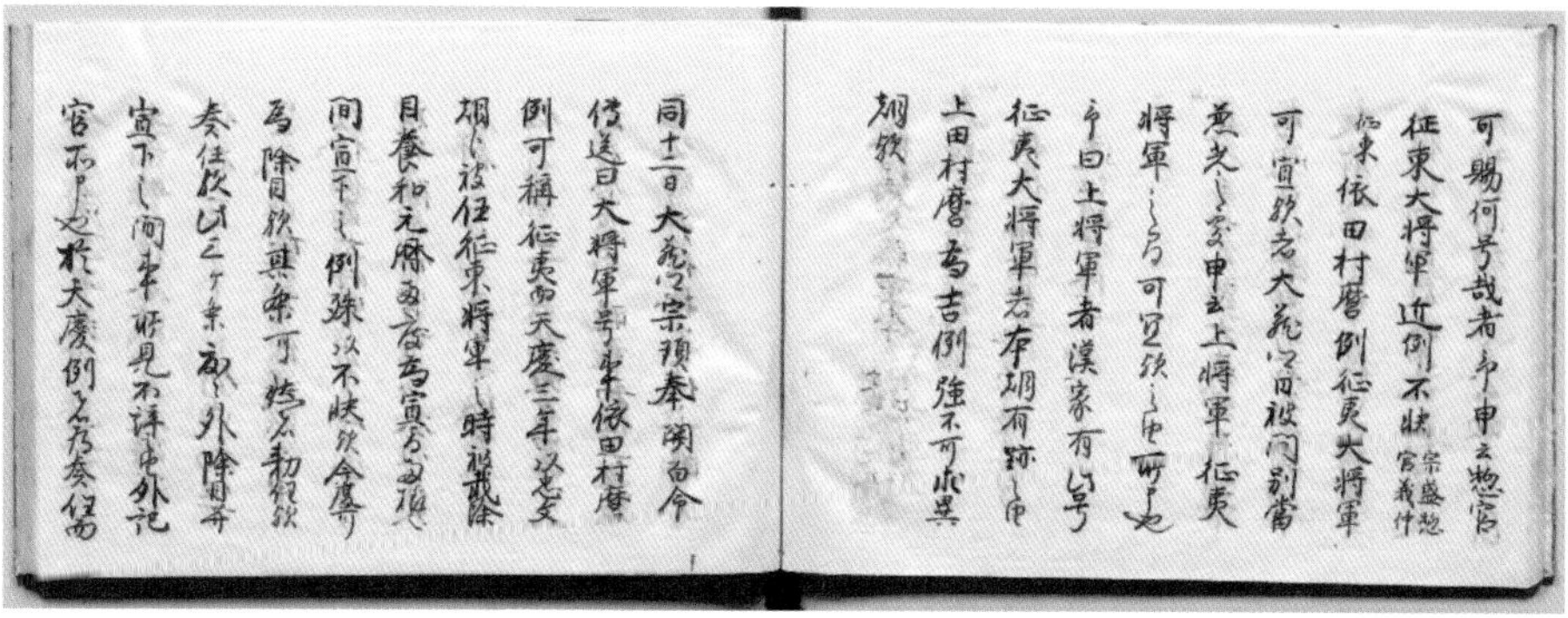

『三槐荒涼抜書要』◆平安末期の貴族中山忠親の日記『山槐記』の抜粋が記されている。この中に、頼朝の征夷大将軍任官に関する記事が見える　国立公文書館蔵

王将軍が現に続いていたことを前提とすれば自然な成り行きといえる。むしろ、これに対抗する足利尊氏《あしかがたかうじ》が源氏として将軍になろうとしたことのほうが異常な事態だったとも言え、武家の棟梁として権威を確立するうえで、源氏将軍観を喧伝《けんでん》するのにいかに腐心したかが推察される。将軍とは幕府の首長である源氏の征夷大将軍との観念は、通算五〇〇年におよぶ室町・江戸両幕府の時代の所産であって、鎌倉時代の常識では決してなかったと言えよう。

ただし、通算で三十年にも満たないものの、鎌倉幕府の草創期に頼朝・頼家・実朝と三代にわたって源氏将軍が存在した事実は、鎌倉幕府のその後の歴史に影を落としたたこともまた確かである。頼朝～実朝の時代を「三代将軍」という言葉で一括して表現し由緒とする観念が、幕府や御家人《ごけにん》の間には広がっていたと考えられる。

また、政争の原因が源氏将軍観に関わると思しいケースも散見される。元久《げんきゅう》二年（一二〇五）、北条時《とき》政《まさ》と後妻牧《まき》の方《かた》が、娘婿である源氏一門の平賀朝雅《ひらがともまさ》を将軍に擁立しようとして失脚に追い込まれた。嘉禄《かろく》二年（一二二六）、藤原《ふじわらの》（九条《くじょう》）頼経《よりつね》が将軍に任官する際、源氏に改姓するかが議論となり、春日社《かすがしゃ》に使者が派遣され神判《しんぱん》が仰がれている。弘安《こうあん》八年（一二八五）の霜月騒動《しもつきそうどう》で安達《あだち》氏が滅亡に追い込まれたのは、安達宗景《むねかげ》が頼朝の子孫と称して源氏に改姓したことが将軍への野心と見なされたからである。他にも、文永《ぶんえい》七年（一二七〇）に七代将軍惟康王《これやすおう》が源姓を与えられ、一時的とはいえ源氏将軍が再誕している（孫王《そんおう》の賜姓《しせい》自体は自然との指摘もある）。

鎌倉幕府一五〇年あまりの歴史において源氏将軍の時代は確かに短期間ではあった。しかし、源氏将軍観は完全に消滅することはなく、室町・江戸両幕府の誕生に最大限の正統性を与えたことは重大である。

（下村周太郎）

【参考文献】

青山幹哉「鎌倉将軍の三つの姓」（『年報中世史研究』一三号、一九八八年）
金永「摂家将軍期における源氏将軍観と北条氏」（『ヒストリア』一七四号、二〇〇一年）
川合康『鎌倉幕府成立史の研究』（校倉書房、二〇〇四年）
関口崇史編『征夷大将軍研究の最前線』（洋泉社、二〇一八年）
細川重男『執権』（講談社学術文庫、二〇一九年）

源頼朝彫像◆文保３年（1319）の修理銘があり、最古の頼朝彫像とされる。もとは頼朝が大檀那であった信濃の善光寺に伝来した　甲府市・甲斐善光寺蔵

源実朝彫像◆頼朝彫像と同様に信濃善光寺に伝来した。鎌倉時代に作成された最古の実朝彫像とされる　甲府市・甲斐善光寺蔵

02

摂家将軍《せっけしょうぐん》――九条道家《くじょうみちいえ》と一族の盛衰

源氏将軍《げんじしょうぐん》は源《みなもとの》実朝《さねとも》の暗殺により三代で途絶えたが、そもそも実朝には子供がいなかったので、遅かれ早かれ源氏将軍は終幕の運命にあった。建保《けんぽう》七年（一二一九）、予期せず実朝が亡くなると、北条政子《ほうじょうまさこ》は前年から計画していた後鳥羽上皇《ごとばじょうこう》の皇子《おうじ》招請に動く。しかし、上皇はこれを拒否した。

そこで白羽の矢が立ったのが、天皇家につぐ権威を誇る摂関家《せっかんけ》であり、藤原《ふじわらの》（九条《くじょう》）道家《みちいえ》の三男でわずか二歳の三寅《みとら》であった。やや唐突な人事にも思えるが、三寅は源頼朝《よりとも》と縁がないわけではない。父方も母方も祖母は頼朝の姪であり、曾祖父の藤原兼実《かねざね》をはじめ親族には親幕派公卿《しんばくはくぎょう》が多かった。

嘉禄《かろく》元年（一二二五）七月に政子が没すると、前年に執権《しっけん》となったばかりの北条泰時《やすとき》は、三寅を名実ともに将軍として推戴する必要に迫られた。政子の死から五か月後、いまだ八歳の三寅を元服させ、名を頼経《よりつね》とし、その一か月後には朝廷に求めて将軍に就任させた。将軍御所の新造や御所警衛制度（鎌倉大番《かまくらおおばん》）の整備も進め、頼経の将軍としての威厳が演出されていった。さらに寛喜《かんぎ》二年（一二三〇）、十三歳の頼経と二十八歳の竹御所《たけのごしょ》を結婚させる。竹御所は二代将軍頼家《よりいえ》の娘で源氏将軍家の継承者であり、結婚によって摂家将軍家と源氏将軍家との結合を図ったのである。

成人した頼経は将軍としての自覚を深め、評定《ひょうじょう》の結果に異見を唱えるなど政治にも意欲を示し、存在感を増していった。一方、朝廷では、子息が将軍と摂関の地位を占めた道家の権勢が絶頂を極めていた。暦《りゃく》仁《にん》元年（一二三八）、泰時らを率いて上洛した頼経は、検非違使別当《けびいしべっとう》に任じられ、洛中篝屋《らくちゅうかがりや》を設置するなど、九条家主導で公武協調体制が演出された。

竹御所は難産のすえに亡くなるが、頼経と後妻（藤原親能《ちかよし》の娘）との間に生まれたのが五代将軍頼嗣《よりつぐ》である。頼嗣は六歳で父頼経から将軍職を継承する。そして、翌年にはわずか七歳にして、執権北条経時《つねとき》の妹檜皮姫《ひわだひめ》と結婚する。摂家将軍家と執権北条氏との協調が目指されたのである。

　頼経は将軍職を辞した後も「大殿《おおとの》」として隠然たる影響力を保持した。こうした中で、頼経・頼嗣周辺には将軍派＝反得宗派の御家人集団が形成されていく。

（下村周太郎）

九条道家画像◆『天子摂関御影』◆宮内庁三の丸尚蔵館蔵　宮内庁三の丸尚蔵館『鎌倉期の宸筆と名筆展』図録（2012年）より転載

【参考文献】
関口崇史編『征夷大将軍研究の最前線』（洋泉社、二〇一八年）
平雅行編『中世の人物　京・鎌倉の時代編第三巻　公武権力の変容と仏教界』（清文堂出版、二〇一四年）
野口実『武家の棟梁源氏はなぜ滅んだのか』（新人物往来社、一九九八年）
細川重男編『鎌倉将軍・執権・連署列伝』（吉川弘文館、二〇一五年）

摂家将軍関係略系図

※数字は就任順

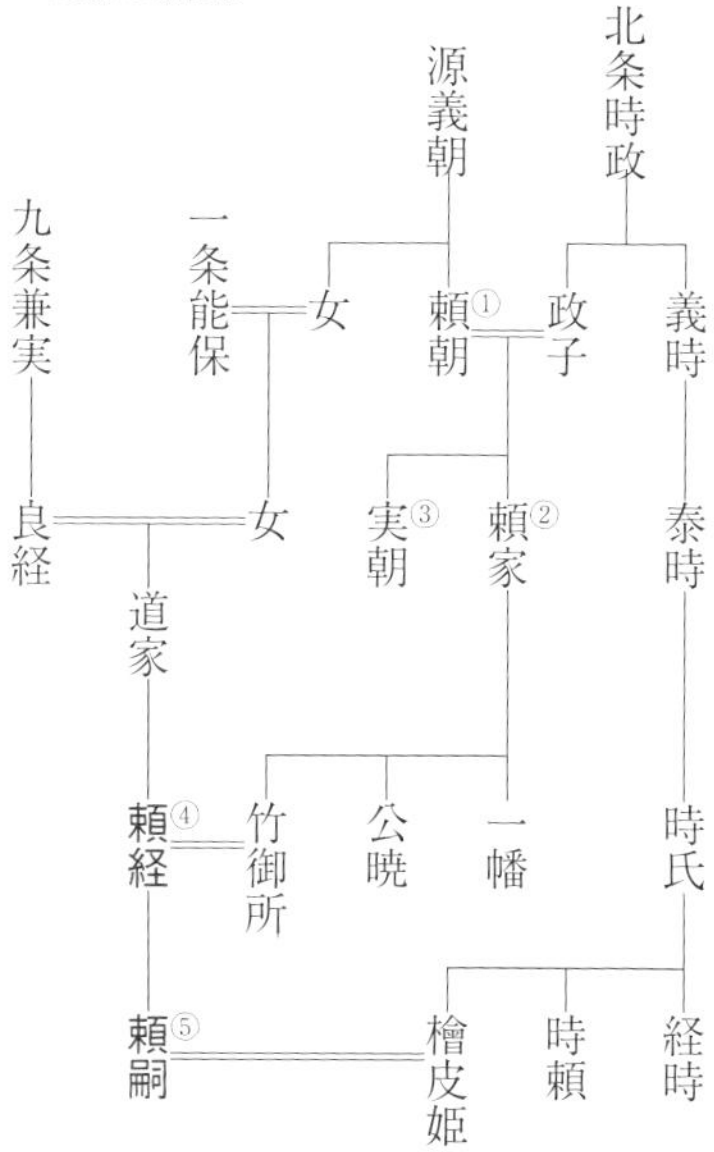

03 親王将軍《しんのうしょうぐん》――幕府の歴史の半分を超える在職期間

承久《じょうきゅう》元年（一二一九）に源《みなもとの》実朝《さねとも》が暗殺されたとき、北条政子《ほうじょうまさこ》が後鳥羽上皇《ごとばじょうこう》に皇子を将軍に迎えたいと要望した。しかし、上皇は天皇家出身の将軍が誕生することで「日本国《にほんこく》」が二つに分裂することを危惧し、拒否したという（『愚管抄《ぐかんしょう》』）。

ところが、それから三十年あまり、建長《けんちょう》四年（一二五二）に執権《しっけん》北条時頼《ときより》が後嵯峨《ごさが》上皇に対して皇子の将軍就任を要請したところ、あっさりと第一皇子宗《むね》尊親王《たかしんのう》の鎌倉下向が決まった。承久の乱を経て朝廷と幕府の力関係が逆転していたことに加え、後嵯峨上皇自身が北条得宗家《とくそうけ》と深く結びついていたことも見逃せない。

仁治《にんじ》三年（一二四二）、後高倉皇統《ごたかくらこうとう》の四条《しじょう》天皇が十二歳で急逝すると、天皇の外戚《がいせき》で実権を掌握していた藤原《ふじわらの》（九条《くじょう》）道家《みちいえ》は、順徳《じゅんとく》皇子の忠成王《ただなりおう》を推し、朝廷内でも大方の支持を得ていた。ところが、執権北条泰時《やすとき》の強請によって即位したのが、土御門《つちみかど》皇子の邦《くに》仁王《ひとおう》、すなわち後嵯峨だった。源通親《みちちか》一族を介して土御門皇統と北条得宗家とは遠戚にあった。

寛元《かんげん》四年（一二四六）に譲位し院政《いんせい》を開始した後嵯峨上皇は北条得宗家と連携し、権勢を極める道家の排除を画策する。そして建長《けんちょう》四年（一二五二）、幕府では頼嗣《よりつぐ》が将軍を廃され、朝廷でも道家の一族が排斥された。こうした情勢下での時頼の要請であったから、後嵯峨上皇が皇子の将軍就任を承諾したことは理の当然だったといえよう。後嵯峨は天皇にも将軍にも自らの子をつけることに成功し、他方、天皇家出身の将軍の誕生は、幕府の社会的ステータスを飛躍的に上昇させた。

親王将軍の歴代も細かく見ると、六代宗尊・七代惟《これ》康《やす》父子と八代久明《ひさあき》・九代守邦《もりくに》父子とで、系譜の交替が見られる。その事情も後嵯峨上皇の治世にさかのぼる。

後嵯峨は子の後深草《ごふかくさ》天皇に譲位するも、その後、後深草の同母弟亀山《かめやま》天皇を即位させた。結局、後継者を

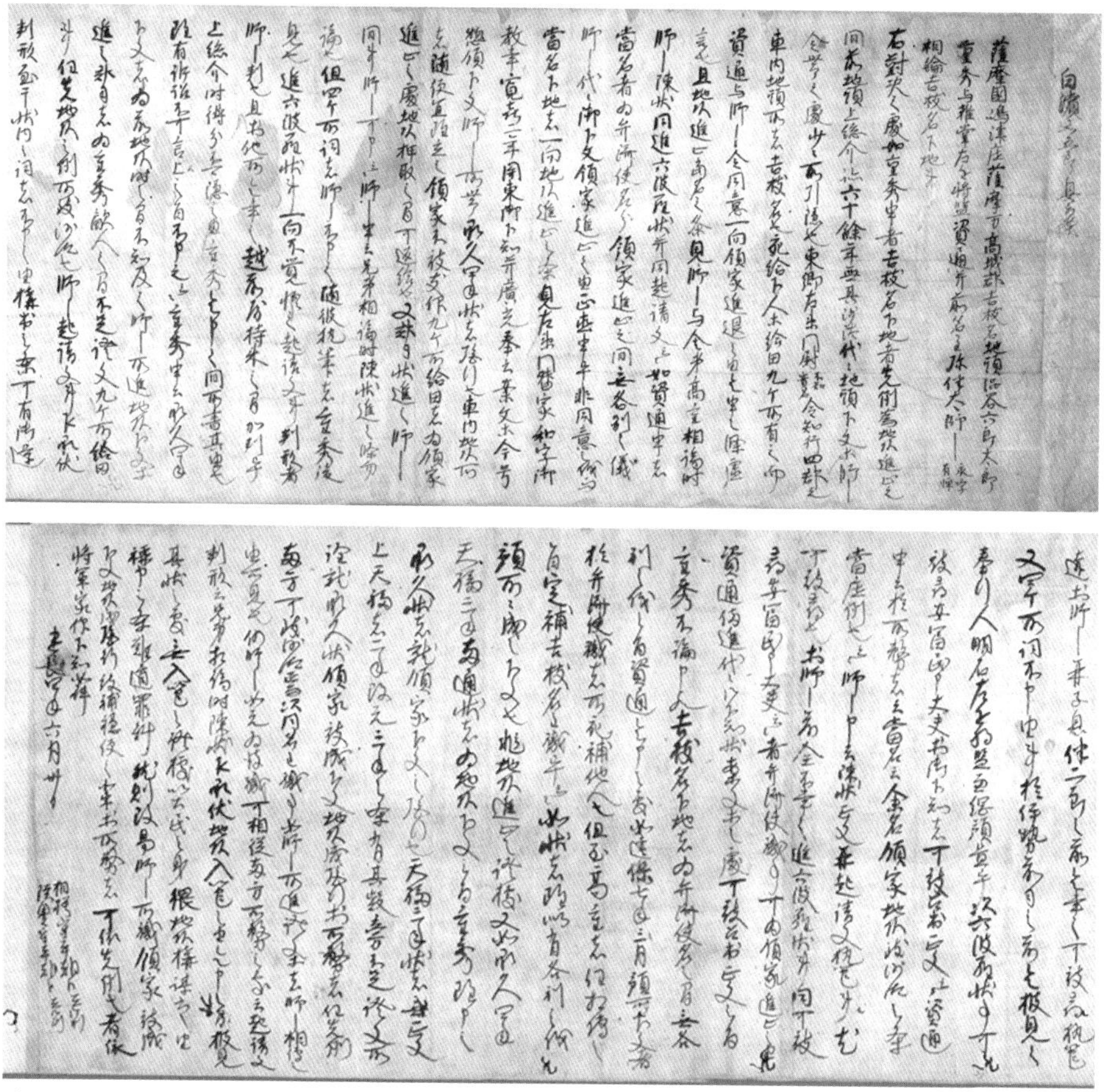

建長4年6月30日関東下知状◆関東下知状の多くは書止文言に「鎌倉殿仰」が入るが、宗尊親王将軍期は「将軍家仰」となるのが一般的だった　入来院文書　東京大学史料編纂所蔵

明確にしないまま亡くなったため、後深草上皇と亀山天皇の兄弟間で治天《ちてん》の座をめぐる争いが起きたのである。母大宮院《おおみやいん》の意向もあり亀山が治天の君となったが、これに後深草が反発、後深草流（持明院統《じみょういんとう》）と亀山流（大覚寺統《だいかくじとう》）とに皇統は分裂した。

宗尊親王は工女二人を亀山・後宇多《ごうだ》の後宮《こうきゅう》に入れるなど大覚寺統と縁が深かった。一方、幕府の斡旋により弘安《こうあん》十年（一二八七）、大覚寺統の後宇多から持明院統の伏見《ふしみ》へ皇位が移り、後深草院政が開始されると、両統の立場は逆転した。二年後の正《しょう》元《げん》二年（一二八九）、惟康

親王将軍関係略系図

※数字は就任順

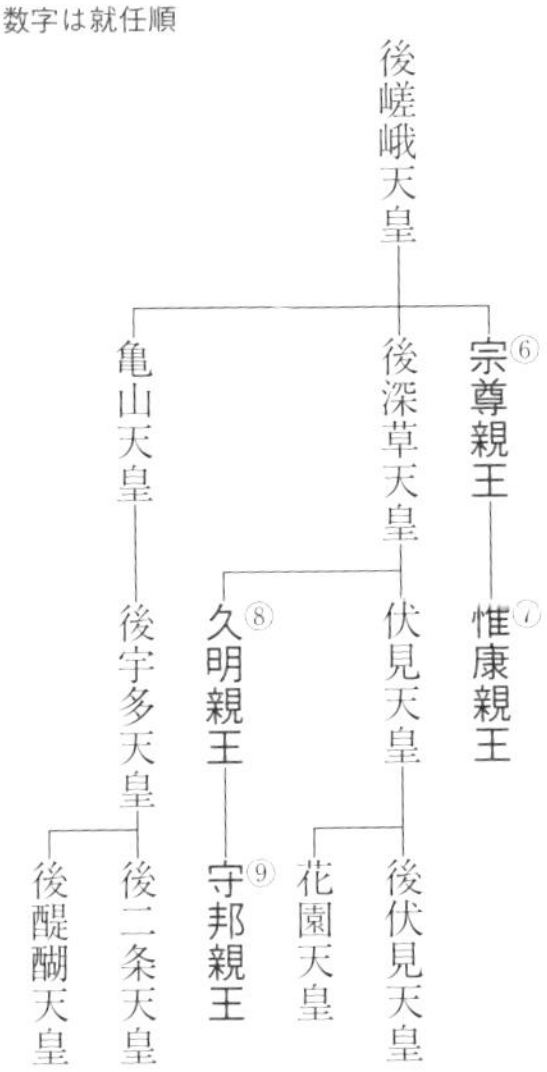

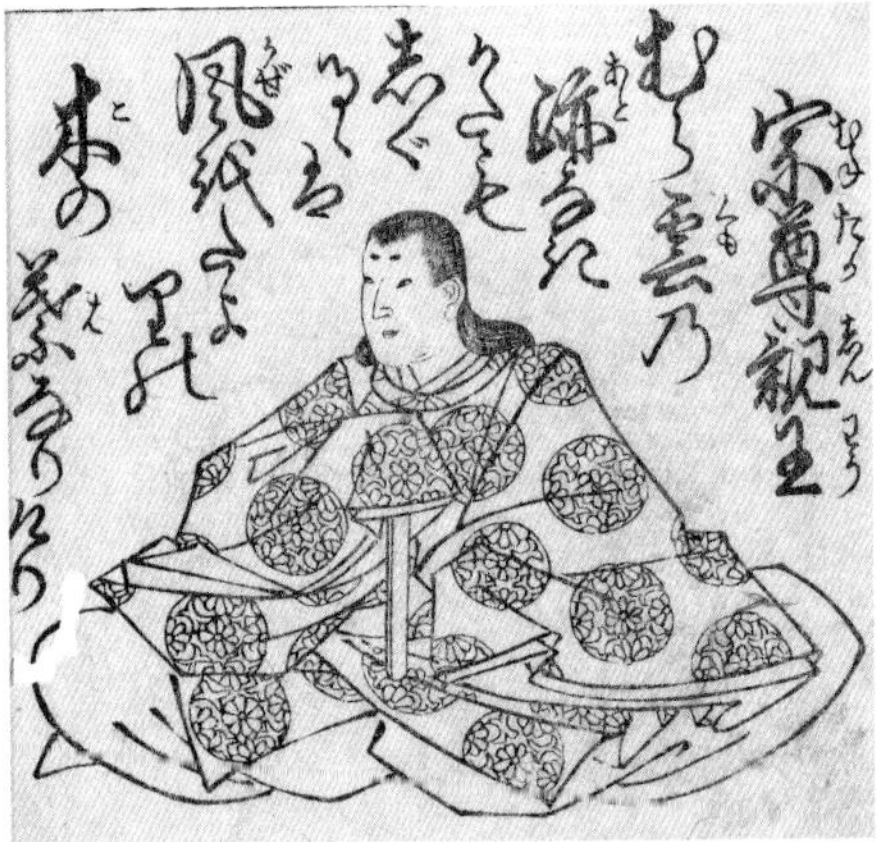

宗尊親王画像◆後嵯峨天皇の子で、幕府の要請により鎌倉に下向し最初の親王将軍となった。長ずると名越氏などと結び存在が危険視されたため、京都に送還された　『義烈百人一首』　個人蔵

にかわり、後深草の皇子である久明が将軍として鎌倉へ下ることとなり、持明院統の将軍家が誕生したのである。久明の妻には惟康の娘が迎えられており、惟康から久明への継承関係について一定の配慮も見られるが、親王将軍の歴代にも皇統の分裂が影を落としているのである。鎌倉幕府と持明院統とのつながりは、室町幕府と北朝との関係へと引き継がれていく。

親王将軍は四代八十二年に及ぶ。つまり、鎌倉幕府の歴史のうち半分以上が、親王将軍の時代なのである。のちに幕府を滅亡させた後醍醐《ごだいご》天皇は皇子を征夷大将軍に任じたが、それまでの八十二年の歴史を考えれば、足利尊氏《あしかがたかうじ》という源氏将軍誕生のほうが特異な事態だったとも言えよう。

（下村周太郎）

【参考文献】
関口崇史編『征夷大将軍研究の最前線』（洋泉社、二〇一八年）
平雅行編『中世の人物　京・鎌倉の時代編第三巻　公武権力の変容と仏教界』（清文堂出版、二〇一四年）
日本史史料研究会編『鎌倉将軍・執権・連署列伝』（吉川弘文館、二〇一五年）

コラム

関東祇候《かんとうしこう》の廷臣《ていしん》

幕府ができたことで、用務のため京都から鎌倉へ下る貴族が現われてくる。それでも、鎌倉時代前期においては、用務の間の一時的な滞在が基本であって、必ずしも鎌倉の住人となったわけではなかった。

ところが、摂関家《せっかんけ》や天皇家の出身者が将軍になると、将軍につき従って鎌倉に下向し、そのまま将軍のそば近くに仕える貴族が増えてくる。こうした貴族を「関《かん》東祇候《とうしこう》の廷臣《ていしん》」と呼んだ。幕府に仕えたことで、地頭《じとう》職《しき》を得るものもいた。

関東祇候の廷臣を出した家としては、難波《なんば》家・飛鳥《あすか》井《い》家・御子左《みこひだり》家・三条《さんじょう》家・徳大寺《とくだいじ》家・一条《いちじょう》家・坊門《ぼうもん》家・堀川《ほりかわ》家・唐橋《からはし》家などが知られている。和歌《わか》や蹴鞠《けまり》、文《ぶん》筆《ぴつ》などに優れた家が多く、鎌倉における文化の発展にも一役買った。

摂家将軍《せっけしょうぐん》や親王将軍《しんのうしょうぐん》との関係だけでなく、もともと源氏将軍《げんじしょうぐん》の時代から幕府との関係が深かった家も少なくない。鎌倉に定着し、北条氏をはじめ御家人《ごけにん》と縁戚関係を結ぶ場合もあった。

貴族とは京都で朝廷に奉仕するのが本来であるから、長期にわたり京都を不在にすることは、処罰の対象となる。しかし、鎌倉時代末期になると、鎌倉に居ながらにして、公卿《くぎょう》に昇進する者も現れた。また、一族の僧侶には鶴岡八幡宮《つるがおかはちまんぐう》をはじめ鎌倉にある寺社の長官になる者もいたが、なかには、東寺一長者《とうじいちのちょうじゃ》や醍醐寺座主《だいごじざす》など京都の有力寺院の役職を得るものまで現れた。こうした背景には、権力を上昇させた幕府の推挙もあった。

（下村周太郎）

【参考文献】
五味文彦ほか編『現代語訳吾妻鏡別巻　鎌倉時代を探る』（吉川弘文館、二〇一六年）
森茂暁『建武政権』（講談社学術文庫、二〇一二年）
湯山学『相模国の中世史　増補版』（岩田書院、二〇一三年）

04

御家人《ごけにん》——史上空前の従者集団とその内実

御家人《ごけにん》とは鎌倉幕府の将軍と主従関係を結んだ武士のことである。主従関係そのものは前近代に一般的な社会関係であるが、御家人たちと将軍との間で結ばれた主従関係、すなわち御家人制は規模が巨大であること、また所領の給恩を媒介としている点で、前代未聞ないし画期的な主従関係であった。

御家人制の起源は治承《じしょう》・寿永《じゅえい》の内乱《ないらん》の中で頼朝《よりとも》に臣従した武士たちにある。内乱当初の頼朝は伊豆《いず》の流《る》人《にん》、一介の謀叛人《むほんにん》・反乱軍にすぎなかったので、内乱を勝ち抜くためには周囲の武士たちを臣従させる以外、他に手段はなかった。挙兵当初の頼朝がすぐに設置したのが御家人たちを統制する侍所《さむらいどころ》であったことは、御家人制が内乱と密接な関係にあったことを示している。頼朝が反乱軍の地位を脱した後、平氏《へいし》追討の遠征戦も西国の武士たちを御家人に組織する形で進められた。こうして内乱の進行とともに御家人制は全国に拡大していったのである。

御家人たちを頼朝に結びつけたのが所領の給恩であった。そもそも伊豆の流人頼朝の手もとには給与できる所領などなかったが、敵対者を殲滅し、その所領を御家人たちに分け与えるという戦闘行為が所領給恩につながった。御家人たちにとっても所領獲得に直結していることが、頼朝に臣従し内乱を戦う動機になった。すなわち内乱の中での主従関係形成という環境が、御家人制に所領給恩を媒介とする主従関係という特徴をもたらしたのである。

内乱終結後、御家人制は再編成の時を迎える。建《けん》久《きゅう》年間には各国で御家人交名《きょうみょう》が作成され、御家人の範囲が明確化された。御家人交名の作成にあたってはあらためて御家人の選別がおこなわれ、内乱で膨張した御家人制が整理された。また、敵方所領の没収・給与という形で実現していた御家人に対する所領給恩も、朝廷との合意のもとで整理され、平家没官領《へいけもっかんりょう》や謀叛人跡の所領に御家人が地頭《じとう》として補任される地頭

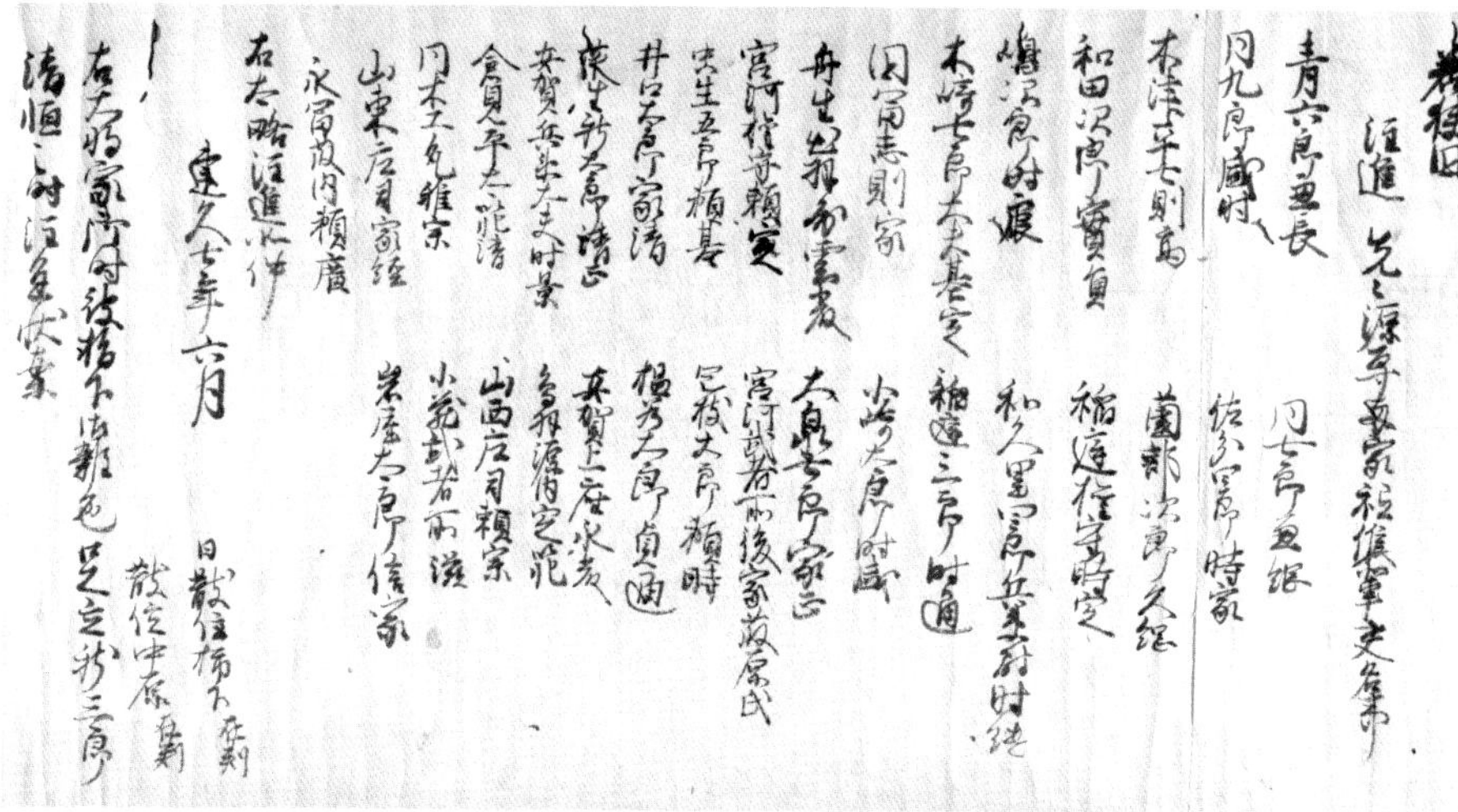

若狭国源平両家祗候輩交名案◆建久７年（1196）６月に作成された若狭国の御家人交名。若狭国御家人で地頭に任じられた者はなく、ここに名前の挙がっている御家人の多くは鎌倉時代半ばには没落した　東寺百合文書　京都府立京都学・歴彩館蔵

制が確立した。

さらに注目されるのは、鎌倉幕府が成立し、頼朝が朝廷との関係で全国の治安維持・国家的な軍務を司る政治権力と位置づけられたことにともなって、御家人たちも国家的な軍務を担う集団としてみなされるようになったことである。寛喜《かんぎ》三年（一二三一）十一月に朝廷から発令された新制《しんせい》で、将軍藤原《ふじわらの》（九条《くじょう》）頼経《よりつね》とともに、その「郎従等《ろうじゅうとう》」すなわち御家人たちが海陸の盗賊追討にあたると明記されたことは、御家人たちが国家的な位置づけを与えられたことを意味している。御家人・御家人制は単なる主従関係にとどまらない、公的な性格を帯びるようになったのである。

御家人制はあくまでも「将軍とその従者たち」という主従関係で設定されていたため、御家人どうしは相互に対等な仲間（「傍輩《ほうばい》」）として意識されたが、実際にはその内部にさまざまな格差を抱えていた。全国に所領を有し、数か国の守護を兼任し、数多くの従者を従える有力武士もいれば、わずかな所領しかもたず、従者さえおぼつかない弱小武士も少なくなかった。幕府は御家人間で上下関係が生まれることを避けようとしたが、中小御家人が有力御家人のもとに身を寄せる

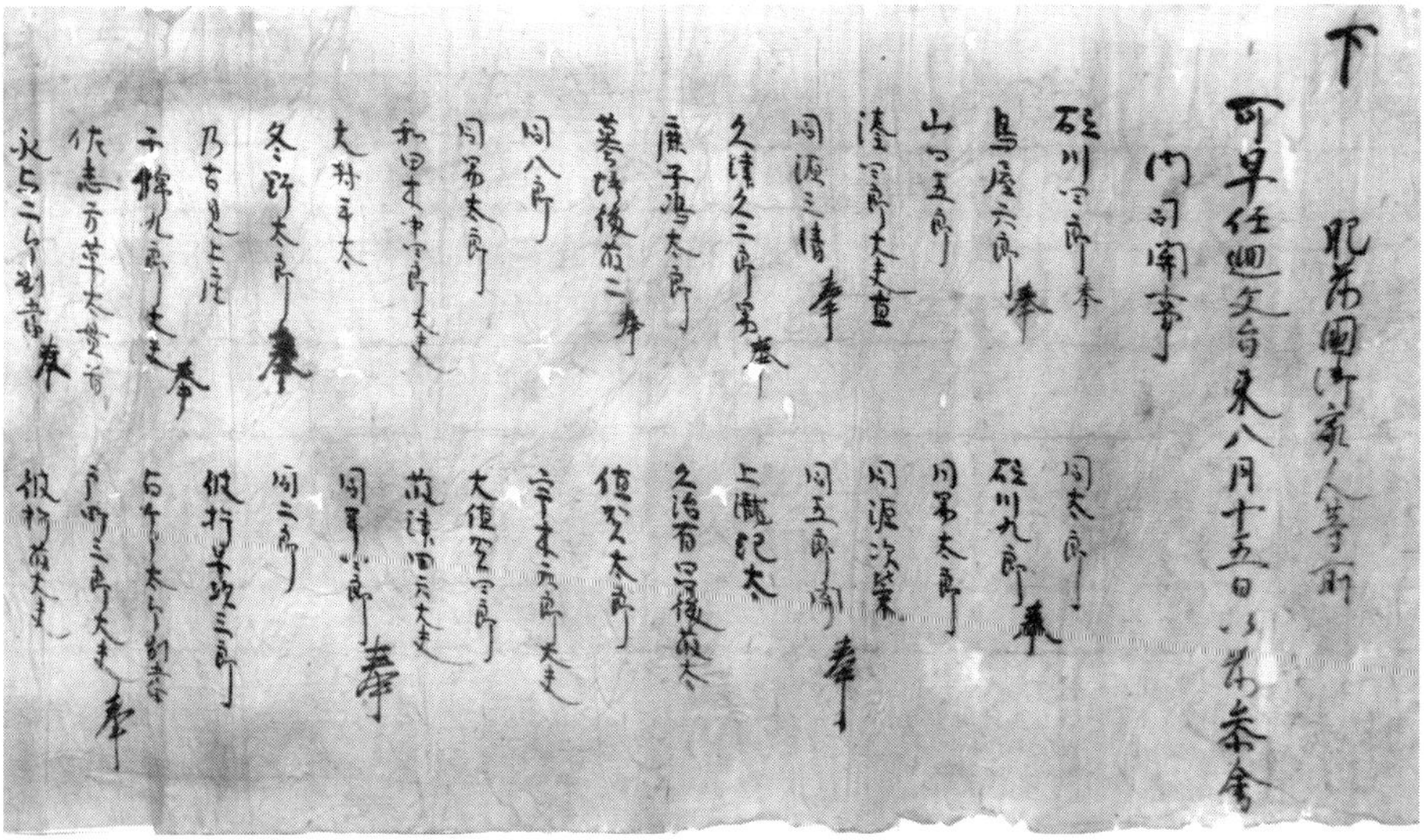

のは自然な流れであった。北条得宗家《ほうじょうとくそうけ》の被官御内人《みうちびと》の中にも、こうした中小御家人が少なくなかったことが指摘されている。

また地域間格差、とくに東国御家人と西国御家人の差は顕著であった。西国御家人は人数も圧倒的に少なく、また幕府内の要職に就く機会もなかった。そもそも彼らの多くは、平氏追討遠征軍の指揮官によって御家人に認定されたにすぎず、将軍と接する機会はほとんどなかった。また地頭に任じられる者も少なく、彼らの所領や所職の任免権は荘園領主《しょうえんりょうしゅ》に握られたままで、幕府による保護も不十分であった。同じ御家人でありながらも、西国御家人は政治的・社会的に不利な立場に置かれていたのである。

なお御家人の中には、「文士《ぶんし》」といわれる人びとも含まれていた。大江広元《おおえのひろもと》や三善康信《みよしのやすのぶ》など、鎌倉幕府の草創に尽力した京下り官人の子孫たちも幕府に仕え、御家人化していったのである。彼らは時として武士に対して引け目を感じながらも（『吾妻鏡《あずまかがみ》』建保《けんぽう》六年十二月二十六日条）、評定衆《ひょうじょうしゅう》や引付衆《ひきつけしゅう》、あるいは政所《まんどころ》や問注所《もんちゅうじょ》の奉行人《ぶぎょうにん》などとして鎌倉幕府の実務を支え続けた。

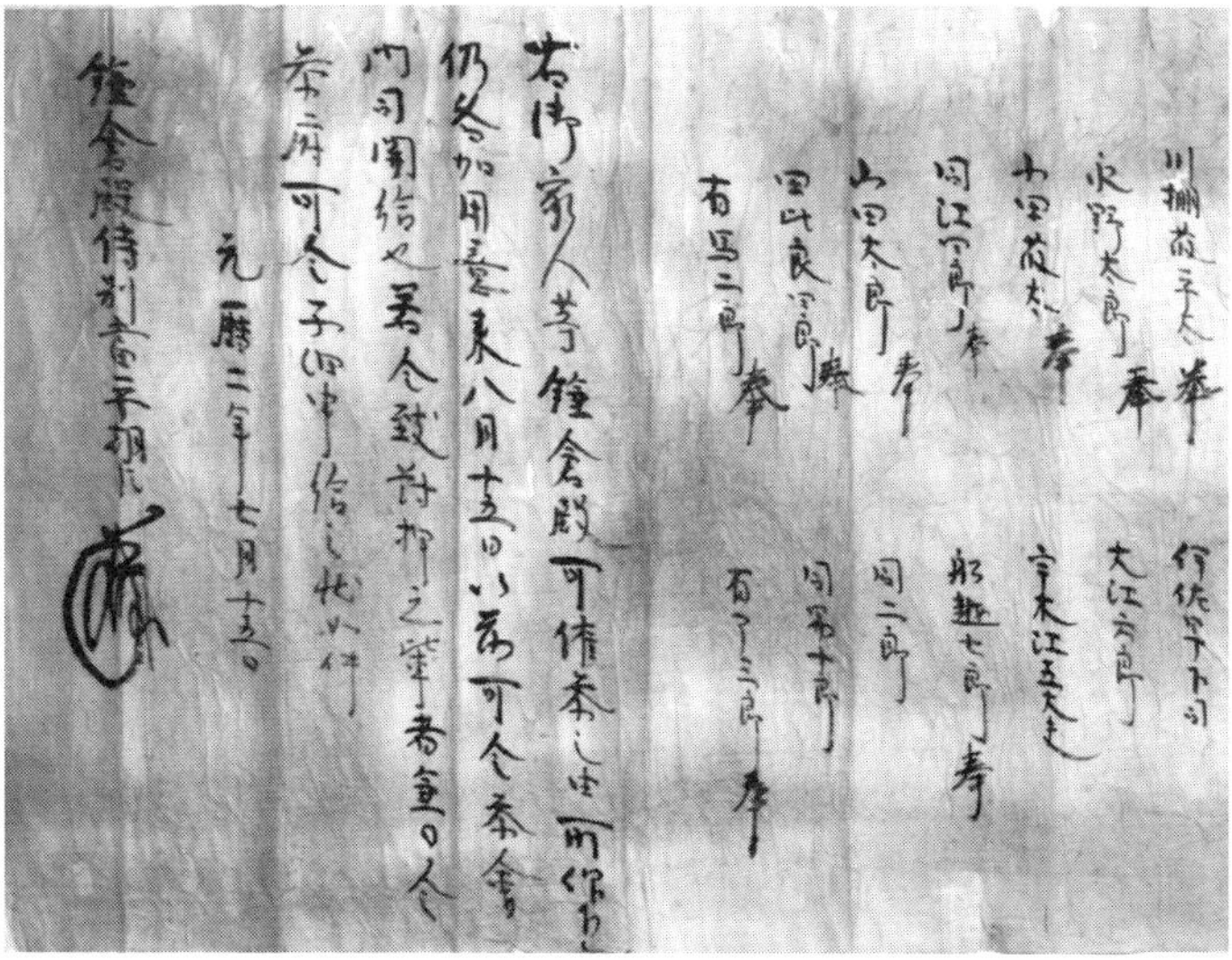

元暦２年７月15日鎌倉殿侍所別当平朝臣（和田義盛）下文写◆和田義盛が肥前国御家人に門司関への参集を命じた文書。義盛は平氏追討戦に従事して九州に渡っており、その過程で九州の武士を御家人に組織したと考えられる　佐々木文書　個人蔵　鹿児島県歴史・美術センター黎明館保管

伝大江広元の墓◆文政６年（1823）、長州藩によって建てられた　神奈川県鎌倉市

（高橋典幸）

【参考文献】

川合康『源平合戦の虚像を剥ぐ』（講談社学術文庫、二〇一〇年、初刊一九九六年）

北爪真佐夫『文士と御家人』（青史出版、二〇〇二年）

高橋典幸『鎌倉幕府軍制と御家人制』（吉川弘文館、二〇〇八年）

田中稔『鎌倉幕府御家人制度の研究』（吉川弘文館、一九九一年）

05 執権《しっけん》と連署《れんしょ》——鎌倉殿《かまくらどの》を補佐した幕府のNo.2

鎌倉幕府には鎌倉殿《かまくらどの》（将軍）の家政機関である政《まん》所《どころ》が置かれ、その長官である政所別当《べっとう》のうち一人が「執権《しっけん》」に任じられた。

その成立は、建仁《けんにん》三年（一二〇三）に起こった比企《ひき》能員《よしかず》の変《へん》とそれにともなう鎌倉殿の交替に求められる。すなわち、この変じたいは北条時政《ほうじょうときまさ》と比企能員との間での主導権争いに起因するが、能員が敗れ、鎌倉殿が源頼家《みなもとのよりいえ》から源実朝《さねとも》に交替する結果をもたらした。そして、北条時政と大江広元《おおえのひろもと》とが源実朝家政所別当に就任するとともに、北条時政が単独で署名した「関東下知状《かんとうげちじょう》」（鎌倉幕府の命令書）を発給していたことが確認されている。このような事実から、北条時政が執権に就任したと理解することができる（なお、大江広元を執権としてカウントするかどうかは議論が分かれている）。

その後、北条時政は、元久《げんきゅう》二年（一二〇五）の牧《まき》氏《し》の変《へん》により失脚し、時政が有していた政治的な地位は、子息の北条義時《よしとき》に引き継がれた。義時は、建暦《けんりゃく》三年（一二一三）に和田義盛《わだよしもり》との間での主導権争いである和田合戦《わだかっせん》に勝利し、これまでに就いていた政所別当のほか、和田義盛が任じられていた侍所《さむらいどころ》別当の地位をも兼ねることとなった。すなわち、和田合戦の結果、鎌倉幕府における執権という地位が確立したと言えよう。

ところで、北条時政も義時も、単独で執権に就く「一人執権」であったが、承久《じょうきゅう》の乱《らん》後には、原則的に二人が執権に就く「複数執権制（執権・連署《れんしょ》制）」となった。その点について詳しく見てみよう。

承久三年（一二二一）、後鳥羽院《ごとばいん》による倒幕運動は、最終的に承久の乱として軍事的な衝突に発展した。そして、鎌倉幕府が後鳥羽院方に勝利を収めたことは周知の通りである。しかし、北条義時が元仁《げんにん》元年（一二二四）に死去し、その後、六波羅探題《ろくはらたんだい》として京都にいた北条泰時《やすとき》・時房《ときふさ》が鎌倉へ呼び戻された。二

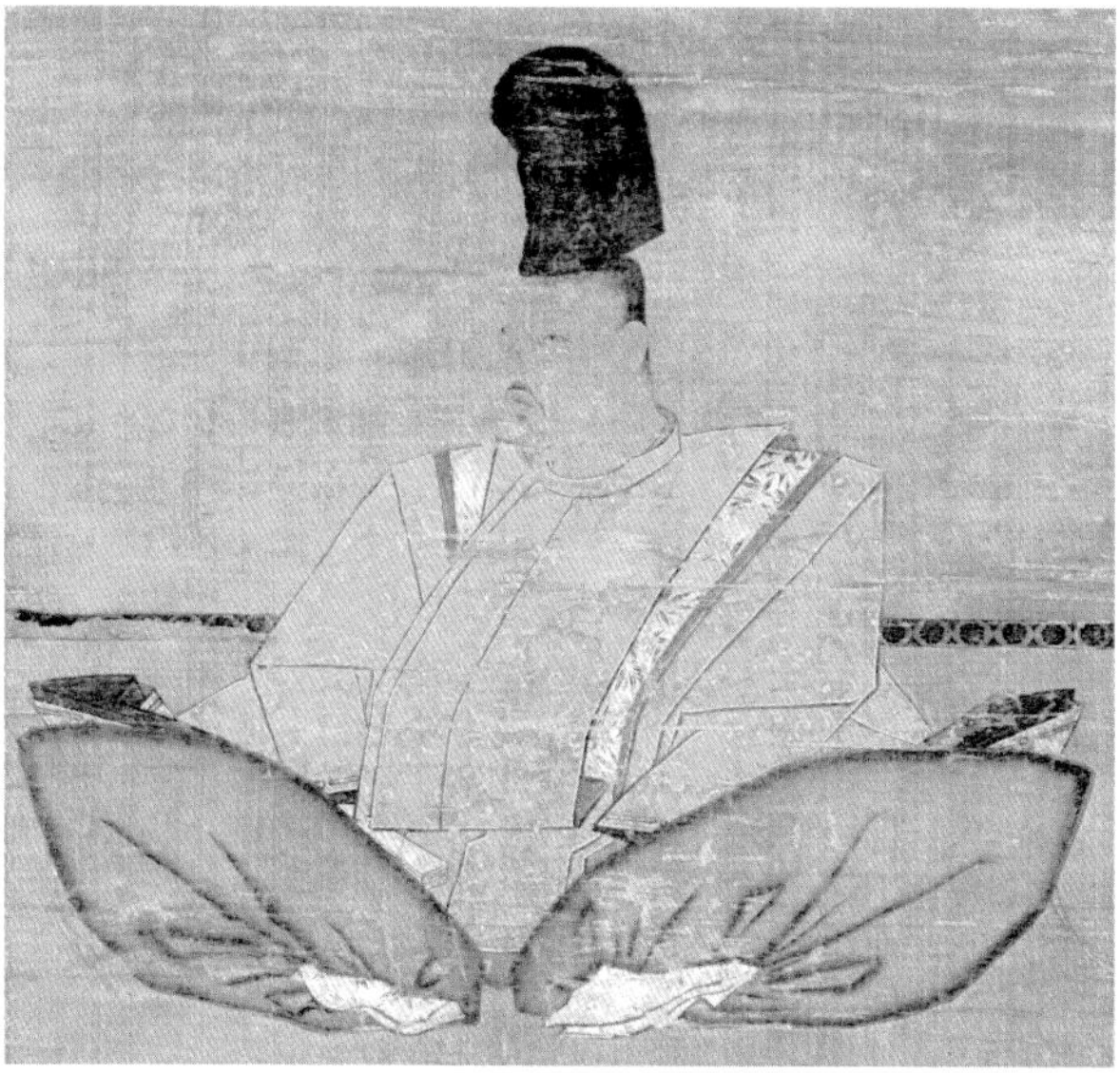

金沢貞顕画像◆北条一門の金沢氏の出身で、六波羅探題南方・連署をつとめたのち、正中3年（1326）に15代執権となるも、就任に反対する勢力も多く、わずか10日で辞職した　横浜市金沢区・称名寺蔵　神奈川県立金沢文庫保管

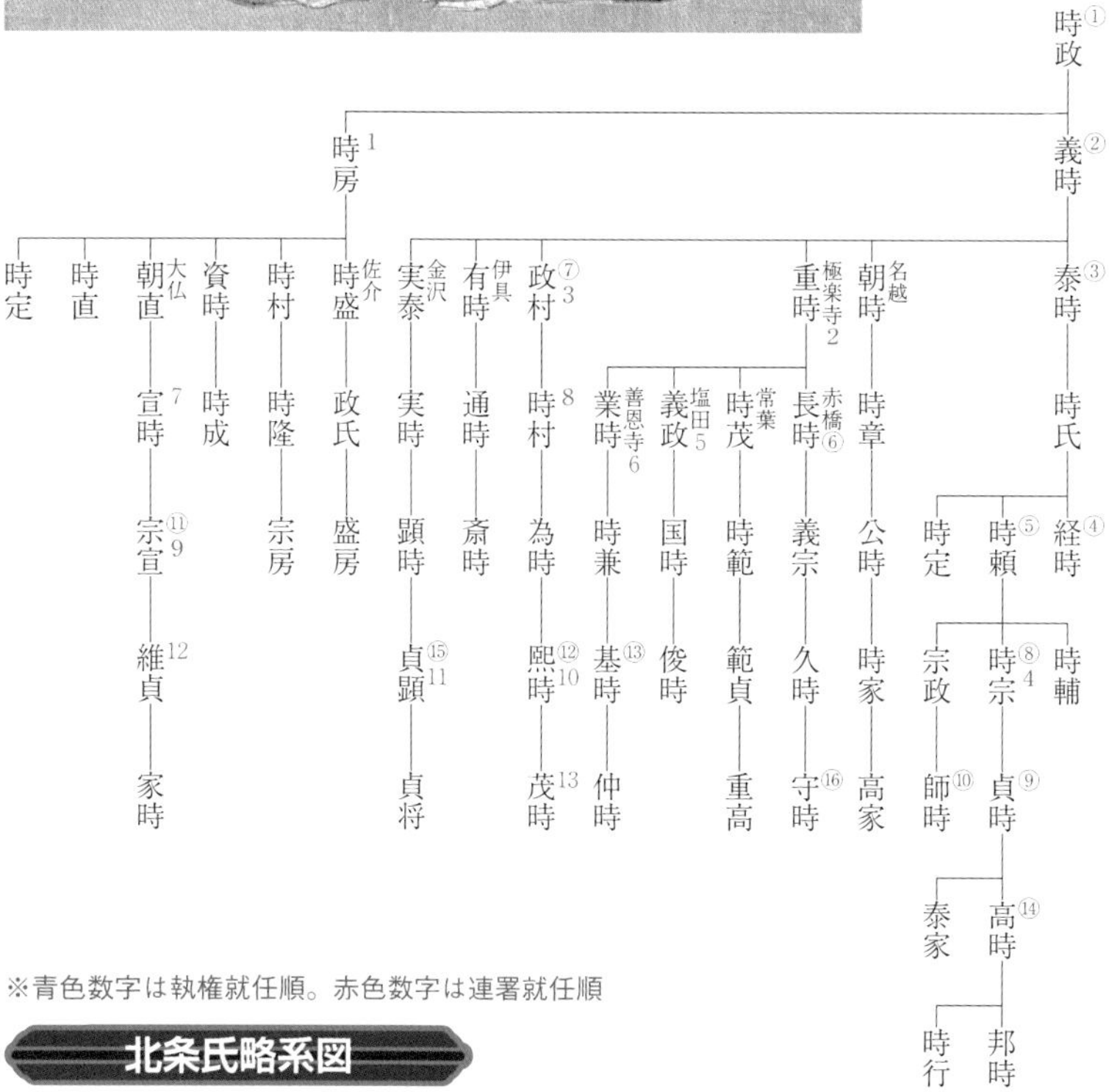

※青色数字は執権就任順。赤色数字は連署就任順

北条氏略系図

人は、事実上の鎌倉殿であった北条政子より、「軍営《ぐんえい》御後見《ごこうけん》」（鎌倉殿の補佐）を命じられたのである（翌年に政子《まさこ》が死去し、改めて泰時が時房を連署としたという説もある）。その結果、執権には二人就くようになり、幕府が発給する文書に連名で署名を加えることから、二人目の執権を「連署」と呼ぶようになった。なお、執権には、一部例外もあるが、原則として得宗家《とくそうけ》（北条氏の家督）や有力庶流出身の人物が就き、連署はその他の庶流出身の人物から選ばれている。

ここで、執権と連署との関係についても触れておこう。一般的には、執権が上位であり、連署はそれより下位と理解されているように思われる。それは、執権＝得宗家・有力庶流出身、連署＝その他の庶流出身という構造から、「執権のほうが連署よりも上位である（はずだ）」という考え方に基づいている。

しかし、それには予断が多分に含まれており、実態とはやや異なる。すなわち、複数執権制の成立当初においては、執権と連署の上下関係は認めにくく、むしろ、連署に就いた北条時房・重時《しげとき》・政村《まさむら》といった面々は、執権（それぞれ北条泰時・時頼《ときより》・時宗《ときむね》）と少なくとも同等の権力を持ち、政治的な力量において執権を凌駕する場合もありえた。鎌倉後期の幕府奉行人《ぶぎょうにん》向けのマニュアルである『沙汰未練書《さたみれんしょ》』においても、執権・連署は別々に立項されるのではなく、ともに執権と称されている。

したがって、若年で就任する傾向が見られる執権を、その卓越した政治的力量によって連署として支えるという関係であり、連署は単なる下位ポストでも補佐役でもなく、得宗家とともに政権中枢を担う必要不可欠な存在であった。ゆえに、得宗家と対抗関係にあると見られている名越《なごえ》流からは連署は選ばれず、ほぼ時房流・重時流・政村流から選出されている。

ただし、北条時頼が病に倒れ、北条長時《ながとき》（重時の子）が執権に就任した際、実権は回復した時頼が握っていた。これ以降、得宗と執権とが分離するとともに、意思決定の場が評定《ひょうじょう》から寄合《よりあい》に移行する。それにより、執権・連署は政治的地位を低下させることとなった。

なお、六波羅探題や鎮西探題《ちんぜいたんだい》においても、複数の探題が就任する「複数探題制」がモンゴル襲来前後より制度化されており、地方統治機関でも関東の「複数執権制」の影響が見受けられる。

（工藤祐一）

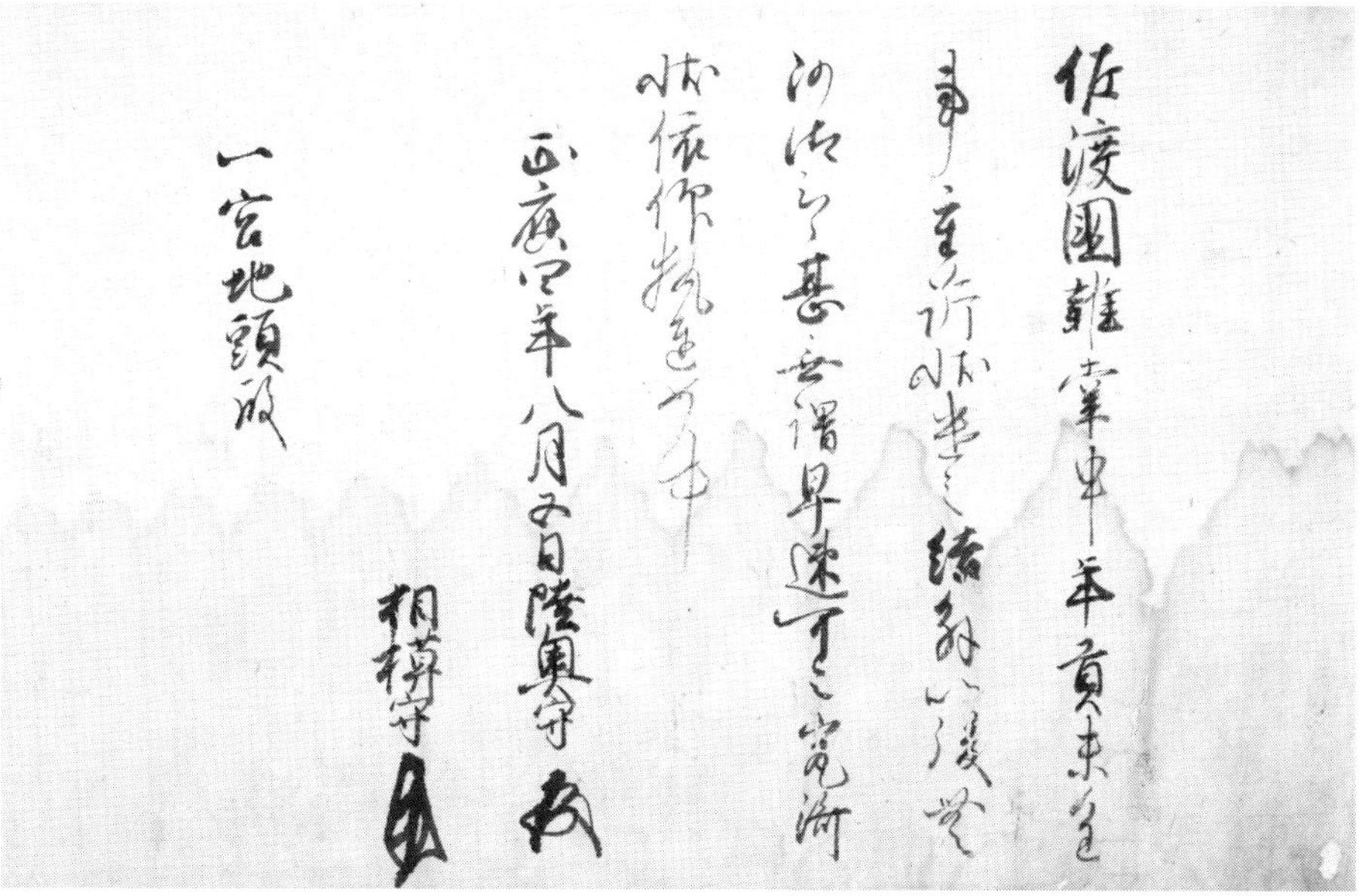

正応４年８月５日関東御教書（上）と署判部分の拡大（下）◆本文書では執権北条貞時（相模守）と連署北条宣時（陸奥守）が署判している　東寺百合文書　京都府立京都学・歴彩館蔵

【参考文献】

久保田和彦「鎌倉幕府『連署』制の成立に関する一考察」（『鎌倉遺文研究』四一号、二〇一八年）

平雅行編『中世の人物　京・鎌倉の時代編第三巻　公武権力の変容と仏教界』（清文堂出版、二〇一四年）

日本史史料研究会編『将軍・執権・連署』（吉川弘文館、二〇一八年）

06 得宗《とくそう》――職制にない最高権力者

得宗《とくそう》とは、北条《ほうじょう》氏の家督を意味する。鎌倉幕府の政治史は権力の所在や政治体制のあり方から、将軍独裁→執権《しっけん》政治（合議制《ごうぎせい》）→得宗専制の三段階で理解されることが多い。

執権は北条氏一門から選ばれるので、執権政治も得宗専制も北条氏が幕政の主導権を握っていた点では同じである。執権と得宗を区別するとすれば、執権は幕府の職制であるのに対し、得宗は北条氏という一門内の立場である。よって、前者は公的で、後者は私的な地位と言えなくはないが、そもそも中世社会の理解において公／私の区別は難しい。

本来的には一介の御家人《ごけにん》にすぎない北条氏であったが、一門の分流が進む中で、嫡流である得宗家が、名《な》越《ごえ》・極楽寺《ごくらくじ》・金沢《かねざわ》・赤橋《あかはし》など庶流の諸家に対する優位性を確立し、のみならず実質的には幕府の最高権力者という公的な性格をも強めていったのである。鎌倉後期には、得宗邸における私的な会合である寄合《よりあい》で幕政の重要事項が審議され、得宗の家政機関である公文所《くもんじょ》や得宗の被官である御内人《みうちびと》の幕府内での存在感も強まった。

では、いつから執権政治が得宗専制に切り替わったのかというと、見方は分かれる。得宗はみな執権に就いている（就いたことがある）から、ある政治行為や権力行使が、執権という立場からくるのか、得宗という立場からくるのか、一概には言い難いからである。

一つの画期は、兄経時《つねとき》の重病・急死を受け、ピンチヒッターとして執権に就いた五代時頼《ときより》である。時頼は自らも重病を患い十年ほどで執権を辞して出家するが、このとき、嫡男時宗《ときむね》が幼少であったため、「眼代《がんだい》」すなわち時宗が成人するまでの代行として一門の有力者赤橋長時《ながとき》に執権を譲った。ところが、時頼は体調が回復すると、出家したまま、実権を握り続けたのである。ここに、執権ではなく北条氏家督という立場で幕政を主導する状況が現出したのであった。以後、時宗

北条時頼木像◆時頼には廻国伝承があり、本像は播磨国に立ち寄った際に自ら彫ったものと伝わる　兵庫県佐用町・最明寺蔵

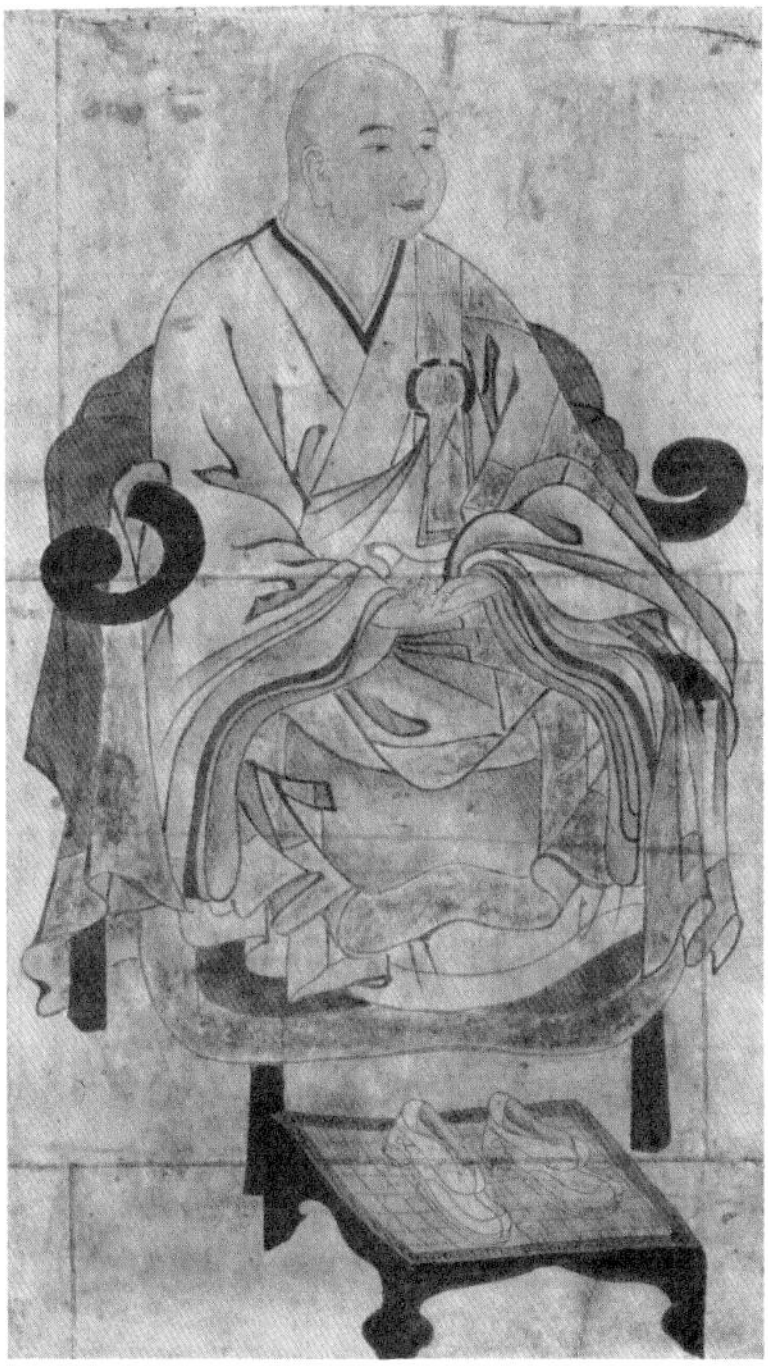

北条時宗画像◆北条時頼の子で貞時の父。二度のモンゴル襲来を退けるなど未曾有の国難に対処した。蘭渓道隆に師事し、無学祖元を中国から招聘するなど禅宗に深く帰依したことでも知られる　東京大学史料編纂所蔵模写

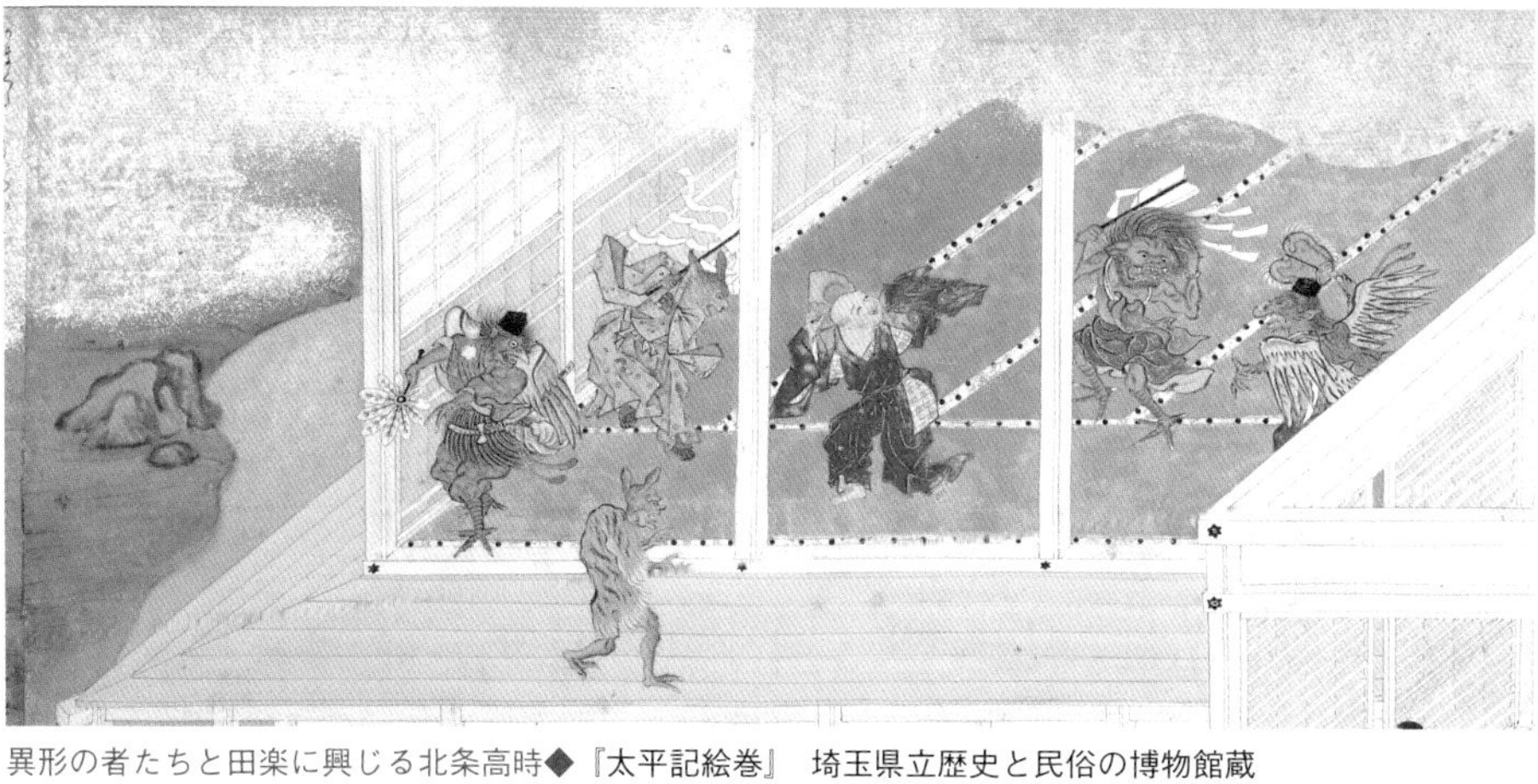

異形の者たちと田楽に興じる北条高時◆『太平記絵巻』　埼玉県立歴史と民俗の博物館蔵

や貞時《さだとき》の時代を通じて、得宗権力の確立が進められていく。

　ところで、「得宗」という言葉の由来は、実はよくわかっていない。南北朝時代に義時《よしとき》について「得宗と号す」と注記した史料がある。歴代得宗の法名《ほうみょう》を見ると、義時は観海《かんかい》、泰時は観阿《かんあ》と浄土系《じょうどけい》なのに対し、時頼は道崇《どうそう》、時宗は道杲《どうこう》、貞時は崇暁《そうぎょう》（崇演《そうえん》）、高時は崇鑑《そうかん》と禅宗系《ぜんしゅうけい》である。ピンチヒッターとして執権・得宗の地位を得た時頼が、自身の法名を「道崇」とした際、父祖義時からの系譜を重視して義時に「徳崇《とくそう》」という追号を贈ったのではないか、この徳崇が北条氏家督を示す得宗の語源ではないか、という説がある。

　また、歴代得宗といえば時政《ときまさ》・義時・泰時・時氏《ときうじ》・経時・時頼・時宗・貞時・高時の九人であり、「北条九代」という言葉も知られている。しかし、時氏は早世していて、執権職に就いておらず、家督も継承していない。経時と時頼も兄弟で、両者の関係は直系ではない。どうやら『平家物語《へいけものがたり》』が平維盛《たいらのこれもり》に至る平氏《へいし》歴代を「平家九代」と表現したことの連想から、『太《たい》平記《へいき》』が平姓である北条得宗家についても時氏や経時を含めて「九代」として描いたのが発端のようである。

（下村周太郎）

石清水八幡宮領武家政所役先例注文◆本文２行目の割書に「得宗」の文字（四角で囲った箇所）が見える。延文４年（1359）の史料とされ、得宗の初見と見られる　東寺百合文書　京都府立京都学・歴彩館蔵

【参考文献】
田辺旬「北条「九代」考」（『年報中世史研究』四五号、二〇二〇年）
細川重男『執権』（講談社学術文庫、二〇一九年）

コラム

御内人《みうちびと》

「御内《みうち》」という語は、家来が自分の主家を指していうものでもあったが、鎌倉幕府においては特に得宗家《とくそうけ》を意味することが多かった。形式上、鎌倉幕府御家人《ごけにん》は将軍に仕えるものとして横並びであったが、御家人内で得宗家が圧倒的な存在となるにつれ、得宗に臣従するものが増え、一大勢力を成すにいたった。彼らを御内人《みうちびと》、あるいは得宗被官《とくそうひかん》などという。

得宗家の家務をおこなう機関として公文所《くもんじょ》が、執事《しつじ》として内管領《うちかんれい》が置かれ、上層の御内人がそれらの職につき、肥大化する得宗領の管理や被官の統制などをおこなっている。御内人のなかでも一定の家格が形成されており、内管領を世襲した長崎《ながさき》（平《たいら》）、あるいは諏《す》訪《わ》、尾藤《びとう》、安東《あんどう》、工藤《くどう》などが有力氏族として知られている。

得宗専制の確立にともない、御内人の権勢は増し、一般の御家人をはるかに超える実力を蓄えるものも現れた。有徳人として名を馳せた安東蓮聖《あんどうれんしょう》、貞時《さだとき》政権下での平頼綱《たいらのよりつな》（「平禅門の乱《へいぜんもんのらん》」項参照）、高時《たかとき》政権下での長崎高綱《ながさきたかつな》（円喜《えんき》）などが著名である。末期にいたっては、有力御内人が幕府政治を左右するようになっていた。

（木下竜馬）

【参考文献】
細川重男『鎌倉政権得宗専制論』（吉川弘文館、二〇〇〇年）

安東円恵画像◆円恵は御内人として著名な安東蓮聖の子である　奈良国立博物館蔵
出典：ColBase（https://colbase.nich.go.jp/collection_items/narahaku/949-0?locale=ja）

07 評定衆《ひょうじょうしゅう》——幕政の最高機関

嘉禄《かろく》元年（一二二五）、北条政子《ほうじょうまさこ》の死と鎌倉殿《かまくらどの》・藤《ふじ》原《わら》（九条《くじょう》）頼経《よりつね》の元服《げんぷく》という新体制発足に合わせて成立したのが、評定衆《ひょうじょうしゅう》である。これは、有力御家《ごけ》人《にん》らの合議体であり、執権《しっけん》・連署《れんしょ》とともに重事の決定や訴訟の裁断に臨んだ。貞永《じょうえい》元年（一二三二）の御《ご》成敗式目《せいばいしきもく》制定にあわせて執権・連署そして十一人の評定衆が署名した起請文《きしょうもん》では、評定の場における無私と公平、そして評定衆としての連帯責任を誓っている。将軍邸内に評定所という固有の場を持ち、評定の場における発言順がくじびきで決まり、訴訟当事者の親族などの関係者は評定に参加できないルール（退座《たいざ》規定《きてい》）が設けられるなど、公正な合議の実質性が制度的に保障されており、執権政治の基調を代表するものとして名高い。

評定衆のさきがけとしては、頼家《よりいえ》政権期の十三人の合議制が挙げられる。将軍の独走を掣肘し、なおかつ幼君や暗君の出現に備え将軍の政務を集団で補佐し、幕府政治を安定的かつ制度的に運営するのが、合議制の役割であった。

訴訟においては、評定の審議と執権による判断を経て、結果を将軍にたてまつって裁可を仰ぎ、「鎌倉殿の仰せによって下知《げち》くだんのごとし」という文言をもつ裁許状《さいきょじょう》を発給した。もっとも、寛元《かんげん》元年（一二四三）には、将軍・頼経と執権・北条経時《つねとき》との対立を反映してか、訴訟についての将軍の裁可手続きは省略され、下知状の「仰せによって」という文言は実質を失い、評定での結論が幕府としての最終的な裁断となった。その証拠に、幕府の裁許状に記される発給年月日は、評定で裁定がなされた日付であった。もっとも、年始などの評定始においては、吉書《きっしょ》（儀礼的な政務文書）について評定の場で決定したのち、将軍の裁可を仰いでおり、将軍の輔弼《ほひつ》機関という性格は儀礼的に残存していた。

鎌倉末期の評定の座の様子は、嘉暦《かりゃく》元年（一三二六）

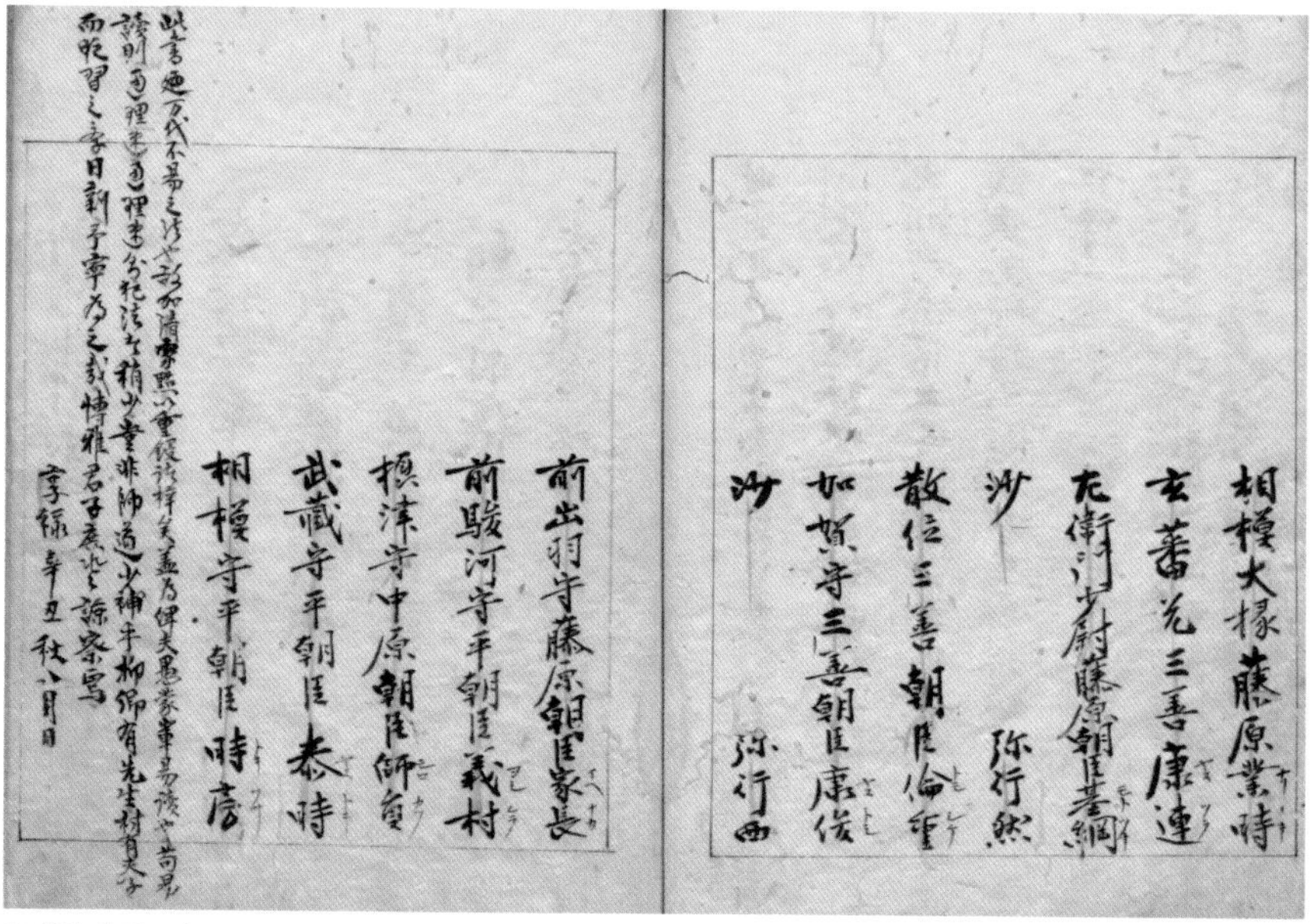
相模大掾藤原業時
玄蕃允三善康連
左衛門少尉藤原朝臣基綱
沙弥行然
散位三善朝臣倫重
加賀守三善朝臣康俊
沙弥行西
前出羽守藤原朝臣家長
前駿河守平朝臣義村
摂津守中原朝臣師員
武蔵守平朝臣泰時
相模守平朝臣時房

御成敗式目の末尾に記された起請文　執権・連署・評定衆の十三人が署判している　国立公文書館蔵

宇都宮景綱画像◆宗尊親王に重用されるなど幕政に重きをなし、評定衆にも任じられている　『摹古絵巻』巻59　宮内庁書陵部蔵

に執権に就任した金沢貞顕《かねさわさだあき》が自身の評定始《ひょうじょうはじめ》について記した書状でわかる。東座には執権貞顕以下六名が、西座には一番引付頭人《ひきつけとうにん》以下六名（一名遅刻）が居並び、評定目録・硯役（書記）、孔子《くじ》役（発言順を決めるくじを引く）、参否役（出席を記録する）の奉行人がひかえていた。

貞永元年の起請文に署名している評定衆は、斎藤長定《さいとうながさだ》、佐藤業時《さとうなりとき》、太田康連《おおたやすつら》、後藤基綱《ごとうもとつな》、二階堂行盛《にかいどうゆきもり》、矢野倫重《やのともしげ》、町野康俊《まちのやすとし》、二階堂行村《にかいどうゆきむら》、中条家長《なかじょういえなが》、三浦義村《みうらよしむら》、中原師員《なかはらのもろかず》である。いずれも有力御家人であるが、

後藤基綱画像◆京武者出身の後藤基清の子で、評定衆のほか恩沢奉行や地奉行も務めた。将軍藤原（九条）頼経の側近でもあったため、宮騒動が起こると評定衆を解任された　個人蔵

京から下ってきた文士の系統も多く、必ずしも東国御家人は多くない。これ以後も、評定衆に有力御家人が任じられていった結果、任官自体が名誉なことと認識されるようになり、次第に評定衆に任じられる家は固定化されていった。鎌倉後期では、北条、安達《あだち》、佐々木《ささき》、宇都宮《うつのみや》、後藤《ごとう》、摂津《つ》、長井《ながい》、二階堂、矢野、町野、太田の諸氏がそれである。特に北条氏の一族の進出はめざましく、鎌倉後期には過半を北条氏が占めるようになった。固定化が進むことによって、有力家内のキャリアコースのひとつとして評定衆任官が組み込まれるようになり、評定衆の若年化が進んでいった。次項以下で説明するように、訴訟審理の下部機関として引付《ひきつけ》が、また重要事項決定の組織として寄合《よりあい》が設置されたことにともない、実質的な合議機関としての評定の存在感が、次第に低下していったことは否めない。

しかし、鎌倉後期の六波羅奉行人《ろくはらぶぎょうにん》である斎藤唯浄《さいとうゆいじょう》が「政道評定、昔はなし。武州禅門《ぶしゅうぜんもん》（北条泰時《やすとき》）の御時より始まるか。ありがたきことなり」（『関東御式目《かんとうごしきもく》』）と記すように、評定制はあるべき政体として観念されつづけた。

なお、六波羅探題《ろくはらたんだい》と鎮西探題《ちんぜいたんだい》においても、それぞれ有力氏が評定衆が任じられ、政務を担っていた。

（木下竜馬）

【参考文献】

佐々木文昭『中世公武新制の研究』（吉川弘文館、二〇〇八年）
佐藤進一『鎌倉幕府訴訟制度の研究』（岩波書店、一九九三年、初刊一九四三年）
佐藤進一『日本の中世国家』（岩波現代文庫、二〇二〇年）

08

引付《ひきつけ》——訴訟審理を担う中心部局

建長《けんちょう》元年（一二四九）、訴訟機関として引付《ひきつけ》が新設された。評定などにおける裁判の遅滞が当時問題となっており、寛元《かんげん》年間（一二四三―一二四七）には裁判に取り組む評定衆《ひょうじょうしゅう》の結番制を定めたり、奉行人の紀律を引き締めたりするなどの試みをおこなっていたが、評定の下に引付を新設することで裁判の効率化をはかったのである。「引付」とは、引き付けること、引っ張ってくることが原義であり、そこから照合、ひいては後日のための記録という意味をもっていた。それゆえ、訴訟において審理をおこない「理非の淵底をきわめる」機関の名として引付の語が転用されたのであろう。

当初おかれた引付は三方に分かれており、各番の引付の長官として、評定衆と兼任の引付頭人《ひきつけとうにん》を置いた。そこに四・五人の引付衆《ひきつけしゅう》、および同人数程度の引付奉行人が配置された。のち奉行人内には開闔《かいこう》、執筆《しゅひつ》、合《あい》奉行《ぶぎょう》という職制の分化が進んでいった。なお、六波《ろくは》羅探題《らたんだい》および鎮西探題《ちんぜいたんだい》においても関東に準じて評定衆の下に引付が設置された。

これらの構成員からなる引付の各番において、訴訟実務の主たる手続きが進行するようになった。訴《そ》陳状《ちんじょう》の審理や訴論人《そろんにん》の対決は引付の座においておこなわれ、そして引付内での評議の結果が、引付勘録《ひきつけかんろく》として評定に上程される。評定の判断は引付の審理に依存するようになった。特に弘安《こうあん》七年（一二八四）、引付勘録に載せる判断は一通りにすることが定められた（以前は複数の選択肢を載せ、評定での判断を仰ぐことがあった）。これによって、引付の判断がそのまま判決となるのが常例となり、引付の責任は増した。研究上では引付の発展は幕府訴訟制度の発展と同一視されており、この時点が幕府裁判の頂点とも評価されている。

評定での裁断を経て出される裁許状《さいきょじょう》は執権《しっけん》・連署《れんしょ》の署判と「鎌倉殿《かまくらどの》の仰せによって」という文言はあるものの、引付の関与は表面的には見えにくい。それを

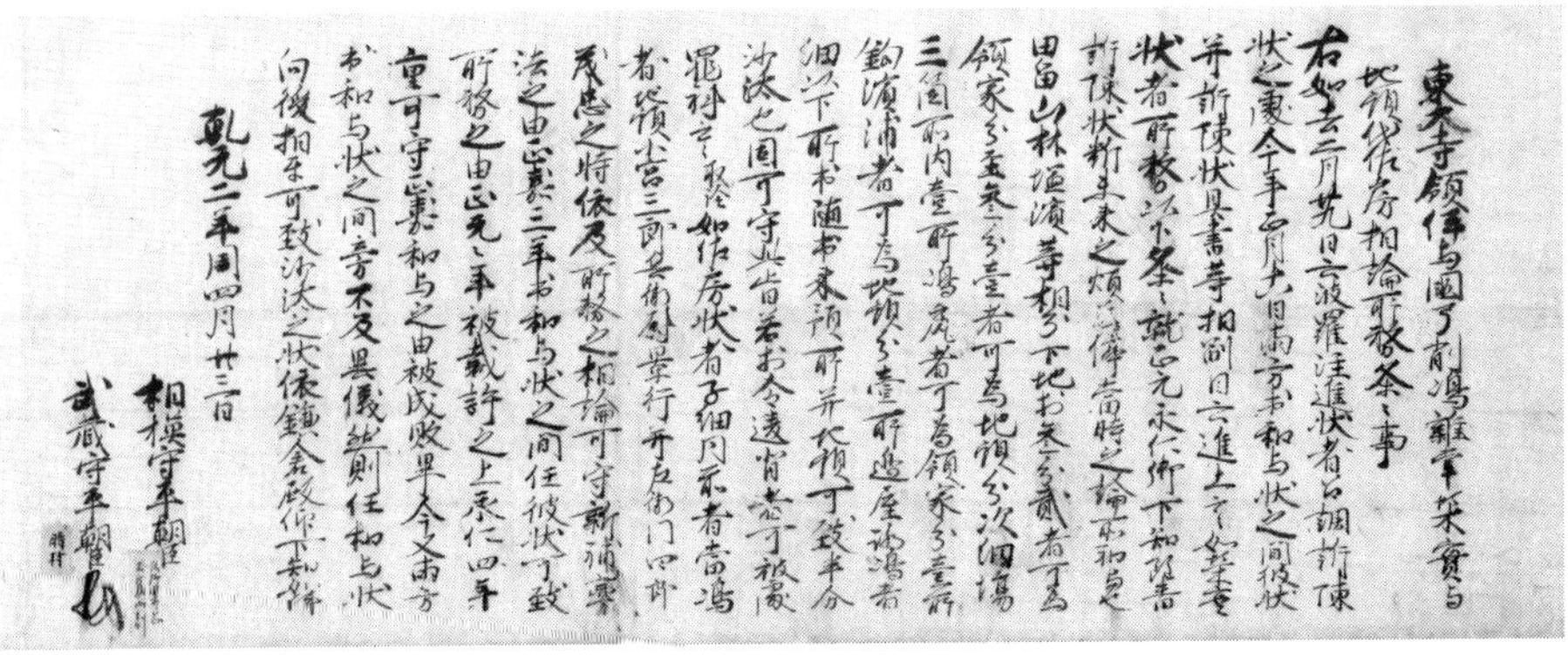

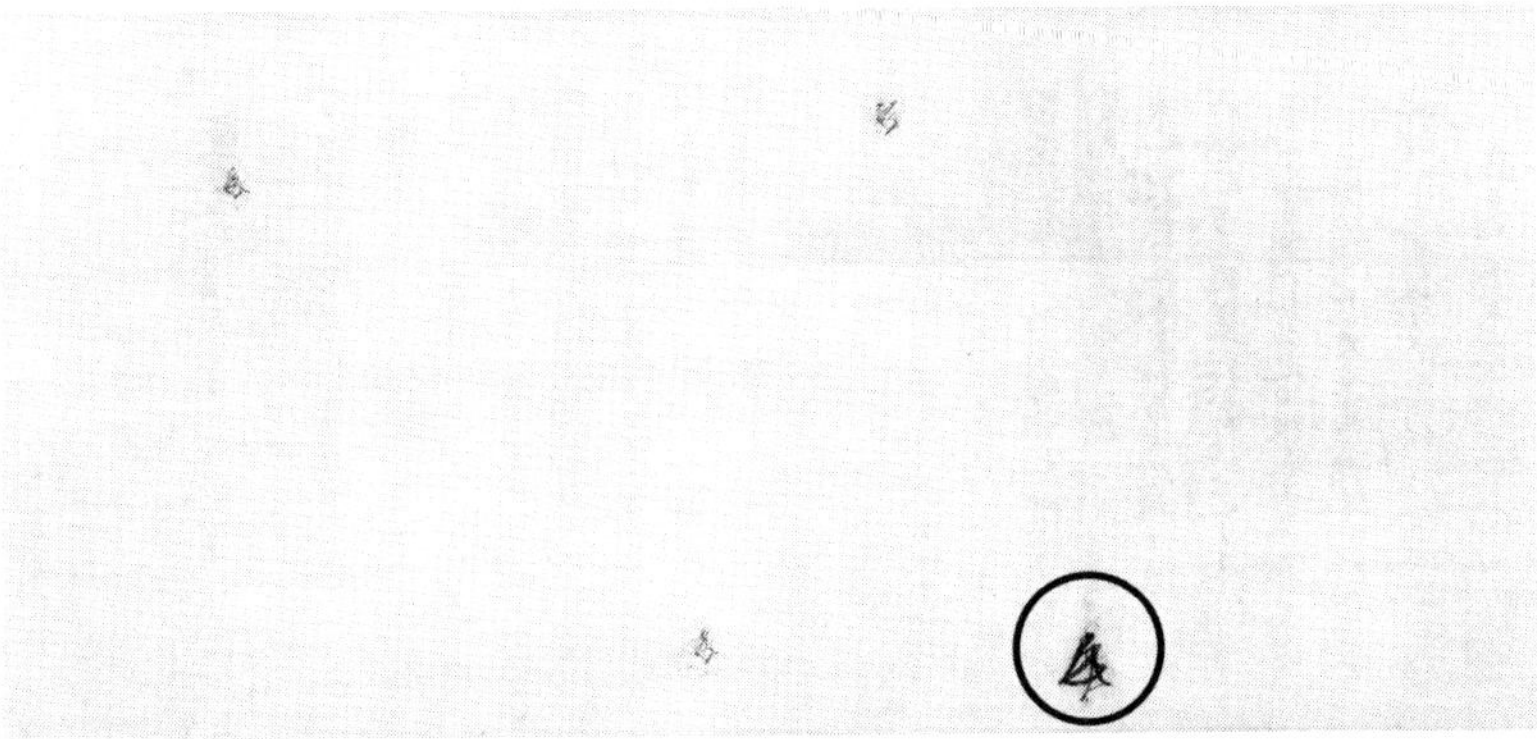

乾元2年閏4月23日関東裁許状◆二番引付頭人北条久時の継目裏花押が据えられている（丸囲みの箇所）。継目裏花押とは複数の紙を貼り継いだ際に書かれたもので、訴訟の担当部局が判明する　東寺百合文書　京都府立京都学・歴彩館蔵

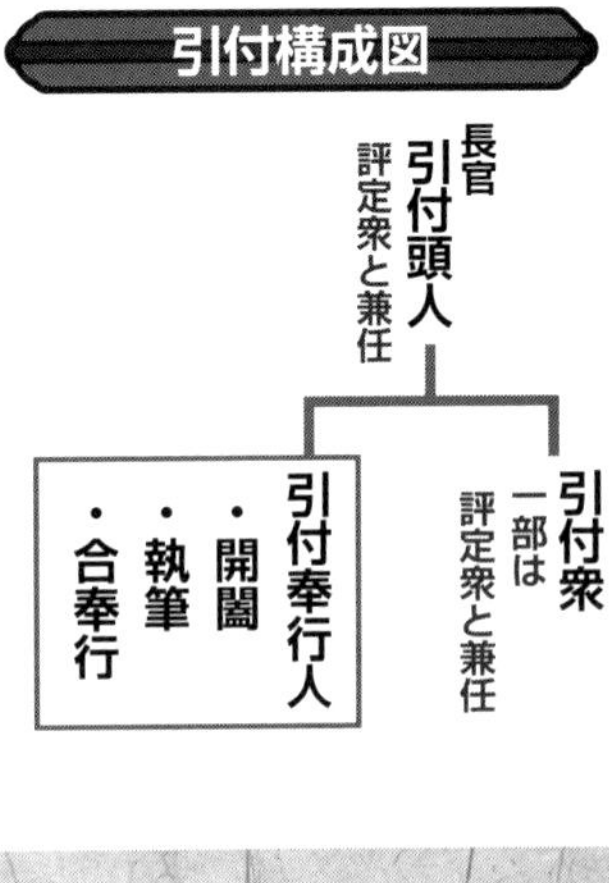

示す痕跡が、継目《つぎめ》裏《うら》花《か》押《おう》である。裁許状が二紙以上にわたるとき、紙を糊で貼りつける。その貼りつぎの箇所には、裏に花押が据えてあるのが通例である。これが担当奉行および引付頭人（のちに頭人《とうにん》のみに変化）の継目裏花押である。図で示した乾元《けんげん》二年閏四月二十三日関東裁許状には、二番引付頭人の北条久時《ほうじょうひさとき》が継目裏花押を据えており、この訴訟が二番引付の担当だったことがここから判明するのである。

このように、引付は幕府訴訟の主力部門というべき機関であったが、その一方で、たえず組織改編の対象となった。建長《けんちょう》四年（一二五二）には五方に増員され、以後五方制《ごほうせい》が基本となったが、時により増減を繰り返し、最大時は八方まで増強された。末期の引付は頭人の抜擢や欠員などによって番数が変動しており、かなり柔軟であった。

また、時には引付が停止されることもあった。文永《ぶんえい》三年（一二六六）にはじめて引付が停止され、重事は執権（北条政村《まさむら》）らが直接裁断することとなったが、文永六年（一二六九）には引付が復活する。また、永《えい》仁《にん》元年（一二九三）には引付を三方にしたのもつかのま、引付を停止して七人の執奏が設置され、彼らが訴訟を取り次ぎ、評定の場で当事者を召し出して審理し、執権・貞時《さだとき》が直接判断するという体制になった。だが、翌年には五方引付《ごほうひきつけ》が復活している。これらの引付停止は得宗《とくそう》による権力集中の一環ともいえるが、同時に訴訟の遅滞を打開する徳政《とくせい》と位置づけられており、臨時的に執権らが直接訴訟を指揮するものであった。引付の停止をもって裁判制度の否定と見る必要はないように思うが、「徳政」のかけ声にみあうほどの成果が得られたかは不明である（特に永仁の引付停止は一年程度で終わった）。ともあれ、かかる改革のやり玉に挙げられるほど、引付の存在感は大きかったといえよう。

（木下竜馬）

【参考文献】

岡邦信「鎌倉幕府後期に於ける訴訟制度の一考察」（同『中世武家の法と支配』信山社、二〇〇五年、初出一九八五年）
佐藤進一『鎌倉幕府訴訟制度の研究』（岩波書店、一九九三年、初刊一九四三年）
保永真則「鎌倉幕府の官僚制化」（『日本史研究』五〇六号、二〇〇四年）

09 寄合《よりあい》——得宗《とくそう》専制の拠点

得宗《とくそう》への権力集中が加速するとともに、評定《ひょうじょう》とは別に、得宗の私邸で寄合《よりあい》と呼ばれる会議が開かれるようになっていった。

北条経時《ほうじょうつねとき》や時頼《ときより》のころから、得宗とごく近しい一部の人間で、執権《しっけん》職の移譲や政変の処理などの最重要事項を協議する「深秘御沙汰《しんぴのごさた》」などと呼ばれる会議が開かれていた。時宗《ときむね》の時期には、寄合に参加していた太田康有《おおたやすあり》の日記（『建治三年記《けんじさんねんき》』）が部分的に残っているため、議事内容や参加者が判明する。政務関係を、定期的に集まって審議していたようである。

当初こそ寄合は、得宗の私的な諮問機関、内々の集まりという性格が強かったが、次第に幕府の公的な機関となっていく。たとえば、弘安《こうあん》八年（一二八五）には、鶴岡八幡宮寺《つるがおかはちまんぐうじ》（神奈川県鎌倉市）など幕府御願寺《ごがんじ》の人事について、まず引付《ひきつけ》で人を選び、評定で決定したのち、寄合に申請するという手順が定められており、評定の上位の機関として位置づけられていたことがわかる。正応《しょうおう》二年（一二八九）には寄合衆補任の記録があるため、遅くともこの時期には固定的なメンバーシップをもつ会議体として制度化されていたとみてよいだろう。なお徳治《とくじ》三年（一三〇八）の「平政連諫《たいらのまさつらかん》草《そう》」では、寄合は月に三日あったといい、定例化していたことがうかがえる。

寄合に参加していたものは、得宗家、北条氏の有力家系（名越《なごえ》、赤橋《あかはし》、政村流《まさむらりゅう》、金沢《かねさわ》、大仏《おさらぎ》）、安達《あだち》氏、太《おお》田《た》氏、矢野《やの》氏、長井《ながい》氏、二階堂《にかいどう》氏、そして有力御内人の長崎《ながさき》、尾藤《びとう》、諏訪《すわ》の諸氏であり、ある程度固定化していた。これらは、そのまま当時の鎌倉幕府の最上層部を形成する氏族であり、寄合は実質的に幕府の首脳部であった。

鎌倉末期においては、得宗の高時当人はあまり政務に関与せず、内管領《うちかんれい》（得宗家執事）の長崎高資《ながさきたかすけ》（円喜《えんき》）と高時《たかとき》外戚の安達時顕《あだちときあき》のふたりが実権を握っていた。たとえば、正中《しょうちゅう》の変《へん》後、後醍醐《ごだいご》天皇の弁明書をもっ

金沢貞将画像◆金沢流北条氏は代々寄合に参加する一族であった。貞将は評定衆や引付頭人を務めたのち、六波羅探題南方として上洛している。やがて鎌倉に戻り、新田義貞による鎌倉攻めで戦死した　横浜市金沢区・称名寺蔵　神奈川県立金沢文庫保管

北条執権邸跡碑◆二代執権義時のころに造営され、その後、得宗家の居所となった。寄合の舞台ともなったのであろう　神奈川県鎌倉市・宝戒寺境内

正中の変後、後醍醐天皇から届いた告文（弁明書）を聞く北条高時◆『太平記絵巻』　埼玉県立歴史と民俗の博物館蔵

尾藤氏略系図

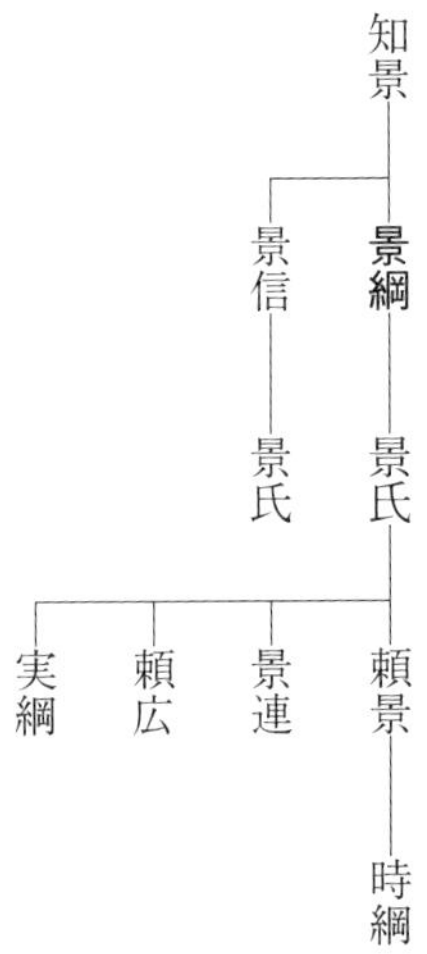

尾藤景綱画像◆尾藤氏は藤原秀郷流佐藤氏の支流で、もともとは御家人であったが、北条氏との結びつきを強くし御内人となった。景綱は北条泰時の側近として活躍している　個人蔵

て鎌倉に下った勅使に対面したのはこの両名であり、高位の勅使ですら恐れをなすほどであった。そして両者は寄合衆でもある。このふたりが指揮する寄合が幕府の最高方針を決定し、得宗の意思として外部に表明されるのが、最末期の幕府政治のありかたといえよう。

（木下竜馬）

【参考文献】

細川重男『鎌倉政権得宗専制論』（吉川弘文館、二〇〇〇年）

コラム

特権的支配層

幕府開創以来の権力闘争の過程で、十三世紀後半には寄合衆《よりあいしゅう》・評定衆《ひょうじょうしゅう》・引付衆《ひきつけしゅう》といった幕府中央要職を世襲・独占する特定の御家人および御内人《みうちびと》の家系が現れたが、彼らを特権的支配層と呼んでいる。幕府中央要職を基準とする幕府独自の家格秩序において、最上位層を構成した集団であり、北条《ほうじょう》氏嫡流の得宗《とくそう》家《け》が頂点に位置した。特権的支配層の出現は、「鎌倉殿の前では平等」という御家人制の原則が建前化し、御家人（御内人も）が支配する側と支配される側に分裂したことを意味する。

御家人の場合、寄合衆にまで登る家系「寄合衆家」と引付頭人《ひきつけとうにん》を最高職とする家系「評定衆家」にわかれる。北条（得宗家・名越《なごえ》家・極楽寺《ごくらくじ》流諸家・政村《まさむら》流諸家・伊具《いぐ》家・金沢《かねさわ》家・時房《ときふさ》流諸家）・長井《ながい》・摂津《っ》・二階堂《にかいどう》・三善《みよし》・清原《きよはら》・安達《あだち》（分家の大曽禰《おおそね》氏を含む）・佐々木《ささき》・宇都宮《うつのみや》・後藤《ごとう》氏が該当する。御内人の場合は、長崎《ながさき》・諏訪《すわ》・尾藤《びとう》の三家が寄合衆家（同時に得宗家家政機関の公文所《くもんじょ》の執事《しつじ》を出す「執事家」）であり、この三家の下にその傍流と安東《あんどう》氏・工藤《くどう》氏などの「執事補佐家」があり、評定衆家に相当した。なお、足利《あしかが》氏は寄合衆家と同等の家格を持ったが、幕府中央要職に就任しなかったため、特権的支配層に准じた存在とみなされる。

（田中大喜）

【参考文献】
細川重男『鎌倉幕府の滅亡』（吉川弘文館、二〇一一年）

鎌倉後期武家社会の階層序列図

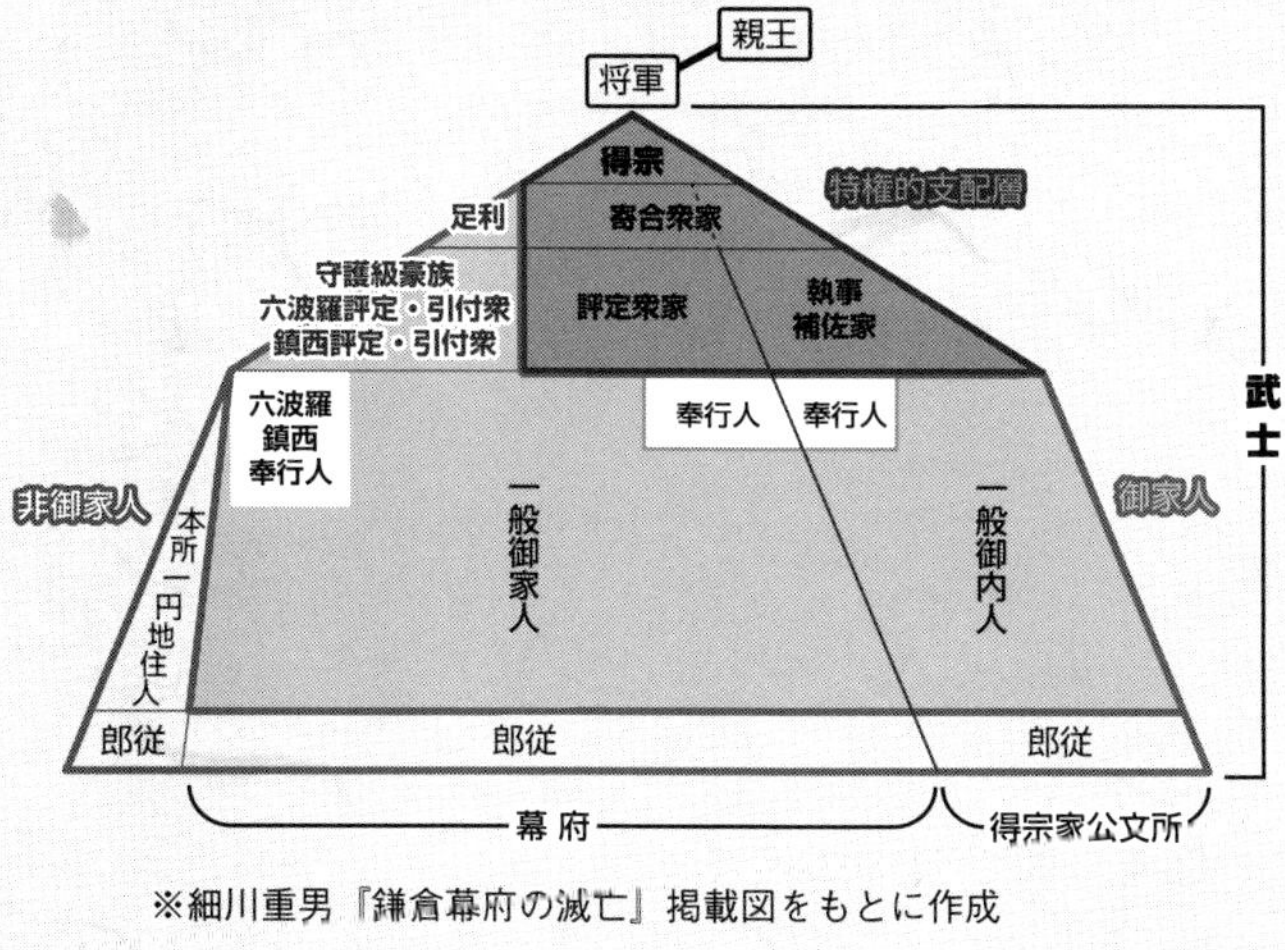

※細川重男『鎌倉幕府の滅亡』掲載図をもとに作成

10

政所《まんどころ》――財政を掌《つかさど》る「台所」

鎌倉幕府において、財政および訴訟を管轄した機関。政所《まんどころ》は公卿《くぎょう》（三位《さんみ》以上の位階を持つ身分）の家政機関の一つであり、一般的に鎌倉幕府の政所も公卿となった将軍家の家政機関の一つとみなされている。源《みなもとの》頼朝《よりとも》の場合、文治《ぶんじ》元年（一一八五）四月に平家《へいけ》追討の賞により従二位《じゅうにい》に叙されて公卿となる以前の段階で、公文所《くもんじょ》と呼ばれた政所に相当する家政機関を設置していたことから、公卿への昇進にともないそれが政所に改称されたと考えられている。しかしその一方で、政所と公文所をそれぞれ別の機関と捉え、公文所を政所の一部局（到来した文書の保管と作成した文書の案文《あんもん》を納める部局）とみる見解もある。

政所の上級職員は、別当《べっとう》・令《れい》・知家事《ちかじ》・案主《あんじゅ》で構成され、別当あるいは令のうちの一人が執事《しつじ》と呼ばれ、政所の事務を専管した。長官の別当の人員は、三代将軍源実朝《さねとも》の時代に九名まで増員されたが、やがて北《ほう》条《じょう》氏が幕府政治の実権を掌握するにしたがい、執権《しっけん》と連署《れんしょ》が別当となった。また、執事は二階堂《にかいどう》氏、知家事は清原《きよはら》氏、案主は菅野《すがの》氏が世襲するようになった。下級職員には、実務を処理する寄人《よりうど》や雑役にしたがう下部《しもべ》がいた。

政所は基本的に幕府の主要財政機関であり、幕府（将軍家）の最も重要な経済基盤である関東御領《かんとうごりょう》（将軍＝鎌倉殿《かまくらどの》が実効支配権を持つ荘園《しょうえん》・国衙領《こくがりょう》）の経営と、幕府が請け負った東国の荘園・国衙領年貢の京進にあたった。すなわち、関東御領における土地の検注《けんちゅう》（年貢徴収の基準を定めるための土地調査）から年貢の収納と運用、そして東国の荘園・国衙領年貢の荘園領主・知行国主《ちぎょうこくしゅ》への進済などが政所職員の業務とされたのである。また、建久《けんきゅう》元年（一一九〇）の頼朝の上洛を契機に、政所は御家人《ごけにん》に対する所職《しょしき》（主に地頭職《じとうしき》）の給与・安堵もおこなうようになった。

そのほか、幕府財政運営の基礎帳簿となった諸国の大田文《おおたぶみ》の作成・保管や、幕府がその大田文をもとに

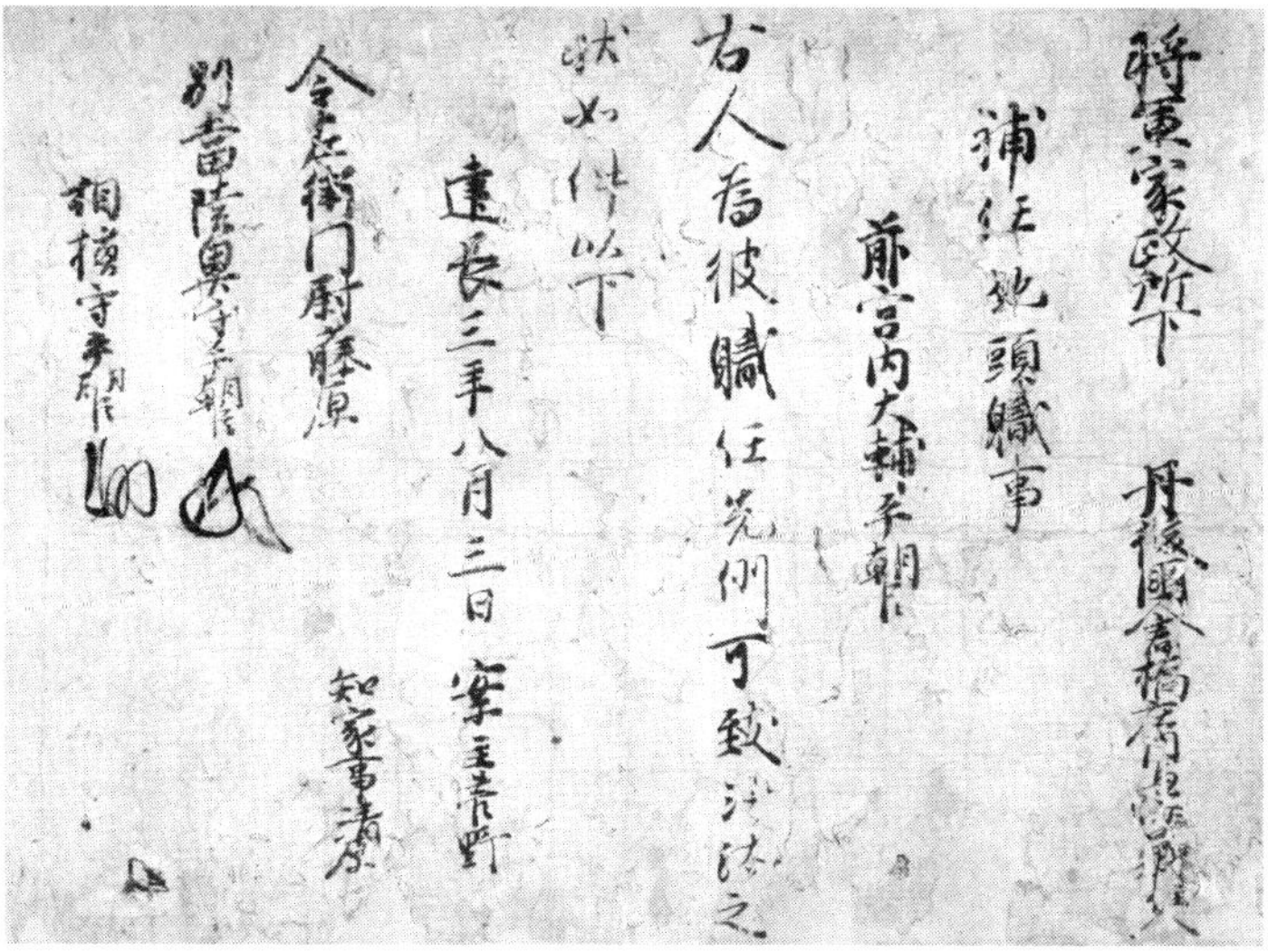
将軍家政所下　丹後國倉橋荘与保呂村
補任地頭職事
前宮内大輔平朝臣
右人為彼職任先例可致沙汰之
状如件以下
建長三年八月三日　案主菅野
知家事清原
令左衛門尉藤原
別当陸奥守平朝臣
相模守平朝臣

建長3年8月3日将軍（藤原頼嗣）家政所下文◆平光度に丹後国倉橋荘与保呂村の地頭に補任したもの　別当として北条重時・時頼のほか令の左衛門尉藤原、知家事の清原、案主の菅野の名が見える　朽木家古文書　国立公文書館蔵

大江広元画像◆京下りの官人で、頼朝の厚い信頼を得て初代政所別当に任じられた。頼朝の死後は北条氏と協調関係を築き、幕府重鎮として活躍した　毛利博物館蔵

御家人に課す公事《くじ》である御家人役《ごけにんやく》（特に経済的課役である関東御公事《かんとうみくうじ》）の収納と運用、そして御家人役に関わる訴訟も政所が所管した（永仁《えいにん》三年〈一二九五〉七月二十九日鎌倉幕府政所下知状《げちじょう》、正安《しょうあん》二年〈一三〇〇〉十二月二十日鎌倉幕府政所下知状）。

政所が訴訟を所管したのは、それが頼朝死去後に訴

政所の業務組織図

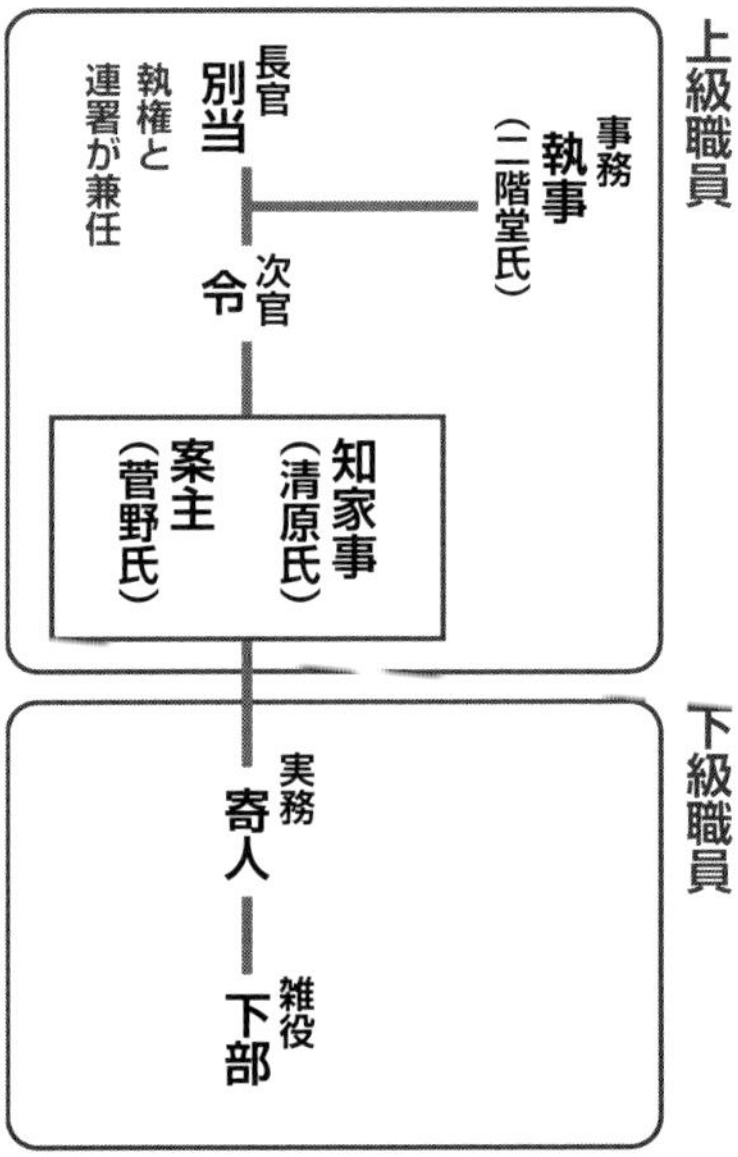

訟機構としても整備され、一時期幕府の裁判機構の中心に位置づけられた経緯と関係する。しかし、実朝暗殺後の嘉禄《かろく》元年（一二二五）、執権が主宰する評《ひょう》定《じょう》が設置されると、政所の訴訟・裁判機能は評定へ移管され、幕府の裁判機構は鎌倉殿の関与を排除したものへと変質した。そしてこれにともない、政所が発給する下文《くだしぶみ》は裁許状《さいきょじょう》として用いられなくなり、その用途は所職の給与と譲与《じょうよ》の安堵に限定されることとなった。こうして訴訟機構としての政所は、寛元《かんげん》年間（一二四三～四七）には問注所《もんちゅうじょ》とともに訴訟の受理・審理をおこなう機関となり、訴訟制度上は評定の下部機構に位置づけられたのである。

なお、鎌倉末期には、鎌倉市内の雑務沙汰《ざつむざた》（債権や動産に関する訴訟）については政所が管轄する規定となっていたが（『沙汰未練書《さたみれんしょ》』）、これは上記の訴訟機構としての政所の改変にともなって設けられた規定と考えられる。また、鎌倉市内の雑務沙汰を所管したことと関連して、政所は侍所《さむらいどころ》とともに鎌倉市内の検断《けんだん》（軍事警察）にも関与したことが知られている。

（田中大喜）

【参考文献】

上杉和彦『人物叢書　大江広元』（吉川弘文館、二〇〇五年）
五味文彦『増補吾妻鏡の方法〈新装版〉　事実と神話にみる中世』（吉川弘文館、二〇一八年）
近藤成一「文書様式にみる鎌倉幕府権力の転回」（同『鎌倉時代政治構造の研究』校倉書房、二〇一六年、初出一九八一年）
佐藤進一『鎌倉幕府訴訟制度の研究』（岩波書店、一九九三年、初刊一九四三年）
高橋裕次「東国における荘園・国衙領年貢の幕府請負制について」（『中央史学』六号、一九八三年）
七海雅人「鎌倉幕府の御家人役負担体系」（同『鎌倉幕府御家人制の展開』吉川弘文館、二〇〇一年）

11 侍所《さむらいどころ》——御家《ご》人《けにん》統制と得宗《とくそう》による支配

侍所《さむらいどころ》は鎌倉幕府の中央支配機関の一つで、御家《ごけ》人《にん》統制を職掌とした。平安時代以来、公卿《くぎょう》とよばれる上級貴族の家政組織に侍所があり、家政職員の出勤管理や人事管理などを統括していた。源頼朝《みなもとのよりとも》もこれにならって侍所を設置したのであるが、鎌倉幕府の場合は、将軍に臣従を誓った御家人たちを束ねることが侍所の本務ということになる。侍所の設置は頼朝挙兵後まもなく、常陸佐竹《ひたちさたけ》氏攻撃直後の治承《じしょう》四年（一一八〇）十一月のことで、政所《まんどころ》や問注所《もんちゅうじょ》よりもはやい。これが幕府の最初の機関として登場していることは、幕府の本質が将軍とその従者（御家人）とによってとり結ばれる人的組織（御家人制）にあることを象徴的に示しているといえよう。

侍所は御家人統制のための台帳として全国の御家人のリスト（御家人交名《きょうみょう》）を作成していた。また実際に招集・動員された御家人たちを確認・管理する（「着到《ちゃくとう》を付《つ》ける」という）のも侍所の役割であり、戦場においては軍目付《いくさめつけ》として彼らの行動を監督した。さらに平時の軍役《ぐんやく》として御家人たちに課された京都《きょうと》大番役《おおばんやく》（内裏《だいり》や院御所《いんごしょ》の警備役）や鎌倉番役《かまくらばんやく》（将軍御所の警備役）の勤務報告や免除申請は侍所に提出されていた。将軍御所の日常的な警備や将軍外出時の供奉人《ぐぶにん》選定等も侍所の職掌であったが、三代将軍実朝《さねとも》の暗殺後、承久《じょうきゅう》元年（一二一九）七月に三寅《みとら》（のちの藤原《ふじわらの》〈九条《くじょう》〉頼経《よりつね》）が鎌倉に迎えられたのを機に、これらを専掌する組織として小侍所《こさむらいどころ》が新設された。小侍所には「小侍所番帳《ばんちょう》」が備えられ、将軍に近仕する御家人が番に編成されており、さらに親王将軍《しんのうしょうぐん》の時代になると、「小侍所番帳」をもとに廂番《ひさしばん》や御格子《みごうし》番《ばん》、昼番《ひるばん》、問見参番《といけざんばん》といったさまざまな近習結番《きんじゅうけちばん》が組まれた。

侍所の初代別当《べっとう》（長官）には、相模国の有力武士で、挙兵当初より頼朝の信頼厚い和田義盛《わだよしもり》が任じられた。また次官である所司《しょし》に任じられたのも、頼朝の腹心梶《かじ》原景時《わらかげとき》であった。幕府の中核となる御家人制を支える侍所の人事配置に頼朝がいかに心を配ったかがうかがわれよう。

ところが、建暦《けんりゃく》三年（一二一三）五月の和田合戦《わだかっせん》で和田義盛が滅亡すると、侍所別当の地位は北条義時《ほうじょうよしとき》に握られ、以後、侍所別当は執権《しっけん》の兼職とされた。それにともなって所司もその被官が任じられた。ここに執権が幕政を領導する基礎が固められたといえよう。ちなみに小侍所の別当も北条氏嫡流家（得宗家《とくそうけ》）や嫡流家に近い一門によって独占された。

鎌倉時代後半になると、侍所の職務・組織はさらに拡充されることになる。鎌倉幕府の裁判は御家人・非御家人・雑人《ぞうにん》といった訴訟当事者の身分や居住地によって担当機関が分けられていたが、鎌倉時代後半に制度改革がおこなわれ、訴訟案件の性格によって担当機関が分けられるようになる。すなわち訴訟案件は、所務沙汰《しょむざた》（所領関係訴訟）・雑務沙汰《ざつむざた》（動産関係訴訟）・検断沙汰《けんだんざた》（刑事関係訴訟）に分類され、このうち検断沙汰を侍所が担当するようになったのである。鎌倉時代末に編纂された『沙汰未練書《さたみれんしょ》』には、検断沙汰の訴えは侍所で受理され、侍所から審理を担当する奉行《ぶぎょう》人《にん》のもとに直接送られると書かれていることから、侍所所属の奉行人が置かれていたことも推測される。

また第六代執権北条長時《ながとき》以降、鎌倉時代後半には得宗以外の北条一門も執権に任じられるようになるが、侍所の所司は得宗家被官の御内人《みうちびと》が任じられ続けた。すなわち執権ないし侍所別当の如何にかかわらず、侍所は得宗の支配下に置かれていたのである。侍所の所司には御内人筆頭の内管領《うちかんれい》が任じられることが多く、彼らは侍所の実質的な長官として「侍所頭人」とよばれ、得宗専制を制度的に支える役割を果たした。

（高橋典幸）

【参考文献】
佐藤進一『鎌倉幕府訴訟制度の研究』（岩波書店、一九九三年、初刊一九四三年）
新田一郎「検断沙汰の成立と検断システムの再編成」（西川洋一ほか編『罪と罰の法文化史』東京大学出版会、一九九五年）

和田義盛坐像◆三浦氏の一族で頼朝に従い治承・寿永の乱では各地の合戦で軍功を上げげた。宿老として幕府内で重きをなすも、やがて北条氏と対立し、和田合戦で滅ぼされた　神奈川県三浦市・来福寺蔵　非公開、拝観不可　画像提供：三浦市教育委員会文化スポーツ課

『百将伝』に描かれた梶原景時◆頼朝挙兵時は平氏方として大庭景親とともに石橋山の戦いで頼朝軍を破ったが、頼朝が房総を経略し鎌倉に入ると降伏。その後は各地の合戦で手柄を立て、侍所初代所司に任じられた　個人蔵

北条義時夫妻の墓◆義時は和田合戦で和田義盛を滅ぼすと、侍所別当に就任した　静岡県伊豆の国市・北条寺

12 問注所《もんちゅうじょ》——頼朝《よりとも》が置いた独自の裁判機関

元暦《げんりゃく》元年（一一八四）に、鎌倉幕府の裁判機関として問注所《もんちゅうじょ》が設置された。そもそも問注《もんちゅう》とは、訴訟当事者から事情聴取をすることであり、鎌倉幕府の訴訟手続きの一部に組み込まれていた。源頼朝《みなもとのよりとも》は、このような訴訟実務を取り扱う機関を設け、問注所と称したのである。当初、頼朝の邸宅の一部を問注所に充てていたが、一時、問注所執事《しつじ》（長官）の三善康信《みよしやすのぶ》邸内に移され、頼朝没後の正治《しょうじ》元年（一一九九）には将軍御所の別郭に建てられた独立した建物に移った。

さて、鎌倉幕府における問注所の位置づけは、どのようなものだったのだろうか。その歴史的な段階差について考えてみたい。まず、頼朝期の位置づけを示唆するものとして、建久《けんきゅう》二年（一一九九）正月におこなわれた政所吉書始《まんどころきっしょはじめ》があげられる。これは、前年に上洛し、近衛大将《このえだいしょう》・権大納言《ごんのだいなごん》に任じられた頼朝の身分変更にともなうものであり、『吾妻鏡《あずまかがみ》』には家政機関の職員のリストも載せられている。そこでは、問注所が政所の一部局として記載され、政所の下部機関として発足したとおぼしい。なお、貴族社会では問注所の存在はほぼ確認されておらず、頼朝の独自性があらわれている点からみて歴史的意義は大きい。

話を戻すと、初期の問注所は、訴訟当事者へ事情聴取をおこない、その結果を鎌倉殿《かまくらどの》に上申し、鎌倉殿の御前対決を経て、最終的には鎌倉殿の判決を仰いだ。

この後、源実朝《さねとも》やその死後の北条義時《ほうじょうよしとき》の時代の訴訟裁定は、原則的に政所が中心となり、訴訟の内容によっては問注所へ送付され、そこでの審議の結果は、問注所勘状《かんじょう》や問注記《もんちゅうき》のかたちで政所へ報告していた。しかし、北条泰時《やすとき》によって評定衆《ひょうじょうしゅう》が設置された嘉禄《かろく》元年（一二二五）ごろを境に、訴訟の補助的な機関から訴訟受理・審理を担う機関へと転換している（なお、寛元《かんげん》の政変《せいへん》後、政所でも訴訟の受理・審理をおこなうようになる）。幕府の判決は、鎌倉殿の名義で出されているが、鎌倉殿の家政機関である政所がかつて

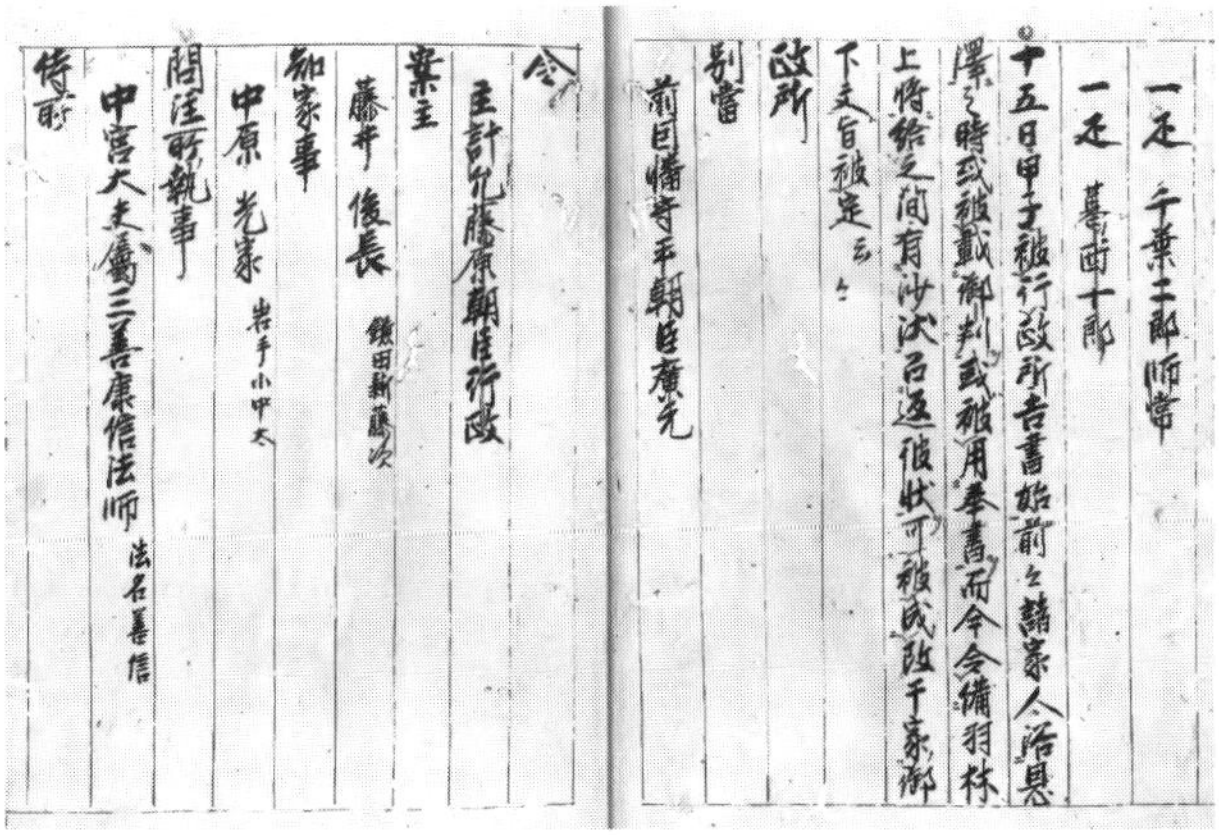

一疋　千葉二郎師常
一疋　葛西十郎
十五日甲子被行政所吉書始前々諸家人浴恩
澤之時或被載御判或被用奉書而今令備羽林
上將給之間有沙汰召返彼状可被成政所御
下文旨被定云々
政所
別當
前因幡守平朝臣廣元
令
主計允藤原朝臣行政
案主
藤井　俊長　鎌田新藤次
知家事
中原　光家　岩手小中太
問注所執事
中宮大夫屬三善康信法師　法名善信
侍所

『吾妻鏡』建久２年正月15日条◆政所の一部局として「問注所執事　中宮大夫属三善康信法師（法名善信）」の名が見える　国立公文書館蔵

問注所跡の碑◆付近には問注所での裁判に由来する裁許橋もある　神奈川県鎌倉市

六地蔵◆問注所での裁判の結果、由比ヶ浜で処刑されたものたちの供養のために建立された　神奈川県鎌倉市

担っていた訴訟手続きの一部を問注所に移管することによって、鎌倉殿の関与をできるだけ排除した訴訟手続が完成したのである。

この政所との関係について、非御家人《ひごけにん》・雑人《ぞうにん》の訴訟では訴訟当事者の居住地を基準として、鎌倉中は政所、諸国は問注所の分担とし、御家人の訴訟は一律に問注所が管轄するというように整序された（なお、西国については六波羅探題の管轄であり、また、雑人訴訟は国別に置かれた雑人奉行が担当したこともある）。

そして、建長《けんちょう》元年（一二四九）に引付《ひきつけ》が設置され、御家人の訴訟は問注所から引付へ移管された。その後、文永《ぶんえい》年間（一二六四―七五）までに、幕府の訴訟制度が身分制に立脚する区分から訴訟対象を基準とするものに転換し、問注所は鎌倉を除く東国の雑務沙汰《ざつむざた》（主として一般財産権に関する訴訟、土地財産権の移転事実の認定など）を処理する機関となった。なお、引付が管轄した所務沙汰《しょむざた》（土地所有権やそれに付随する経済的利益に関する訴訟）に関して、問注所で訴訟を受理した後、担当引付に案件を配布する「所務賦《しょむくばり》」という部局が存在した。

（工藤祐一）

【参考文献】

五味文彦「鎌倉前期の幕府法廷」（同『増補吾妻鏡の方法〈新装版〉　事実と神話にみる中世』、吉川弘文館、二〇一八年、初出一九九〇年）
佐々木文昭「鎌倉幕府前期の問注所について」（同『中世公武新制の研究』吉川弘文館、二〇〇八年、初出一九八七年）
佐藤進一『鎌倉幕府訴訟制度の研究』（岩波書店、一九九三年、初刊一九四三年）

コラム

鎌倉幕府《かまくらばくふ》の文士《ぶんし》

鎌倉幕府が武士の政権であることは確かである。しかし、武士だけで成り立っていた政権ではない。武力だけで政権を維持することはできず、行政や裁判の実務をこなすためには、文筆能力に優れ政治や法律の知識を持つ人材、すなわち文士《ぶんし》が不可欠であった。

文士で有名なのは公文所《くもんじょ》（のち政所《まんどころ》）の初代別当《べっとう》大《おお》江広元《えのひろもと》と、問注所《もんちゅうじょ》初代執事《しつじ》の三善康信《みよしやすのぶ》（善信《ぜんしん》）である。広元は明経道《みょうぎょうどう》（儒学《じゅがく》）を家業とする中原広季《なかはらひろすえ》の養子として成長した。文章道《もんじょうどう》（漢文学）を家業とする大《おお》江《え》氏の出身とされるが、実は出生ははっきりしない。康信は算道《さんどう》（算術《さんじゅつ》）を家業とする三善氏の出身だが、やはり系譜は不明である。ふたりとも朝廷の官人《かんじん》として活動しているが、出自ははっきりせず、出世も止まっていた。

このように、朝廷で実務官人として活動しながらも、十分に活躍の機会を得られていなかった文士たちが、幕府関係者との人脈を通じて、頼朝のもとに集ったのである。彼らは官人として培った実務能力によって幕府の統治行為を支えるとともに、京都と鎌倉とをつなぐ媒介者としても一役買った。

他にも、天文道《てんもんどう》や陰陽道《おんみょうどう》が専門の安倍《あべ》氏、医道《いどう》が専門の丹波《たんば》氏にも幕府に仕える人物が現れた。立身出世の活路を見出し鎌倉へ下った多様な文士の存在が、幕府という権力体を政治的にも文化的にも成熟させていったのである。

（下村周太郎）

【参考文献】
赤澤春彦「鎌倉幕府を支える様々な人々」（秋山哲雄・田中大喜・野口華世編『増補改訂新版　日本中世史入門』勉誠出版、二〇二一年）
五味文彦『武士と文士の中世史』（東京大学出版会、一九九二年）
平雅行編『中世の人物　京・鎌倉の時代編第三巻　公武権力の変容と仏教界』（清文堂出版、二〇一四年）

13 守護《しゅご》──軍事・警察業務を担う地方支配の要

守護《しゅご》は国ごとに置かれ、国内の軍事・警察業務を担当した。院政期には国衙《こくが》によって国内の有力武士が守護に認定され、軍事・警察業務にあたる者も出現していたとされるが、鎌倉幕府の守護の直接の前身は、治《じ》承《しょう》・寿永《じゅえい》の内乱《ないらん》期に各地に派遣された惣追捕使《そうついぶし》である。彼らは軍事指揮官として平氏《へいし》追討戦に従事するだけでなく、国内の武士の動員や兵糧米《ひょうろうまい》の徴発などの軍政にもあたった。平氏滅亡後にいったん惣追捕使は停止されたが、文治《ぶんじ》元年（一一八五）のいわゆる文治《ぶんじ》勅許《ちょっきょ》により源義経《みなもとのよしつね》捜索を名目に再置され、建久《けんきゅう》年間には制度が整備され、名称も「守護」に統一されるようになった。

その職務の第一は管国《かんごく》の地頭《じとう》・御家人《ごけにん》を統率して軍事活動をおこなうことであり、国内御家人を率いて上洛し交替で内裏《だいり》や院御所《いんごしょ》の警備にあたる京都大番役《きょうとおおばんやく》は平時の軍役《ぐんやく》とみなされた。また、謀叛人《むほんにん》や殺害など重罪犯の捜査・逮捕も重要な職務とされ、京都大番役を御家人に催促することも含めて「大犯三カ条《だいぼんさんかじょう》」と総称された。

守護は在庁官人《ざいちょうかんじん》を指揮して大田文《おおたぶみ》を作成させるなど、国衙に対しても影響力を及ぼすようになり、地方行政官としての機能を併せ持つに至る者もあった。国衙周辺を中心に国内交通の要衝に所領を展開していた守護もあり、経済的にも国内で優位な地位を占めていたことが推測される。守護に任じられたのは大半が東国の有力御家人たちであったことから、鎌倉幕府の支配が全国に及ぼされるうえで守護が果たした役割には大きなものがあった。

しかし鎌倉幕府は守護の職務を原則として大犯三カ条に限定し、その他に及ぶことを禁止する立場をとっていた。また、管内御家人たちと守護との間に職務上の統率関係以上の関係、すなわち主従関係が形成されることを嫌った。そのため、守護の交替は概して頻々とおこなわれ、一部の国を除いて、特定の氏族が特定

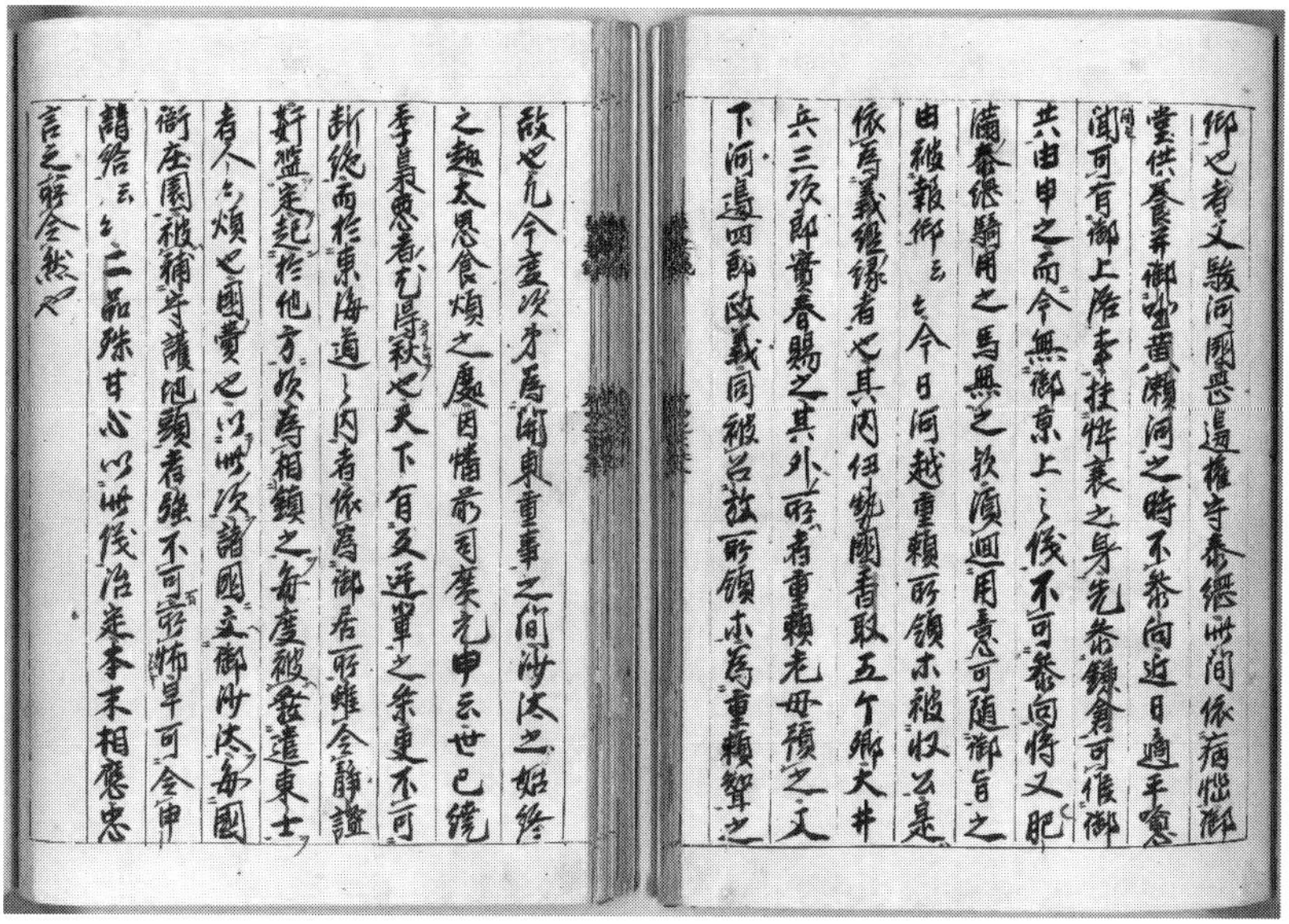

『吾妻鏡』文治元年 11 月 12 日条◆『吾妻鏡』では大江広元が守護・地頭の設置を源頼朝に献策したとされる　国立公文書蔵

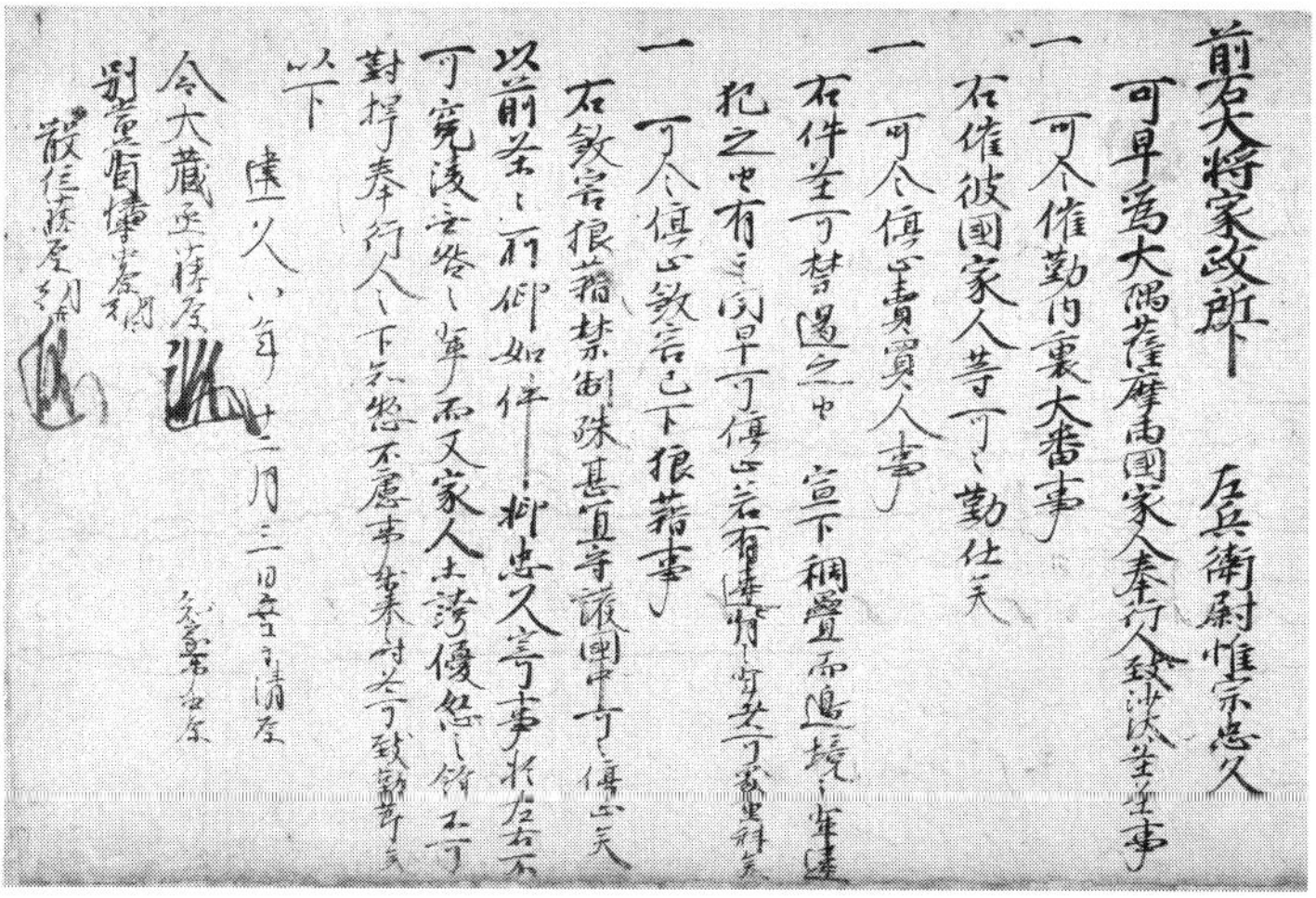

建久 8 年 12 月 3 日前右大将（源頼朝）家政所下文◆惟宗忠久を大隅・薩摩両国の「家人奉行人」すなわち守護に任命するもので、両国の御家人に内裏大番役を勤仕させること、国内の人身売買や狼藉を取り締まることが命じられている　島津家文書　東京大学史料編纂所蔵

国の守護を相伝し続けることは稀であった。

さらに十三世紀後半となると、モンゴル襲来を契機として、そのための警備強化を名目に諸国の守護が北《ほう》条《じょう》氏一門に集中する傾向が強まる。北条氏一門の中でも守護の移動は多く見られ、人事権は得宗《とくそう》に握られていたと考えられている。守護制度をはじめとする地方組織にも得宗専制の影響は如実に現われていたのである。

以上のように守護は鎌倉幕府の地方支配の要であったが、そのあり方は地域によって違いもあった。たとえば山城国《やましろのくに》や大和国《やまとのくに》、陸奥国《むつのくに》、出羽国《でわのくに》には鎌倉時代を一貫して守護は設置されていなかった。また九州の守護には大犯三カ条を超えて裁判権も認められていたことが知られている。さらに近年は東国と西国の違いに注目が集まっており、東国は守護不設置を原則としていた可能性が指摘されている。先にふれたように鎌倉幕府守護の前身は治承・寿永内乱期に派遣された惣追捕使にあるが、これは元暦《げんりゃく》元年（一一八四）以後に平氏追討のため西国に派遣されたものであり、守護制度は西国を中心に整えられた。

一方、すでに頼朝挙兵以来の基盤であった東国支配については守護を介在させる必要がなかったため、守護制度の導入も遅く、また一部にとどまったことが指摘されている。従来、西国御家人は守護の統率により京都大番役を勤仕していたのに対し、東国御家人は一族を単位に勤仕していたことが知られていたが、これも守護制度をめぐる東国と西国の違いによるものと考えられる。

また、六波羅探題《ろくはらたんだい》や鎮西探題《ちんぜいたんだい》など広域行政機関と守護との関係も注目されている。鎌倉時代後半になると、各地の軍事・警察業務に六波羅探題や鎮西探題からも使節が派遣されたり、探題自身が特定の国の守護に任じられたりしていることなどから、守護による地方支配もこれら広域行政機関との連携のもとで進められていたと考えられている。

（高橋典幸）

【参考文献】

伊藤邦彦『鎌倉幕府守護の基礎的研究』【論考編】【国別考証編】（岩田書院、二〇一〇年）
上横手雅敬「守護制度の再検討」（同『日本中世国家史論考』塙書房、一九九四年）
熊谷隆之「鎌倉幕府支配の展開と守護」（『日本史研究』五四七号、二〇〇八年）
佐藤進一『鎌倉幕府守護制度の研究　増訂』（東京大学出版会、一九七一年）
義江彰夫『鎌倉幕府守護職成立史の研究』（吉川弘文館、二〇〇九年）

鎌倉末期の守護配置図

※『詳説日本史図録』（山川出版社）掲載「鎌倉末期の守護の配置」図を参考に作成

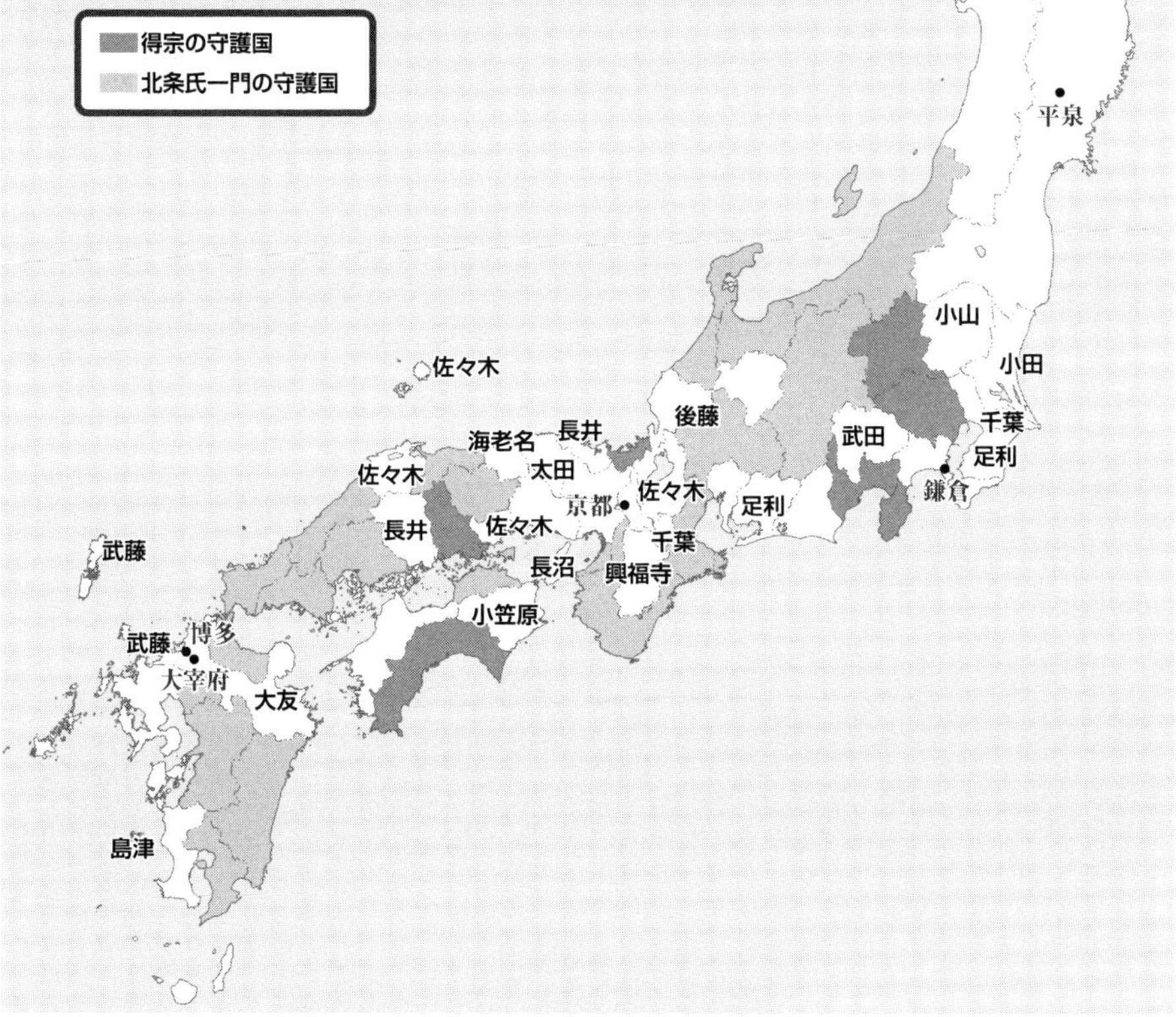

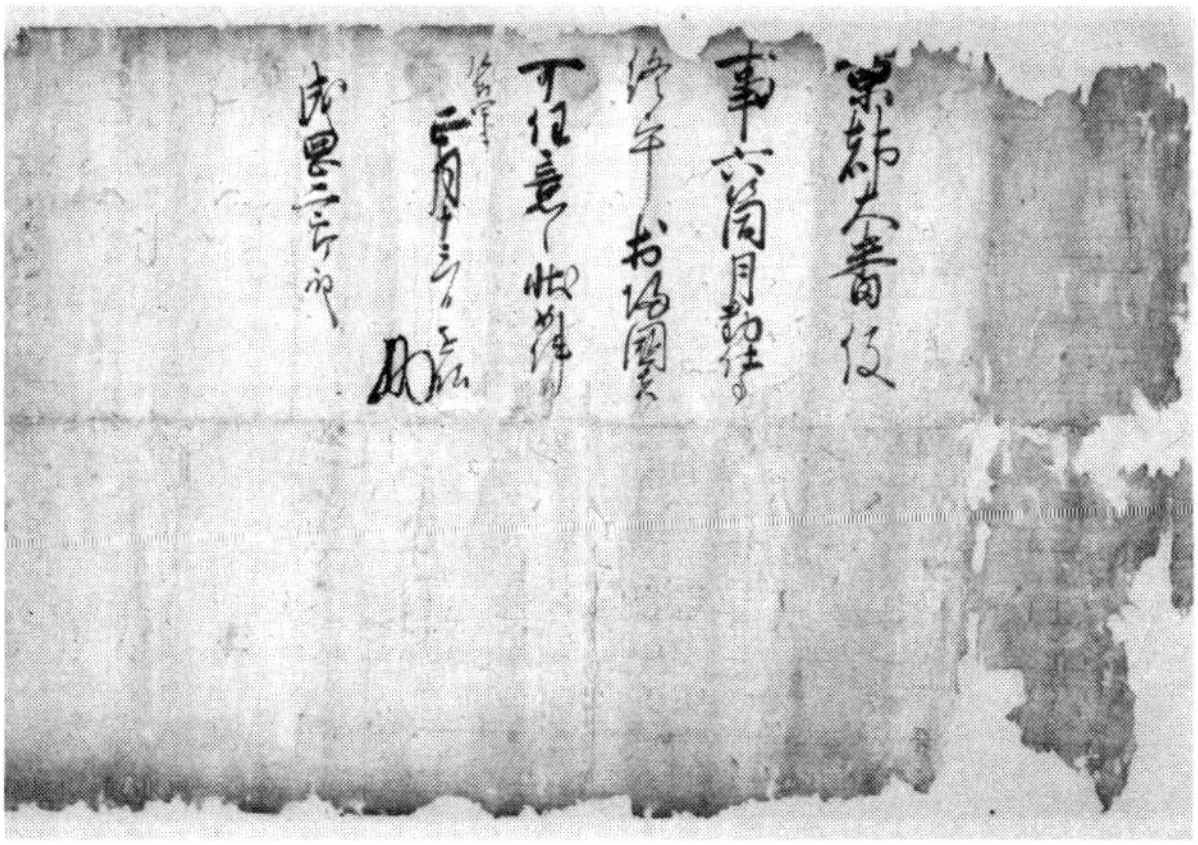

弘長４年正月 13 日島津忠時覆勘状◆薩摩守護島津忠時が同国御家人成岡忠俊に対して京都大番役を勤仕したことを証認している。京都大番役の催促は守護の重要な職務のひとつであるとともに、覆勘状は御家人身分の証拠とされた　延時文書　東京大学史料編纂所蔵

14

地頭《じとう》――主従関係の根幹となった所領《しょりょう》給恩《きゅうおん》システム

中世の主従関係は御恩《ごおん》と奉公《ほうこう》のやりとりによって成り立っており、御恩の中核にあたるのが所領の給与であった。鎌倉幕府では所領の給与は地頭職《じとうしき》への補任《ぶにん》という形でおこなわれた。すなわち将軍から必ずしも将軍の所領ではない荘園《しょうえん》や国衙領《こくがりょう》の地頭に任命された御家人《ごけにん》たちは、年貢徴収・納入や現地の管理など荘園や国衙領の領主に対する職務を果たしつつ、その結果として給免田《きゅうめんでん》や加徴米《かちょうまい》の取得権などの得分《とくぶん》を手にすることになったのである。将軍は、土地そのものを与えるのではなく、地頭の任免権を行使することによって、御家人に対する給恩を実現したのである。

このように各地の荘園や国衙領に将軍が地頭を補任するようになった経緯として注目されてきたのが、文《ぶん》治《じ》元年（一一八五）十一月のいわゆる文治勅許《ぶんじちょっきょ》である。これにより源頼朝《みなもとのよりとも》は全国各地に守護《しゅご》・地頭を設置することを朝廷から認められたと考えられてきたが、研究が進んだ結果、文治勅許は一国単位で国地頭《くにじとう》の設置を認めるものであったことが指摘されるようになった。国地頭に関する議論はなお定説をみないが、荘園や国衙領に設置された地頭（国地頭に対して、「荘郷《しょうごう》地頭《じとう》」といわれる）の起源を文治勅許に求めることはできなくなった。実際、頼朝は文治勅許以前から荘郷地頭を補任していたことも史料から明らかにされている。

こうした状況を受けて、荘郷地頭の起源を朝廷からの許認可ではなく、治承《じしょう》・寿永《じゅえい》の内乱《ないらん》における戦闘行為に求める見解が示されている。すなわち頼朝は挙兵後の早い段階から、臣従した武士にはその所領を安堵し、さらに功績を挙げた者に対しては、敵対した武士から没収した所領を恩賞として与えていた。このように安堵されたり、新たに給与されたりした所領の具体的な内容は荘園や国衙領の下司職《げししき》や公文職《くもんしき》などさまざまであったが、いずれも頼朝による給恩とみなされ、次第に「地頭」と称されるようになったのである。敵

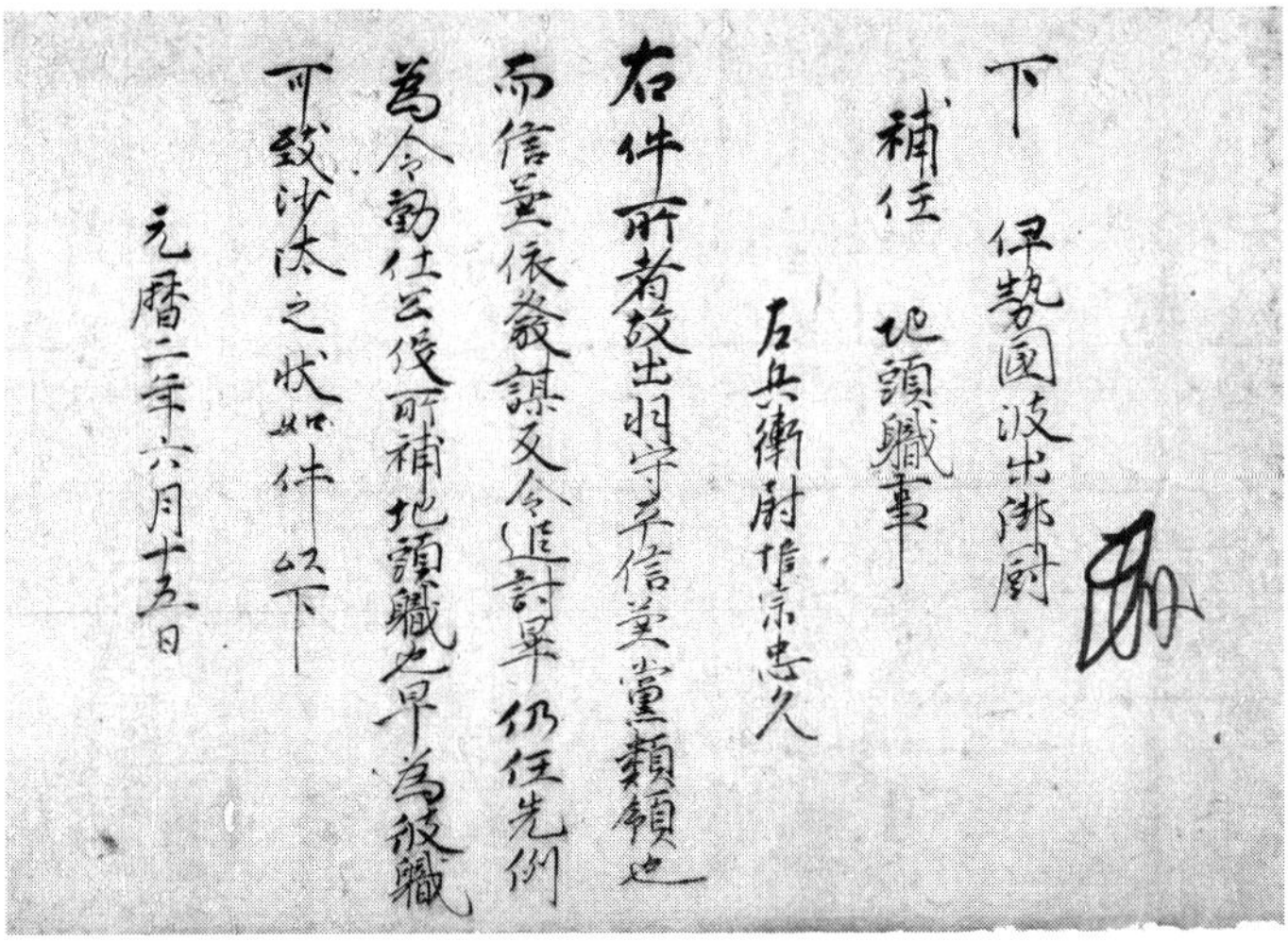
下　伊勢国波出御厨
補任　地頭職事
左兵衛尉惟宗忠久
右件所者、故出羽守平信兼党類領也
而信兼依発謀反、令追討畢、仍任先例
為令勤仕公役、所補地頭職也、早為彼職
可致沙汰之状如件、以下
元暦二年六月十五日

元暦２年６月15日源頼朝袖判下文◆惟宗忠久を伊勢国波出御厨の地頭職に補任している　島津家文書　東京大学史料編纂所蔵

方所領の没収とその給与の実態は、御家人たちが戦闘の過程で占領した敵方所領をそのまま「地頭」として追認するものであったことも明らかにされ、こうした給恩システム（地頭制）を構築したことが内乱を戦い抜く原動力になったことが明らかにされた。

さらに内乱終結後、地頭制が朝廷によって追認されたことにより、それは国家的な制度として定着することになった。その間、頼朝と朝廷との間で交渉がおこなわれ、地頭制の細部について調整されたと考えられている。すなわち地頭は任意の荘園・国衙領に設置されるものではなく、平氏《へいし》から没収した平家没官領《へいけもっかんりょう》や謀叛人《むほんにん》から没収した所領に設置されるものとされ、その権限も没収された前任者のそれを引き継ぐものとされた。

承久《じょうきゅう》の乱《らん》は地頭制にとっても大きな画期であった。後鳥羽《ごとば》上皇《じょうこう》方についた貴族や僧侶、武士の所領三千箇所以上が没収され、新たに地頭が補任されることになったのである。これらの所領の大半は西国にあったと考えられており、それらに東国武士が地頭として送り込まれることによって、幕府の影響力が西国にも広く及ぶことになった。また、承久没収地の中には前任者の権限や先例が不明確な所領が少なくなかったことから、幕府は新たに地頭の権限を公定することになった。具体的には十一町ごとに一町の給免田、段別五升の加徴米の徴収、山野河海《さんやかかい》からの収益の半分が地頭の権限と認められ、この規定は新補率法《しんぽりっぽう》とよばれた。

なお、地頭職は御家人以外の者にも恩賞として与えられた。将軍に仕える僧や鶴岡八幡宮《つるがおかはちまんぐう》や建長寺《けんちょうじ》・円《えん》覚寺《がくじ》など鎌倉の寺社に与えられたり、寄進《きしん》されたりしたほか、京都の貴族藤原定家《ふじわらのさだいえ》が将軍源実朝《さねとも》に和歌《わか》を指導した賞として播磨国細川荘《はりまのくにほそかわのしょう》（兵庫県三木市）地頭を与えられた事例などが知られている。

その一方で、治安維持の手段や軍事措置として地頭が設置されることもあった。嘉禎《かてい》二年（一二三六）、石清水八幡宮寺《いわしみずはちまんぐうじ》との相論《そうろん》に端を発して、興福寺《こうふくじ》が蜂起して閉門に及んだ際、幕府は奈良への交通路を遮断し経済封鎖をおこなうとともに、大和《やまと》国内の興福寺僧の所領を没収し、地頭を補任することによって圧力をかけて事態の解決を図っている。またモンゴル襲来後には、異国警固《いこくけいご》に応じない本所一円地《ほんじょいちえんち》に対して地頭設置を通告している。地頭・地頭制は給恩システムでありながら、鎌倉幕府の地方支配の手段としても実効性を持っていた点が注目される。

（高橋典幸）

【参考文献】

川合康『鎌倉幕府成立史の研究』（校倉書房、二〇〇四年）
関幸彦『研究史 地頭』（吉川弘文館、一九八三年）
高橋典幸「地頭制・御家人制研究の新段階をさぐる」（『歴史評論』七一四号、二〇〇九年）
安田元久『守護と地頭』（至文堂、一九六四年）

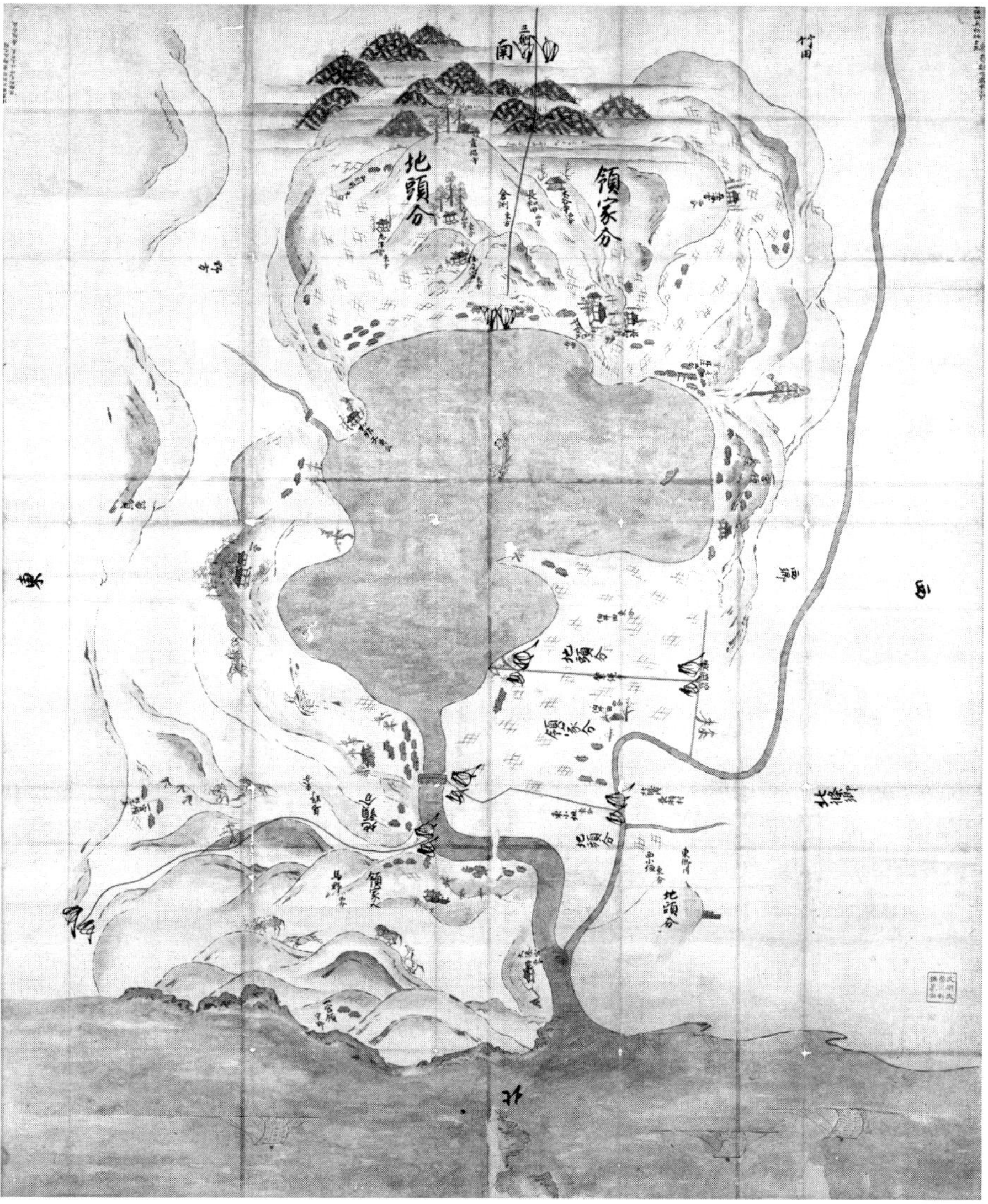

伯耆国河村郡東郷荘之図◆伯耆国東郷荘の領有をめぐり領家である松尾社と地頭との間で争いが起こると、相論は幕府に持ち込まれ、折半というかたちで解決した際に両者の領有地を示した本図が作成された。「領家分」「地頭分」の境界には朱色の線が引かれ、執権北条長時と連署北条政村の花押が据えられている　東京大学史料編纂所蔵模本

15 京都守護《きょうとしゅご》——承久《じょうきゅう》の乱《らん》以前の京都の窓口

承久《じょうきゅう》の乱《らん》以前における鎌倉殿《かまくらどの》の代官で、名称の初見は、『吾妻鏡《あずまかがみ》』建久《けんきゅう》二年（一一九一）正月十五日条の記事である。そこでは、源頼朝《みなもとのよりとも》の義理の兄弟である一条能保《いちじょうよしやす》が任命されているが、通説的には、文《ぶん》治《じ》元年（一一八五）に上洛した北条時政《ほうじょうときまさ》を初代としてカウントしている（時政上洛の以前に在京していた源義《よし》経《つね》を初代として数える考え方もある）。また、最後の京《きょう》都守護《としゅご》は大江親広《おおえのちかひろ》と伊賀光季《いがみつよし》であり、承久の乱の開幕戦において、後鳥羽院《ごとばいん》方に属した親広によって光季は滅ぼされている。

さて、京都守護の職掌について、一般的には、治安維持や訴訟裁断、朝廷との交渉や京・鎌倉間の連絡等にあたったとされている。しかし、これらは個人の人的ネットワーク（縁故）や、そのときどきの朝幕関《ちょうばくかん》係《けい》・社会状況などに基づいて実行されたとおぼしく、特定の職掌・組織が存在したとみる必要はないように考えられる。また、常に在京《ざいきょう》していたのかということについても判然としていない。少なくとも、鎌倉初期の京都守護については、北条時政による「国地頭《くにじとう》」設置交渉や、一条能保を通じた朝廷との交渉経路の確保など、特命的・時限的な性格が強いように考えられる。

なお、承久の乱後に成立した六波羅探題《ろくはらたんだい》との関係について、十四世紀前半以降に成立したと見られる『六《ろく》波羅守護次第《はらしゅごしだい》』において、六波羅探題と連続して京都守護が記述されている。すなわち、京都守護は、鎌倉幕府の滅亡前後より六波羅探題の前身として認識されていたのである。また、本史料は、これまで必ずしも京都守護として論じられてこなかった人物も記述されており（土肥実平《どひさねひら》・牧国親《まきくにちか》・藤原有範《ふじわらのありのり》・里見義直《さとみよしなお》）、その点も注目される。

（工藤祐一）

【参考文献】

上横手雅敬「六波羅探題の成立」（同『鎌倉時代政治史研究』吉川弘文館、一九九一年、初出一九五三年）

熊谷隆之「六波羅探題任免小考」（『史林』八六―六号、二〇〇三年）

中田美智子「京都守護の基礎的考察」（『聖心女子大学大学院論集』二六―一号、二〇〇四年）

野口実「北条時政の上洛」（『京都女子大学宗教・文化研究所　研究紀要』二五号、二〇一二年）

土肥実平画像◆相模の有力武士団・中村党の一員で、挙兵当初より頼朝に従い各地の戦いで活躍した。頼朝の右大将拝賀の際には随兵７人のうちに選ばれるなど、頼朝の信頼も厚い人物だった　『本朝百将伝』　個人蔵

土肥一族の墓◆墓の所在する城願寺一帯には土肥実平の居館があったとされる。また、境内には石橋山の戦いで敗れた源頼朝とともに逃れた頼朝七騎（安達盛長・岡崎義実など）が祀られた七騎堂がある　神奈川県湯河原町

16 六波羅探題《ろくはらたんだい》――京都に置かれた西国統治機関

承久《じょうきゅう》三年（一二二一）の承久《じょうきゅう》の乱《らん》で、鎌倉幕府は北条泰時《ほうじょうやすとき》（執権《しっけん》北条義時《よしとき》の子）と北条時房《ときふさ》（義時の異母弟）を総大将として派遣し、後鳥羽院《ごとばいん》方に勝利を収めた。泰時・時房は、戦後処理のためそのまま京都にとどまった。

そして、もともと平氏《へいし》の本拠地であり、平氏滅亡後は鎌倉幕府の拠点として源頼朝《みなもとのよりとも》や北条時政《ときまさ》などの邸宅が立てられた六波羅《ろくはら》において、戦後処理にあたったのである。ここから「六波羅探題《ろくはらたんだい》」が発足したとされている。そして、義時の没後、泰時と時房は鎌倉に下向し、それぞれ執権《しっけん》・連署《れんしょ》に異動するとともに、北条時氏《ときうじ》（泰時の子）・時盛《ときもり》（時房の子）を上洛させた。この結果、六波羅探題は臨時的・時限的なものではなく、北条氏によって独占的に継承される地方統治機関として確立した。

さて、六波羅探題の機能は、一般的に次の三点にまとめられている。すなわち、①朝廷の動向の監視や朝廷との交渉、②京都の治安維持、③西国関係の裁判である。以下、具体的に見てみたい。

まず、①の「朝廷の動向の監視」は、先に述べた泰時・時房の職務について、『吾妻鏡《あずまかがみ》』の地の文に「北条義時の手先として朝廷を監視し、鎌倉幕府が無事であるように努める」とあることを根拠としている。しかし、当時の史料からは、六波羅探題が主体的に朝廷を監視していたようには思われないし、そもそも『吾妻鏡』の地の文は鎌倉後期の認識を反映した作文であることから、実態とするには注意が必要である。

また、「朝廷との交渉」についても、乱直後は三浦《みうら》義村《よしむら》が主に交渉を担当しているし、対幕府の交渉窓口である「関東申次《かんとうもうしつぎ》」が朝廷に設置された後も、皇位継承などの重大事は、鎌倉から「東使《とうし》」と呼ばれる特使が派遣され、六波羅探題はほぼ関与していない。むしろ、②や③の機能に関して、朝廷との調整が必要な場合、案件ごとに交渉していたというのが実態である

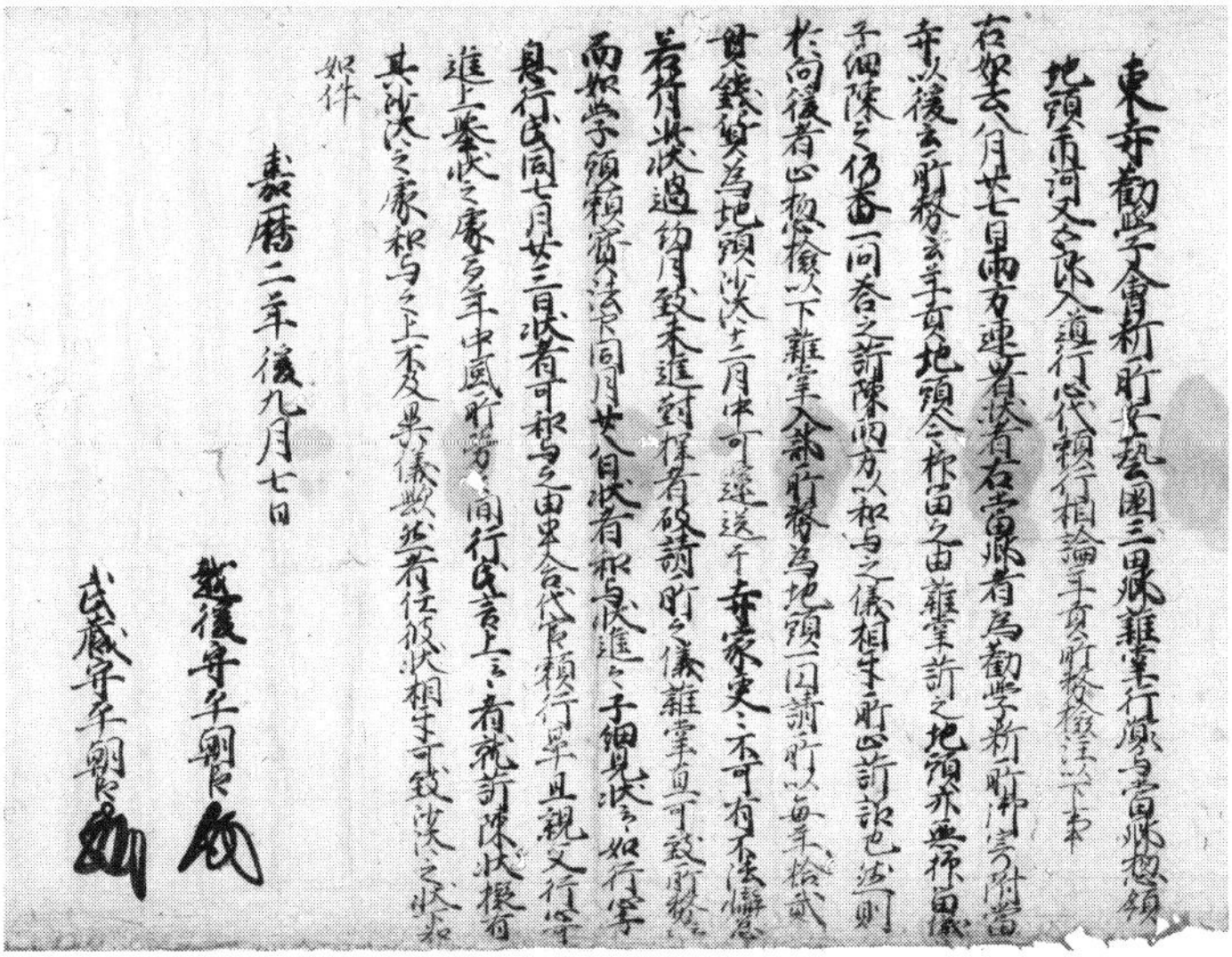

嘉暦２年閏９月７日六波羅裁許状◆安芸国の所領をめぐる東寺雑掌（原告）と地頭（被告）の紛争に関わるもの。原告と被告が和与（和解）に合意し、六波羅探題がその効力を保証した　東寺百合文書　京都府立京都学・歴彩館蔵

北条仲時画像◆普恩寺流北条氏で、最後の六波羅探題北方。足利尊氏らの襲撃により六波羅が陥落すると、南方の北条時益とともに光厳天皇らを連れ東国に逃れようとしたが、近江国番場寺で一族とともに自害した　滋賀県米原市・蓮華寺蔵

といえよう。

次に、②の機能については、暦仁《りゃくにん》元年（一二三八）に京都の主要な道路の交差点に「篝屋《かがりや》」と呼ばれる警固施設を設置したことが挙げられる。それまで、朝廷の検非違使庁《けびいしちょう》との管轄が重なることで問題となったが、この年に上洛した藤原《ふじわらの》（九条《くじょう》）頼経《よりつね》が検非違使別当《べっとう》に任じられたのを受けて、京都の治安維持は、原則的に六波羅探題が責任を負うかたちとなった。西

国御家人《ごけにん》（「在京人《ざいきょうにん》」と呼ばれる）がこの篝屋に詰め、警固にあたった（「篝屋番役《かがりやばんやく》」と呼ぶ）。なお、延暦寺《えんりゃくじ》や興福寺《こうふくじ》の強訴《ごうそ》に際して、京都の防衛に当たったのは、六波羅探題とこの在京人である。

また、③の機能については、先行する京都守護《きょうとしゅご》や鎌倉殿御使《かまくらどのおんつかい》が担っていた機能を受け継ぎつつ、承久の乱後に新たに生じた問題に対処するなかで、徐々に確立していった。乱後、鎌倉幕府は敗れた後鳥羽院方に与《くみ》した者からあわせて約三千箇所の所領（「承久《じょうきゅう》没収地《ぼっしゅうち》」と呼ばれる）を没収し、御家人へ配分した。その結果、とりわけ西国では、荘園経営に関する先例や慣習のズレから、領主・住人と地頭《じとう》・地頭代《じとうだい》との間で荘園紛争が頻発した。また、十三世紀後半頃より、武家領（地頭が設置されている所領）や本所一円地《ほんじょいちえんち》（地頭が設置されていない所領）を問わず社会問題となっていた悪党《あくとう》問題への対処も要求されることとなった。

このような事態に対し、六波羅探題は、関東と連携しながら紛争当事者どうしの交渉のテーブルを用意するとともに、訴訟手続きの整備を進めた。さらに、悪党問題については、朝廷との連携により「悪党召《め》し捕《と》りの構造」を開発することで対応したのである。

これらの対応が可能となった背景には、六波羅探題のスタッフの充実があげられる。当初は、重時流の探題被官によって業務が遂行されていたとおぼしいが、次第に、六波羅評定衆《ひょうじょうしゅう》や引付衆《ひきつけしゅう》、そして奉行人《ぶぎょうにん》が拡充され、建治《けんじ》三年（一二七七）の制度改革を画期に組織として確立したと考えられる。なお、六波羅探題が管轄したのは、尾張《おわり》（後に三河《みかわ》）・美濃《みの》・加賀《かが》以西の国々である（鎮西探題《ちんぜいたんだい》の成立後は、九州が管轄から外れた）。

以上のように、六波羅探題は、鎌倉幕府の西国統治において政治的・社会的に重要な地位を占めており、ゆえに後醍醐天皇《ごだいごてんのう》の倒幕運動でも標的の一つとなった。六波羅探題は、足利高氏《あしかがたかうじ》に攻められて滅亡するが、吏僚たちは生き延び、建武政権《けんむせいけん》・室町幕府《むろまちばくふ》を支えている。

（工藤祐一）

【参考文献】

久保田和彦『六波羅探題研究の軌跡』（文学通信、二〇二〇年）
森幸夫『六波羅探題の研究』（続群書類従完成会、二〇〇五年）

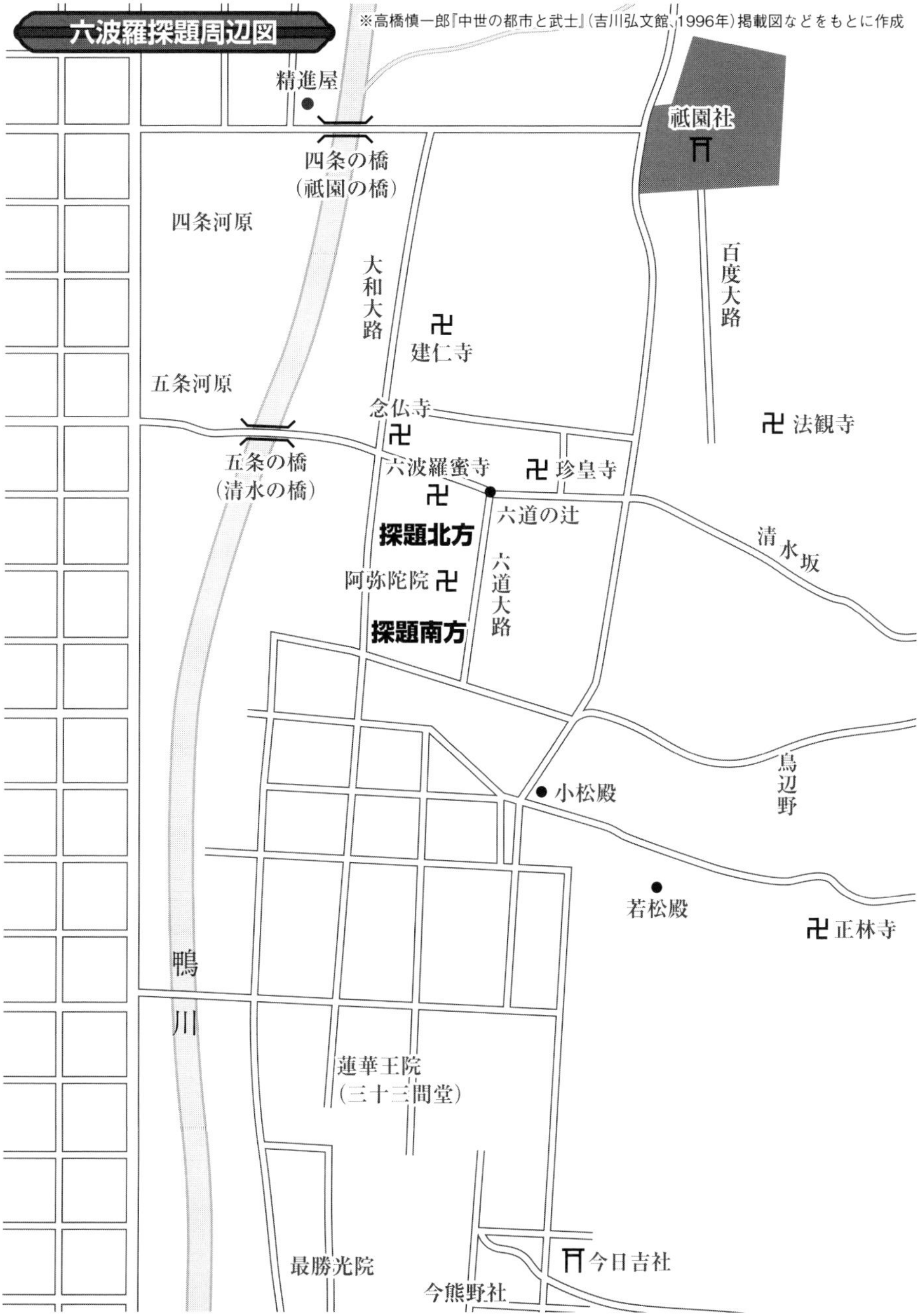
六波羅探題周辺図
※高橋慎一郎『中世の都市と武士』(吉川弘文館、1996年)掲載図などをもとに作成
精進屋
祇園社
四条の橋
(祇園の橋)
四条河原
大和大路
百度大路
建仁寺
五条河原
念仏寺
法観寺
五条の橋
(清水の橋)
六波羅蜜寺
珍皇寺
六道の辻
探題北方
清水坂
阿弥陀院
六道大路
探題南方
鳥辺野
小松殿
若松殿
正林寺
鴨川
蓮華王院
(三十三間堂)
今日吉社
最勝光院
今熊野社

17　鎮《ちん》西《ぜい》奉《ぶ》行《ぎょう》――初期鎌倉幕府の九州支配の実態

鎌倉幕府が九州全域の御家人を統率するべく設置した機関。文治《ぶんじ》元年（一一八五）十月に源《みなもとの》頼朝《よりとも》・義《よし》経《つね》兄弟の不和が表面化すると、同年末に頼朝の側近だった天野遠景《あまのとおかげ》が鎮西奉行《ちんぜいぶぎょう》に任じられて九州へ下向し、御家人《ごけにん》を催促して義経与党の探索に当たった。遠景はまた、律令《りつりょう》機構の九州統治機関だった大宰府《だざいふ》に介入することでその実権を握り、大宰府の支配組織を利用して御家人に対する地頭職《じとうしき》の安堵（鎌倉殿下文《かまくらどのくだしぶみ》の施行《しぎょう》〈伝達〉）や相論裁許もおこなった。ただし、遠景が鎮西奉行として権限を強力に行使できたのは、平家追討戦の際に自身が占領活動をおこない、地頭職を得た九州北西部に限定されていた。

遠景は、九州において先例を無視した軍政的施策を強行したために朝廷の反感を買い、建久《けんきゅう》四〜六年（一一九三〜九五）頃に解任された。その後、武藤資頼《むとうすけより》が大宰少弐《だざいしょうに》に任官して大宰府現地の最高責任者に就任し、自己の守護管国外におよぶ訴訟審理権を行使できた事実から、資頼を遠景の後任の鎮西奉行とみなす見解がある。しかし、この資頼の権限行使は、大宰少弐として大宰府の権限を利用し、幕府の訴訟準備手続きの要請に応じたものと捉えるべきである。また、六《ろく》波羅探題《はらたんだい》が設置されると、これが九州における訴訟の裁許をおこなうほか、幕府の命令を九州各国の守護《しゅご》に施行しており、九州守護の上部機関としての機能を有していたことが明らかである。これらのことから、資頼を九州全域の御家人を統率する鎮西奉行と捉えることは難しい。なお、大友《おおとも》氏を武藤氏と並ぶ鎮西奉行とみなす見解もあるが、その根拠とされる史料はいずれも検討の余地を残しており、にわかにはしたがいがたい。したがって、遠景の解任によって鎮西奉行は廃絶し、その権限は廃絶後に設置された九州各国の守護に分化されたと理解するのが妥当だろう。

モンゴル襲来の危機が増大した文永《ぶんえい》八年（一二七一）、幕府は武藤・大友両氏を九州防衛の責任者として、それぞれに守護管国を超えた軍事指揮権と訴訟審理権を付与した。この特殊権限の付与は一時的な措置だったが、後年、大友氏はこの実績をもとに「鎮西東方奉行」を主張した。しかし、この主張は大友氏およびその関係者の自己認識にすぎず、そうした機関の存在および役職への就任は認められない。

（田中大喜）

【参考文献】
櫻井大「武藤・大友両氏の鎮西奉行就任」（『国際文化研究紀要』四号、一九九八年）
櫻井大「蒙古襲来期の鎮西奉行」（『国際文化研究紀要』五号、一九九九年）
清水亮「初期鎌倉幕府の九州支配における没官領地頭の意義」（同『鎌倉幕府御家人制の政治史的研究』校倉書房、二〇〇七年、初出二〇〇一年）
瀬野精一郎『鎮西御家人の研究』（吉川弘文館、一九七五年）

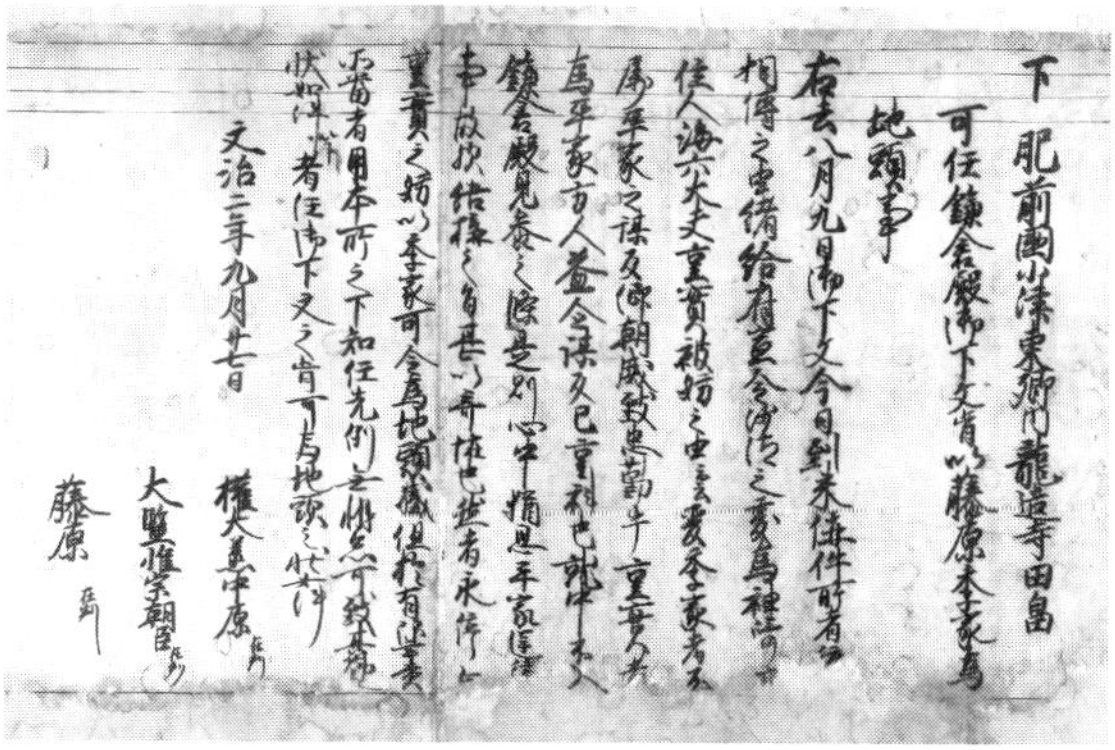
下　肥前国小城東郷内龍造寺田島
地頭職事
文治二年九月廿七日

文治２年９月27日大宰府下文案◆鎮西奉行天野遠景が大宰府の府官とともに奥に署名し、藤原季家を地頭職に補任するという鎌倉殿（頼朝）の下文を施行している　龍造寺家文書　佐賀県立図書館蔵

天野遠景の墓◆伊豆出身の豪族で、治承・寿永の内乱で軍功を上げ九州に地盤を築いた。正面の宝篋印塔が遠景の墓と伝わる　静岡県伊豆の国市・東昌寺

18 鎮西探題《ちんぜいたんだい》——モンゴル戦争後の九州支配

鎌倉幕府が博多に設置した、九州全域を統括する広域行政機関。前身の機関として、弘安《こうあん》九年（一二八六）に設置された鎮西談義所《ちんぜいだんぎしょ》がある。鎮西談義所では少《しょう》弐《に》氏・大友《おおとも》氏・宇都宮《うつのみや》氏・渋谷《しぶや》氏が頭人《とうにん》（長官）となり、原則として九州における軍事指揮権と所務沙汰《しょむざた》（所領や年貢に関する訴訟）の裁断権を有して、弘安の役後の九州を統括した。鎮西探題《ちんぜいたんだい》は、こうした鎮西談義所の諸権限・役割を継承して成立した機関だった。

成立の契機となったのは、正応《しょうおう》五年（一二九二）のモンゴルと高麗《こうらい》からの信書の到来だった。これらを受け取った鎌倉幕府は、モンゴルの三度目の襲来に備えて北条《ほうじょう》兼時《かねとき》と名越時家《なごえときいえ》を「異国打手大将軍《いこくうってたいしょうぐん》」に任じ、翌年九州へ派遣した。兼時と時家は、九州全域におよぶ軍事指揮権を与えられるとともに、引付《ひきつけ》を設置して所務沙汰の聴訴・審理権を行使した。これ以降、鎮西談義所の活動を示す徴証が得られなくなることから、これにより鎮西談義所は活動を停止し、代わって兼時と時家を長官とする鎮西探題が成立したと捉えられる。兼時と時家には、所務沙汰の裁断権（確定判決権）行使の徴証を確認できないが、これは当時、権力の集中化を図った関東（執権《しっけん》北条貞時《さだとき》）に裁断権を剥奪されていたためと考えられる。したがって、本来は兼時と時家も、鎮西談義所と同じく裁断権を付与されるはずだったとみられる。兼時と時家は永仁《えいにん》三年（一二九五）四月に離任したが、鎮西探題の長官には、滅亡まで北条氏一門の人物が就任し続けた。

鎮西探題が裁断権を確保したのは、永仁四年（一二九六）のことだった。嘉元《かげん》三年（一三〇五）～延《えん》慶《きょう》二年（一三〇九）にかけて再び裁断権を剥奪されたものの、これにより鎮西探題は九州全域を統括する行政機関として確立したと理解できる。その後、正《しょう》安《あん》元年（一二九九）に評定衆《ひょうじょうしゅう》と引付衆《ひきつけしゅう》が設置され、翌年には裁判の基本方針や訴訟手続きの詳細な規定が追加法によって定められ、鎮西探題の訴訟機構面が整備された。九州では、鎮西談義所の設置を機に、談義所が所務沙汰《しょむざた》を、守護《しゅご》が雑務沙汰《ざつむざた》（債権や動産に関する訴訟）と検断沙汰《けんだんざた》（刑事関係の訴訟）を専掌するという制規が設けられたが、これは鎮西探題にも引き継がれ、探題と守護が訴訟を補完的に所管する体制が敷かれた。

鎮西探題所在地推定図

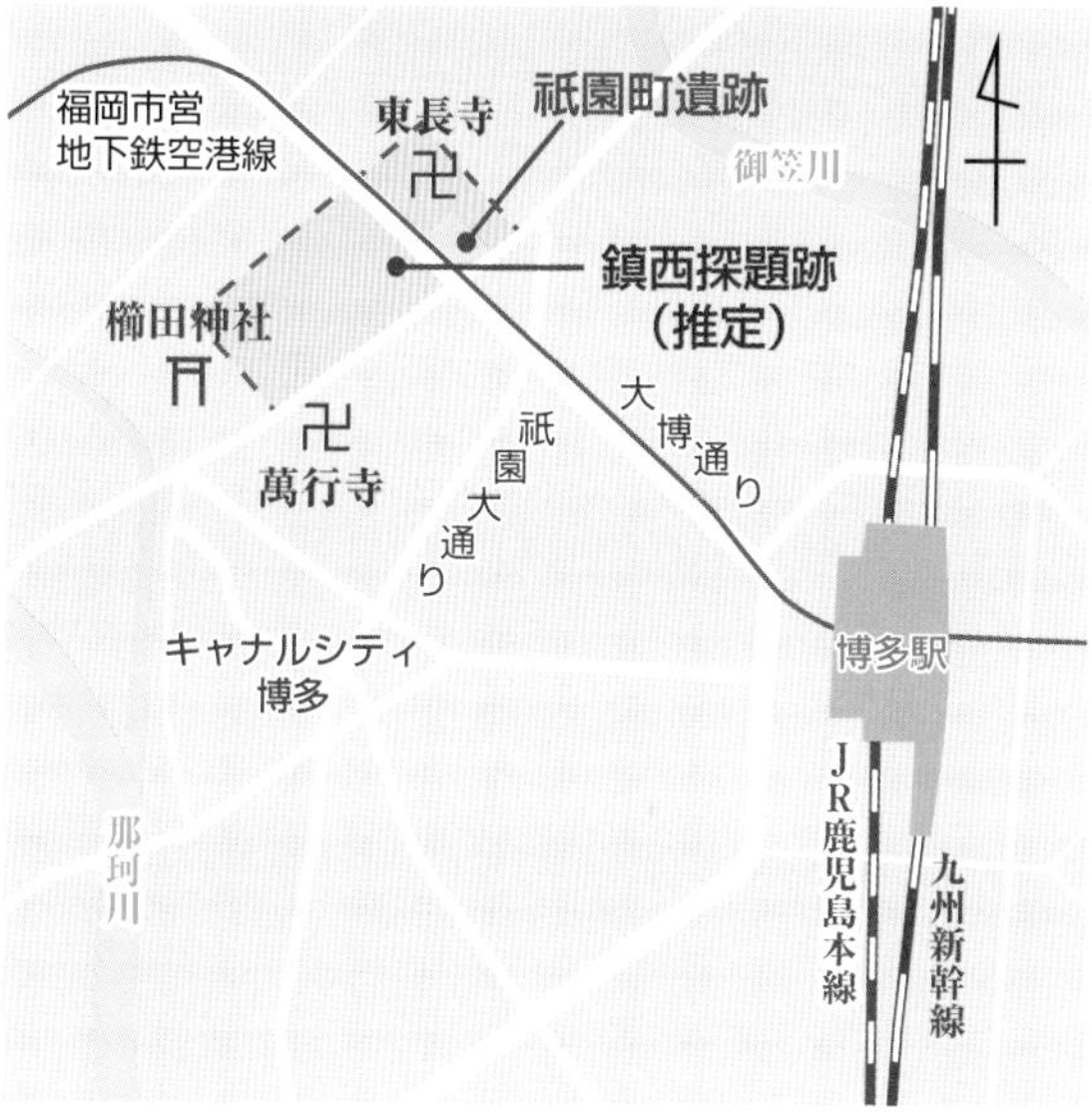

櫛田神社◆博多の総鎮守として知られ、境内東側に鎮西探題館があったと考えられている。神社が所在する祇園町からは、北条氏の家紋である三鱗紋が入った土師器の皿が出土している　福岡市博多区

軍事指揮権・訴訟裁断権以外に鎮西探題が有した権限には、九州の寺社に対する統治権や九州の武士に対する所領安堵・恩賞地配分の権限などがあった。鎮西探題は九州全域を統括する強大な権限を与えられたわけだが、一方で関東も九州に対して同様の権限を行使しており、関東から命令が発せられた場合、鎮西探題

鎮西探題長官任免表

名前	就任年	退任年
北条兼時	永仁元年（1293）	永仁３年（1295）
名越時家	永仁元年（1293）	永仁３年（1295）
金沢実政	永仁４年（1296）	正安３年（1301）
金沢政顕	正安３年（1301）	正和４年（1315）
金沢種時	正和４年（1315）	正和５年（1316）
北条随時	文保元年（1317）	元亨元年（1321）
赤橋英時	元亨元年（1321）	元弘３年（1333）

関東と鎮西探題の関係図

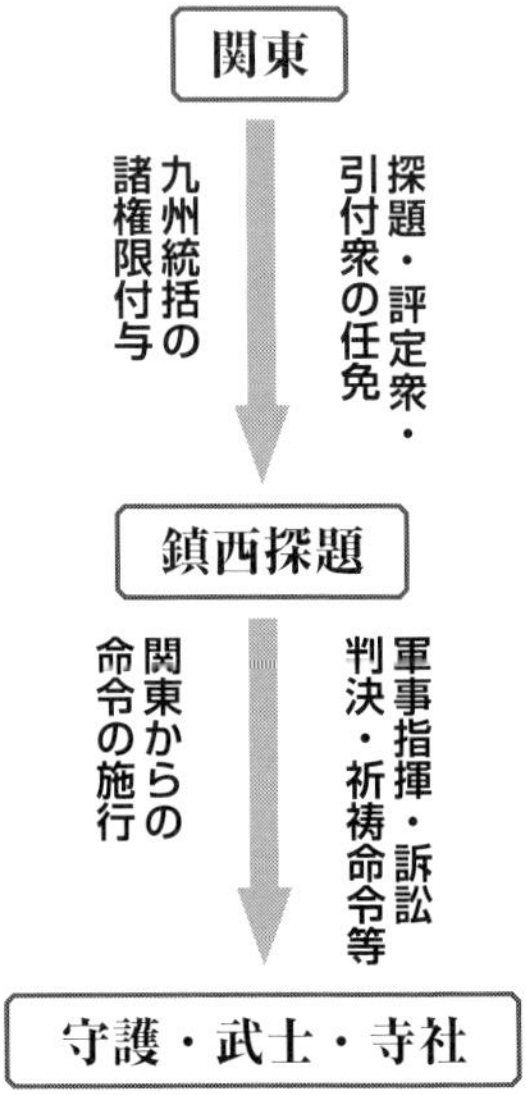

はそれを忠実に施行《しぎょう》（伝達）するだけだった。したがって、鎮西探題も六波羅探題《ろくはらたんだい》と同じく、関東からの命令に忠実な中間統括機関としての一面を有していたといえる。

なお、こうした側面は人事面からもうかがえる。すなわち、探題・評定衆・引付衆という鎮西探題のスタッフは関東が任免権を保持しており、そのため鎮西探題はいくら強大な権限が与えられようとも、その統制下に置かれ続けたのだった。

（田中大喜）

【参考文献】

佐藤進一『鎌倉幕府訴訟制度の研究』（岩波書店、一九九三年、初刊一九四三年）
佐藤秀成「発給文書に見る鎮西探題の諸権限」（同『鎌倉幕府文書行政論』吉川弘文館、二〇一九年）
築地貴久「鎮西探題の成立と鎌倉幕府」（『明治大学大学院文学研究論集』二八号、二〇〇八年）
村井章介「蒙古襲来と鎮西探題の成立」（同『アジアのなかの中世日本』校倉書房、一九八八年、初出一九七八年）

コラム

長門探題《ながとたんだい》

文永《ぶんえい》の役《えき》後、長門国守護《ながとのくにしゅご》は周防国《すおうのくに》守護と兼帯となり、北条《ほうじょう》氏一門が就任した。最後の長門・周防国守護となった金沢時直《かねさわときなお》は、「探題《たんだい》」と呼ばれていることから（元弘《げんこう》三年〈一三三三〉三月二十八日忽那重清軍忠《くつなしげきよぐんちゅう》状《じょう》）、長門・周防国守護を「長門探題」と概念化し、諸国一般の守護以上に強力な権限を持つ存在と捉える見解がある。しかし、鎌倉幕府の諸機関等を規定している『沙汰未練書《さたみれんしょ》』には、長門探題に関する記述がない。

そもそも探題とは、軍事指揮権や訴訟裁断権等の保有する権限を一国を超えておよぼした広域行政機関と捉えられるが、長門・周防国守護にはそうした側面が見出せない。また、関東が命令を西国の守護に施行《しぎょう》（伝達）する場合、六波羅探題《ろくはらたんだい》を介したが、長門・周防国守護にもこれを介して施行したことが確認されている。このことからも、長門・周防国守護を六波羅探題と同等の機関と捉えることは難しい。

しかし、長門・周防国守護には、原則として一番引《いちばんひき》付頭人《つけとうにん》という幕府の要職を務める特権的支配層の北条氏一門が就任した。このように一般の守護よりもステータスの高い人物が就任したことにより、長門・周防国守護は別格の存在と認識され、「探題」と呼ばれたとも考えられる。

（田中大喜）

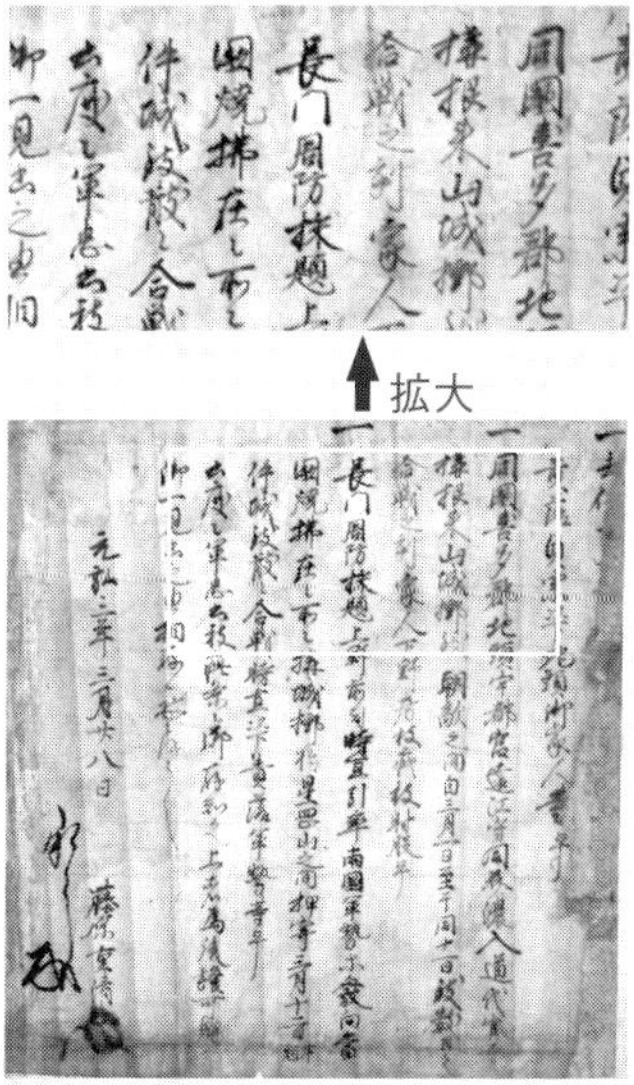

元弘3年（1333）3月28日忽那重清軍忠状◆個人蔵　画像提供：松山市教育委員会

【参考文献】
秋山哲雄「長門国守護職をめぐって」（同『北条氏権力と都市鎌倉』吉川弘文館、二〇〇六年、初出二〇〇五年）
佐藤秀成「防長守護考」（同『鎌倉幕府文書行政論』吉川弘文館、二〇一九年、初出二〇一三年）
藤井崇「鎌倉期『長門探題』と地域公権」（『日本歴史』六八九号、二〇〇五年）

19

奥州惣奉行《おうしゅうそうぶぎょう》——鎌倉幕府の陸奥国統治体制《むつのくにとうちたいせい》

鎌倉幕府が陸奥国《むつのくに》統治のために採用した、葛西《かさい》氏と伊沢《いざわ》（留守《るす》）氏の複数奉行による統治体制。幕府は平《ひら》泉《いずみ》（岩手県平泉町）に葛西氏を、多賀国府《たがこくふ》（宮城県多賀城市）に伊沢氏を配置し、ともに奥州惣奉行《おうしゅうそうぶぎょう》として陸奥国統治に当たらせたが、これは平泉《ひらいずみ》（奥州《おうしゅう》）藤原《ふじわら》氏の時代に形成された同国の二元的政治構造に対応した統治体制だった。

文治《ぶんじ》五年（一一八九）の奥州合戦によって陸奥国を支配下に収めた鎌倉幕府（源頼朝《みなもとのよりとも》）は、葛西清重《きよしげ》に対して、陸奥国御家人《ごけにん》の奉行（名簿登録）と平泉藤原氏の拠点だった平泉の治安の回復・維持を命じ、平泉藤原氏の直轄地域を含む五郡二保《ほ》の地頭職《じとうしき》を与えた。そして、そのうえで幕府は、清重に平泉藤原氏の勢力基盤の中核だった磐井《いわい》・胆沢《いさわ》・江刺《えさし》・和賀《わが》・稗貫《ひえぬき》五郡の復興を命じた。これらのことから、奥州合戦直後の幕府は、平泉およびその周辺領域という平泉藤原氏の勢力基盤を接収し、その統治＝平泉藤原氏の役割の継承を清重に委ねたことがわかる。しかし、このことは取りも直さず、これら以外の領域には幕府の統治がおよばなかったことを意味する。この背景には、奥州合戦の際、平泉藤原氏とともに陸奥国の行政を担っていた多賀国府の在庁官人《ざいちょうかんじん》たちが幕府にしたがい、合戦後もそのまま存続したという事情があった。

ところが、文治五年末に大河兼任《おおかわかねとう》の乱が起こると、多賀国府の在庁官人のトップである本留守と新留守がこれに与同し、幕府に叛いた。これにより、乱を鎮圧した幕府は、両留守に代えて伊沢家景《いえかげ》を陸奥国留守職《るすしき》に任命し、多賀国府に送り込むことに成功した。幕府から与えられた家景の役割は、多賀国府の在庁官人たちを指揮し、平泉藤原氏以来の先例に則って陸奥国の国務を遂行することだった。家景はまた、多賀国府の直轄領である高用名《こうようみょう》の地頭職を与えられ、その経営も任された。こうして奥州合戦後も存続していた、多賀国府という陸奥国のもう一方の政治中心も幕

葛西氏の支配領域と多賀国府

※入間田宣夫「鎌倉時代の葛西氏」（同編『葛西氏の研究』名著出版、1998年、初出1992年）をもとに作成

奥州惣奉行の構成図

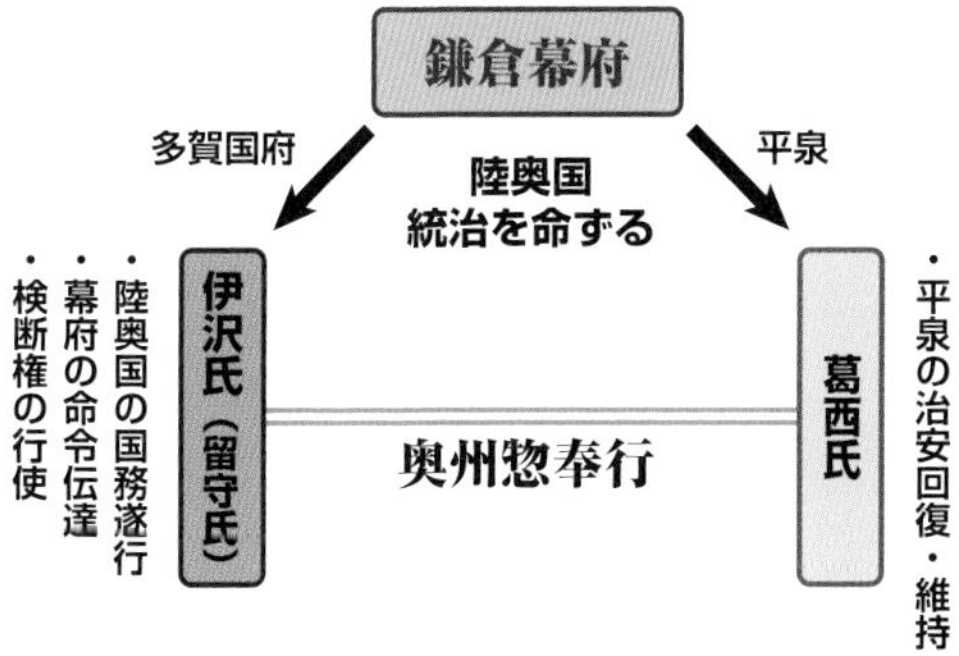

府に接収され、家景が陸奥国留守職に任じられたことで、陸奥国全体に幕府の統治がおよぶようになったのである。

建久《けんきゅう》六年（一一九五）、幕府は清重と家景に対し、「奥州惣奉行」としていまだ健在だった藤原秀衡《ふじわらのひでひら》の後《ご》家《け》を保護するように命じた（『吾妻鏡《あずまかがみ》』建久六年九月二十九日条）。このことから、家景が陸奥国留守職として多賀国府の筆頭になって以降も、清重が陸奥国支配における奉行としての役割を担い続けていたことがわかる。鎌倉期を通じて葛西氏は、鎌倉殿《かまくらどの》（将軍）の代官として、平泉を中心とする幕府御願寺のための祭礼・祈祷用途を奥羽両国から徴収したが（嘉元《かげん》三年

葛西清重夫妻画像◆清重は桓武平氏の流れを汲む豊島清元の子。清元から下総国葛西御厨を相続し、葛西氏を名乗った。奥州総奉行に任じられた後も鎌倉での活動が見られ、頼朝没後は畠山重忠の乱や和田合戦で北条氏方として軍功を上げている。また、親鸞に帰依し、弟子になったことでも知られている
東京大学史料編纂所蔵模写

〈一二〇五〉三月日中尊寺《ちゅうそんじ》衆徒《しゅと》等重申状《とうかさねてのもうしじょう》）、このことも葛西氏が奥州惣奉行の一方を担い続けたことを示している。伊沢氏は陸奥国留守職を相伝して国務を掌握し続けたほか、幕府の命令の国内への施行《しぎょう》（伝達）や検断権《けんだんけん》（軍事警察権）の行使という守護的な権限も有したが、葛西氏も奥州統治上の重要な政治的責任を果たし続けたことを見落としてはならない。奥州惣奉行という葛西・伊沢両氏による陸奥国の統治体制は、鎌倉期を通じて機能していたとみられるのである。

（田中大喜）

【参考文献】

佐藤秀成「奥州惣奉行と陸奥国統治」（同『鎌倉幕府文書行政論』吉川弘文館、二〇一九年）

七海雅人「鎌倉幕府の陸奥国掌握過程」（『羽下徳彦先生退官記念論集　中世の杜』東北大学文学部国史研究室中世史研究会、一九九七年）

三好俊文「『奥州惣奉行』体制と鎌倉幕府の列島統治」（入間田宣夫編『東北中世史の研究　上巻』高志書院、二〇〇五年）

三好俊文「鎌倉幕府の成立と東北」（七海雅人編『東北の中世史2　鎌倉幕府と東北』吉川弘文館、二〇一五年）

コラム

北方統治のための蝦夷《えぞ》管領《かんれい》

江戸時代に作成された故実書《こじつしょ》『武家名目抄《ぶけめいもくしょう》』によれば、鎌倉幕府による北方世界支配のために設置されたとされ、安藤《あんどう》氏が世襲したと見られている。しかし、その初見は、幕府滅亡後の延文《えんぶん》元年（一三五六）に作成された『諏訪大明神絵詞《すわだいみょうじんえことば》』であり、鎌倉時代の史料では確認することができない。では、「蝦夷管領《えぞかんれい》」やそれが担うとされた北方世界支配とは、具体的にどのようなものだったのだろうか。

鎌倉後期に作成された法律書『沙汰未練書《さたみれんしょ》』では、鎌倉幕府は「東夷成敗《とういせいばい》」を、自らが果たすべき重要な役割として位置づけていた。すなわち、北方世界との交易の管理および支配権の行使を「東夷成敗」と表現していたのである。

奥州合戦《おうしゅうかっせん》後の鎌倉幕府は、かつて平泉藤原《ひらいずみふじわら》氏が担っていた役割を引き継いでいた。まず、北方世界との交易については、金・馬・鷲羽など北方世界の富を入手し、それらの富を儀礼上必要とした京都の公家社会に供給することが求められた。また、幕府は国家的警察権をも担っていたため、流刑地の一つである蝦夷島《えぞがしま》とそこに住む蝦夷《えみし》に対する支配権を掌握していたのである。

これらの蝦夷との交易の管理や支配権の行使といった「東夷成敗」は、形式的には津軽《つがる》郡の惣地頭職《そうじとうしき》を知行した得宗家《とくそうけ》が担った。しかし、実際に現地で「東夷成敗」を実行したのは、蝦夷の子孫、あるいは古代以来の旧族である安倍《あべ》氏の一流とも言われ、得宗家の代官となった安藤氏である。安藤氏自身も、「東夷成敗」を自らが担う役割と認識し、譲状《ゆずりじょう》に「蝦夷の沙汰《さた》」を記載している。ただし、この「蝦夷の沙汰」が指し示す具体的内容については議論が分かれ、検討の余地がある。

以上のような姿から、後世、安藤氏は地頭代《じとうだい》（蝦夷沙汰代官職）として「東夷成敗」権を行使する「蝦夷管領」を世襲したと見られるようになったと考えられる。

（工藤祐一）

【参考文献】
黒嶋敏『海の武士団』（講談社、二〇一三年）
七海雅人編『東北の中世史2　鎌倉幕府と東北』（吉川弘文館、二〇一五年）

幕府組織の変遷図

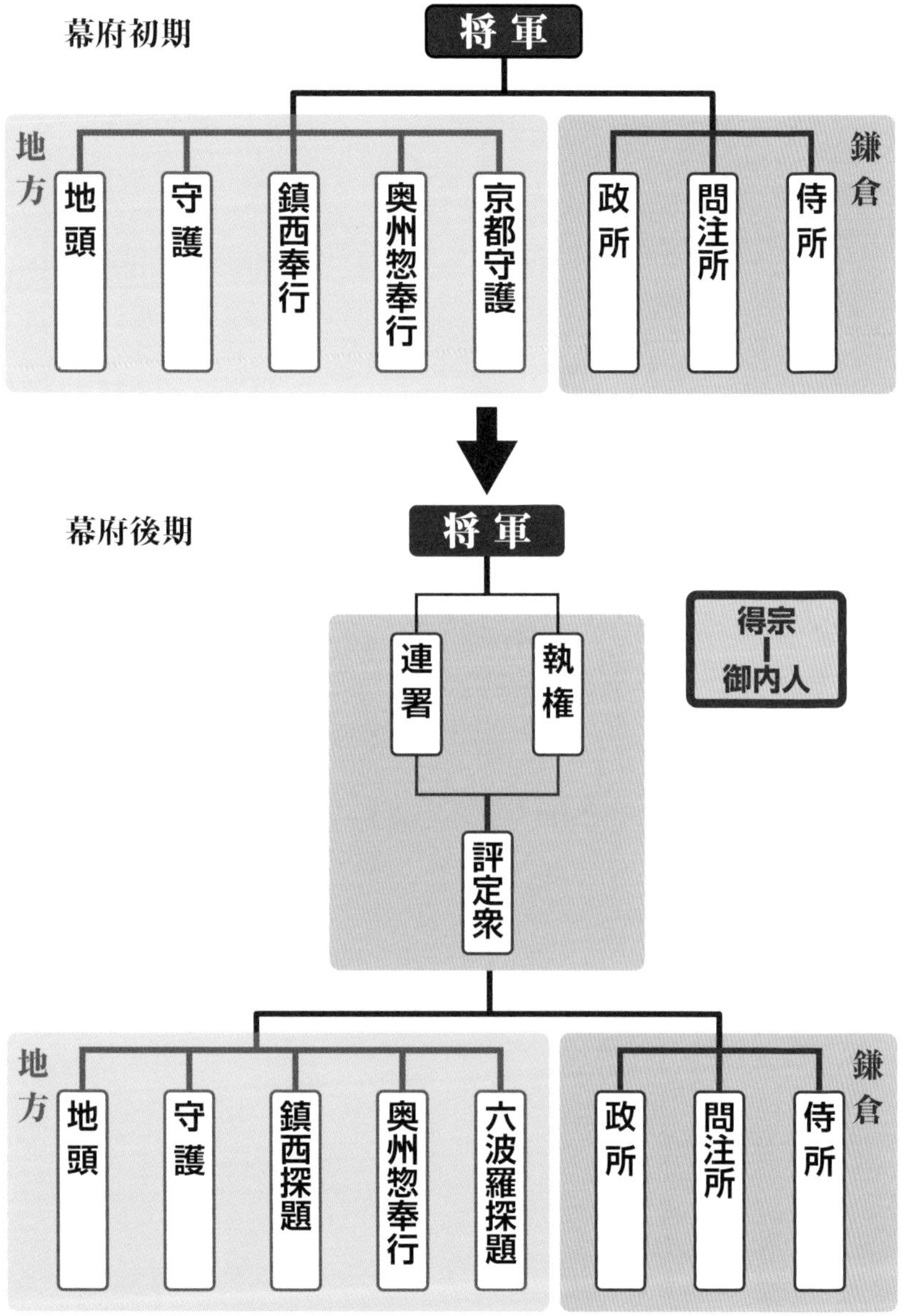
幕府初期
将軍
地方
地頭
守護
鎮西奉行
奥州惣奉行
京都守護
鎌倉
政所
問注所
侍所
幕府後期
将軍
連署
執権
評定衆
得宗
御内人
地方
地頭
守護
鎮西採題
奥州惣奉行
六波羅採題
鎌倉
政所
問注所
侍所

第3部　鎌倉幕府の制度と政策

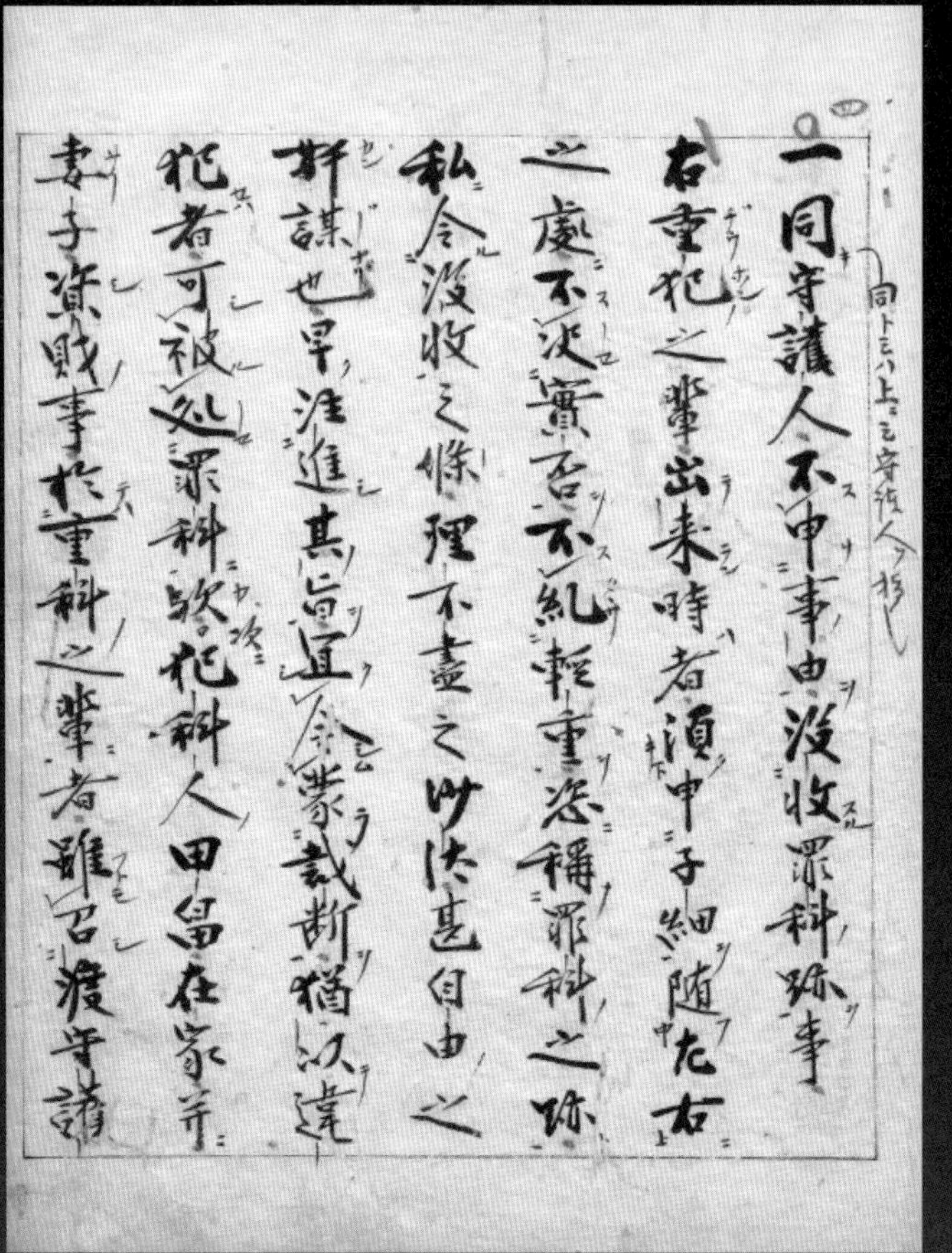
一 同守護人不申事由没収罪科跡事
右重犯之輩出来時者須申子細随左右
之処不決実否不糺軽重恣称罪科之跡
私令没収之條理不尽之沙汰甚自由之
奸謀也早注進其旨宜令蒙裁断猶以違
犯者可被処罪科次犯科人田畠在家并
妻子資財事於重科之輩者雖召渡守護

御成敗式目◆北条泰時の主導のもと、貞永元年（1232）に制定された成文法で、鎌倉幕府の裁判基準となった。該当部分は第４条で、守護が勝手に罪人の所領を没収することを禁止している　国立公文書館蔵

01

御恩《ごおん》と奉公《ほうこう》——主従間で完結しない関係

鎌倉幕府の根幹は御家人制《ごけにんせい》、すなわち将軍と御家人との主従関係にあり、両者の間でやり取りされる御恩《ごおん》と奉公《ほうこう》が鎌倉幕府の諸活動を支えていた。御恩業務を専掌する恩沢《おんたく》（御恩）奉行《ぶぎょう》が置かれ、安達泰盛《あだちやすもり》ら有力御家人がこれに任じられていたことは、御恩の授受が重視されていたことを示している。

将軍から御家人に与えられる御恩の代表は所領の給与であり、多くの場合、それは地頭職《じとうしき》への補任《ぶにん》という形をとった。御家人制の画期性は土地（所領）給恩を媒介とする主従関係であった点にあり、かつそれが地頭制として荘園制《しょうえんせい》に組み込まれている点が特徴である。また将軍によって所領・所職《しょしき》の確認を受けること（「安堵《あんど》」）も御恩とみなされた。さらに朝廷の官位を帯びることは御家人たちには栄誉とされていたので、将軍から任官《にんかん》・叙位《じょい》の推薦を受けることも御恩とみなされた。幕府には任官を担当する官途奉行《かんとぶぎょう》も置かれていた。

なお、幕府の裁判所に提訴して法的保護を受けることは、御家人たちにとっては公権力による保護というよりも、主人（将軍）による保護・恩寵とみなされていたとして、これも御恩と認める説がある。なかでも再審手続きの一つ、庭中《ていちゅう》は将軍への内々の直訴とみなされていた。

御家人による奉公の第一は、戦士として将軍の命令に応じて戦場に赴くことであった。内裏《だいり》や院御所《いんごしょ》の警備にあたる京都《きょうと》大番役《おおばんやく》も平時の軍役《ぐんやく》とみなされていた。将軍御所の警備にあたる鎌倉番役《かまくらばんやく》や将軍の外出時の供奉《ぐぶ》、将軍御所内でのさまざまな番役も課された。また、鶴岡八幡宮《つるがおかはちまんぐう》の放生会《ほうじょうえ》や京都の新日吉社《いまひえしゃ》の小五《こさ》月会《つきえ》でおこなわれる流鏑馬《やぶさめ》も御家人が勤めることになっていた。こうした身体的奉仕ばかりでなく、経済的奉仕も求められた。将軍御所や鶴岡八幡宮などの修理・造営に際しては、修理・造営そのものが御家人に割り当てられる場合と、経費を割り当てられる場合が

『鳥獣人物戯画』に描かれた流鏑馬◆馬を走らせながら３箇所の的を射る騎射芸。武術の鍛錬であるとともに、神事に奉納される儀礼でもあった　京都市右京区・高山寺蔵

三十三間堂◆平清盛が後白河院のために造営したことで知られるが、現在の建物は鎌倉時代に再建されたもの。鎌倉幕府が御家人たちに造営費用を割り当てて作らせた　京都市東山区

若宮大路御所跡◆若宮大路御所は嘉禎２年（1236）から元弘３年（1333）の幕府滅亡まで将軍御所として用いられた。将軍御所の修理・造営や警備、そこで営まれる儀式の多くは、御家人役によって支えられていた　神奈川県鎌倉市

あった。正月垸飯《おうばん》や春秋の将軍御所の模様替えなど幕府の年中行事《ねんじゅうぎょうじ》にかかる費用の拠出も求められた。また幕府は「関東御訪《かんとうおとぶらい》」などとして朝廷にさまざまな財政支援をおこなっていたが、その経費も御家人に割り当てられていた。これら御家人による奉公は御家人役と総称されたが、なかでも経済的奉仕は「関東御公《かんとうみくう》事《じ》」とよばれることもあった。

ただし、御恩と奉公の内実をみていくと、主従関係の枠組の中では説明できない問題があることにも注意しなければならない。その一つが西国御家人の問題である。西国御家人は地頭職に任じられるのが稀なうえ、幕府から所領・所職の安堵を受けることも少なかったことが指摘されている。その一方で御家人役は課されていることから、西国御家人にとっての奉公は、御恩とやりとりするものというよりも、御家人身分を保持するための手段だったと指摘されている。

また御家人役の中には、必ずしも主人（将軍）を直接の奉仕対象とはしないものがあることも注意される。その代表が京都大番役であるが、これは御家人役の中でもっとも重視され、将軍を奉仕対象とする鎌倉番役よりも優先されたことが指摘されている。将軍が京都大番役に象徴される国家的な治安維持にあたる地位にあったため、京都大番役を勤仕することはその従者（御家人）の務めではあるが、御家人ないし御家人制が単なる従者集団ではなく、国家的な職務を担う特別な集団として位置づけられていたことを意味していよう。

さらに注目されるのは、鎌倉時代後半になると、所領を失ってしまった「無足《むそく》の御家人」が現れることである。将軍に対する奉公は所領を経済的基盤としてなされるものであるから、「無足の御家人」は奉公の手段を失った存在、御恩と奉公のやりとりによって成り立つ主従関係の枠内から脱落せざるをえない存在であった。それにもかかわらず幕府は、先祖代々御家人であったという由緒にもとづいて、彼らを御家人と認めているのである。御恩と奉公という関係を離れて、御家人ないし御家人制は社会的身分となっていたことをよみとることができよう。

（高橋典幸）

【参考文献】
青山幹哉「鎌倉幕府の「御恩」と「奉公」」（『信濃』三九―一一号、一九八七年）
筧雅博「「内々」の意味するもの」（網野善彦ほか編『ことばの文化史 中世四』平凡社、一九八九年）
清水亮『鎌倉幕府御家人制の政治史的研究』（校倉書房、二〇〇七年）
高橋典幸『鎌倉幕府軍制と御家人制』（吉川弘文館、二〇〇八年）
七海雅人『鎌倉幕府御家人制の展開』（吉川弘文館、二〇〇一年）

御恩と奉公概念図

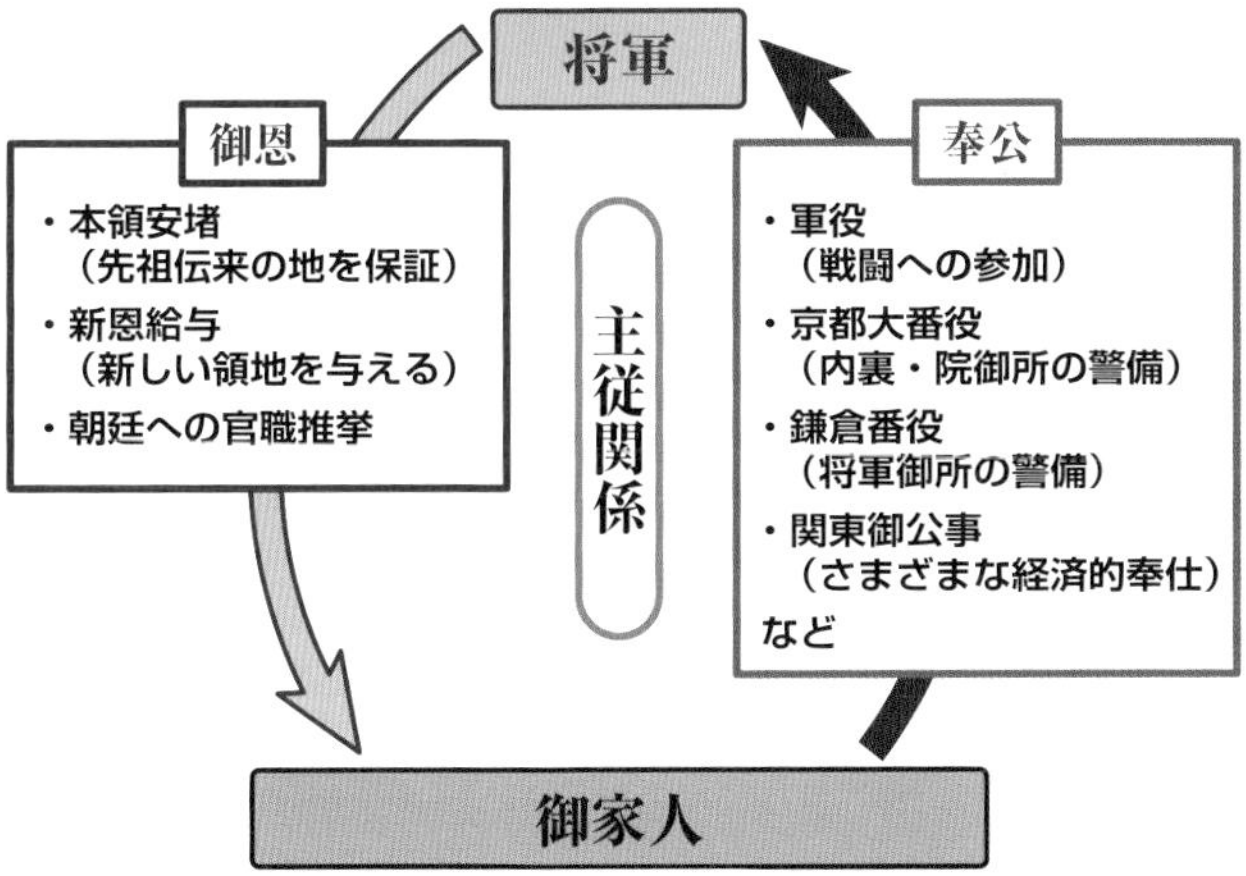

安達泰盛に文永の役の戦功を述べ恩賞を求める竹崎季長◆『蒙古襲来絵詞』
宮内庁三の丸尚蔵館蔵　熊本県立美術館『蒙古襲来絵詞展』図録（2001 年）より転載

02
御成敗式目《ごせいばいしきもく》——裁判の判決基準か、武家の基本法典か

御成敗式目《ごせいばいしきもく》（貞永式目《じょうえいしきもく》）は、貞永《じょうえい》元年（一二三二）八月十日に、執権《しっけん》北条泰時《ほうじょうやすとき》主導のもと幕府が制定した成文法である。

『吾妻鏡《あずまかがみ》』は藤原不比等《ふじわらのふひと》が修訂した養老律令《ようろうりつりょう》を「海内亀鏡《かいだいきけい》」と評したうえで、これと比肩させて御成敗式目を「関東鴻宝《かんとうこうほう》」と称揚している。今日、朝廷の律令と並び立つ武家の基本法典として式目を理解している人も多いだろう。

しかし、式目制定の所期の目的が、律令に比肩する武家の基本法典の創出にあったとは必ずしも言えない。ましてや、武家政権が朝廷に対抗して、独立した法秩序を樹立しようなどと目論んでいたわけでは決してない。

というのも、式目の条文数は五十一であり、律令格式《きゃくしき》のように国政全般を規定するような網羅性や体系性はない。現存する五十一箇条は後に増補・再編されたもので、制定当初の五十一箇条はさらに内容が乏しかったとの説もある。泰時自身が「雑務御成敗《ざつむごせいばい》」といい、『吾妻鏡』には「関東諸人訴訟」とあるように、裁判の判決基準というのが基本的な性格である。

また泰時は、式目の制定とは「武家の人への計らい」のためであり、「京都の御沙汰《ごさた》」や「律令のおきて」を改変する意図などないことも言明している。つまり、適用対象は幕府に帰属する人間（地頭《じとう》・御家人《ごけにん》）に限定されており、そうでない場合、これまでと変わらず朝廷の法が有効なのであった。加えて地頭・御家人であっても、式目に規定がない事案については、あくまで朝廷の法が適用された。

では、なぜこの時期に地頭・御家人を対象に、裁判の基準が策定されたのであろうか。

承久《じょうきゅう》の乱《らん》では、一族が敵と味方に分裂し紛争の火種を生んだし、何より乱後、地頭・御家人の西国進出が加速して、荘園領主《しょうえんりょうしゅ》である貴族や寺社との紛争が激増した。乱後、執権就任までの間、泰時は六波羅探《ろくはらたん》

題《だい》として在京し、頻発する紛争の処理に腐心してきたから、裁判基準を整理し明示することの重要性を痛感していたに違いない。また、制定当時の寛喜《かんぎ》年間（一二二九〜一二三二）は、大飢饉が発生し、天変《てんぺん》や地震も頻発していたから、社会の安定や改良を推進しなければならないという政治意欲にも火がついていたであろう。非常時における徳政《とくせい》への志向も、式目制定の背景にあったと思われる。

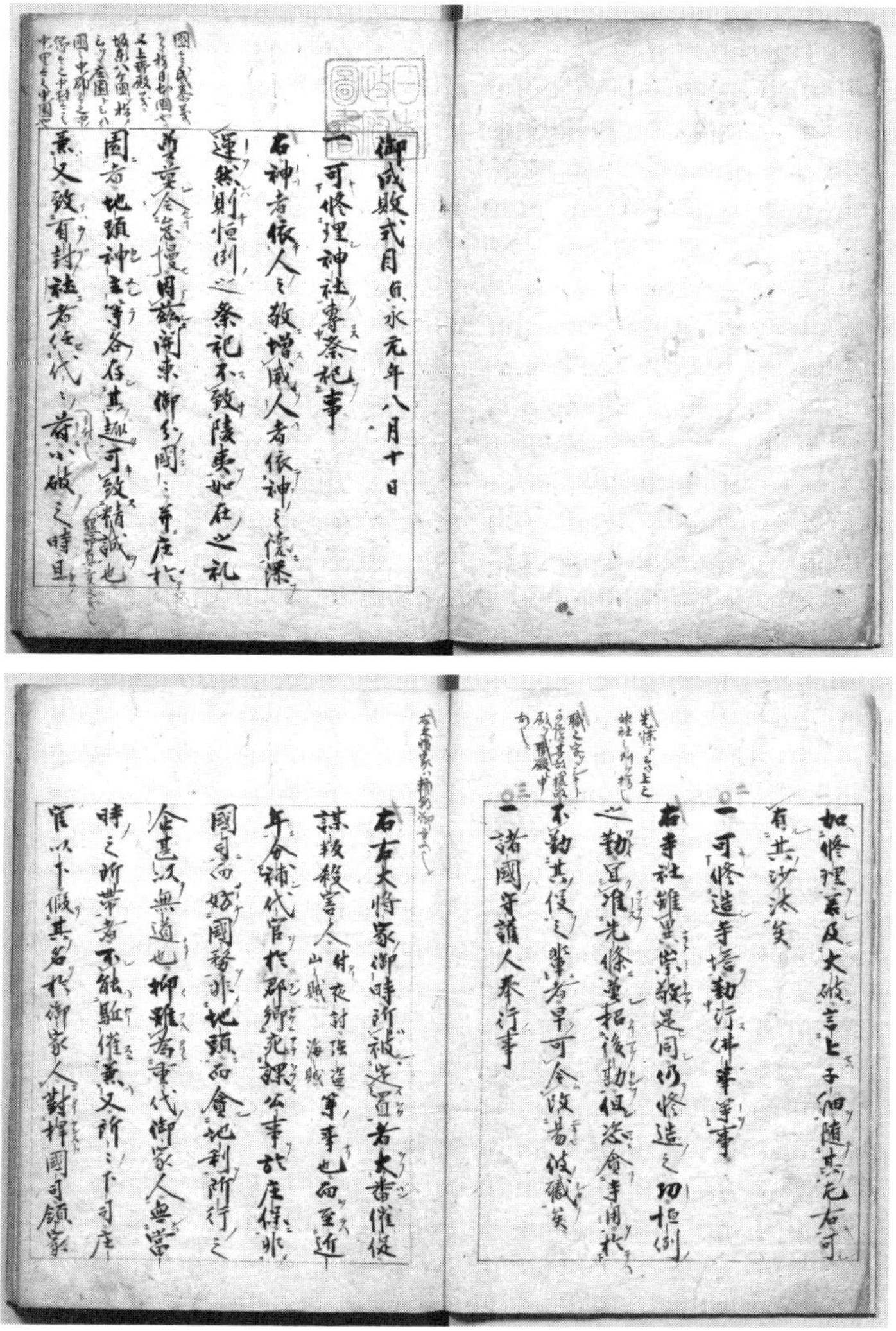

御成敗式目（冒頭部分）◆慶長12年（1607）書写本　後世になると有職故実の対象や手習いの手本ともなったため数多くの写本や版本が作られた　国立公文書館蔵

泰時によれば、武士は難解な漢文で書かれた律令格式を理解することができず、ひとたび朝廷の裁判にかかれば、法律をつかさどる朝廷の法曹官僚の法解釈に振り回されて、不利益を被ることが少なくなかった。地頭・御家人の不安や不満を解消するため、武士が受け入れやすい裁判基準の策定に着手したのである。

裁判基準を明文化するにあたり、重視したのは幕府の慣例や武士社会の慣行であった。特に強調されたのが「大将家《だいしょうけ》の例」などと記される源頼朝《みなもとのよりとも》の先例である。一方、全五十一箇条のうち三箇条に「法意《ほうい》」（＝朝廷の法）・「法家《ほうか》」（＝朝廷の法曹官僚）への言及も見られるが、いずれもジェンダーに関わる条文である。このうち二箇条には頼朝の先例が対置されており、論点の一つに、ジェンダーをめぐる律令の規定と武士の感覚とのギャップがあったと言えよう。

制定から一年と経たずに、実際に式目の条文を持ち出して法廷闘争を繰り広げる訴訟当事者の動向が史料からうかがえるようになる。注意されるのは、本来式目に拘束されない荘園領主側の人間も式目を持ち出している点である。すなわち、地頭・御家人の保護・救済も考慮して策定された式目であったが、むしろ対立する荘園領主が地頭・御家人の不法を糾弾し、規範を遵守させるための根拠として式目を積極的に活用したのである。

こうして、式目は幕府内部の裁判基準という本来の制定意図を超え、幕府権力の社会的浸透と同期しながら、ひろく世間に受容されていった。鎌倉時代後期になると、「公家《くげ》・武家《ぶけ》御禁制《ごきんせい》」のように朝廷の法と幕府の法とを並列的・融合的に捉える意識が社会に広がる。また、式目の条文と内容的に対応する律令の条文とを比較対照させながら、両者を統一的・整合的に理解しようとする式目注釈学が登場する。朝廷権力に匹敵しつつあった幕府が制定した成文法であるがゆえに、式目もまた朝廷の律令格式に比肩する幕府の基本法典として認知されていくことになったのである。

（下村周太郎）

【参考文献】

上杉和彦『日本中世法体系成立史論』（校倉書房、一九九六年）
高谷知佳ほか編『日本法史から何がみえるか』（有斐閣、二〇一八年）
野村育世『ジェンダーの中世社会史』（同成社、二〇一七年）

03 鎌倉幕府追加法——式目《しきもく》と法の群

御成敗式目《ごせいばいしきもく》は総計五十一箇条であるが、鎌倉幕府法は当然これで十分というわけではなかった。現に式目制定時から北条泰時《ほうじょうやすとき》は、「これ（式目）に漏れたことがあれば、おって追加されるでしょう」（貞永《じょうえい》元年八月八日付書状）と、増補改訂作業の必要を述べている。式目以外の幕府法を、「式目追加」、ないし「追加法」などという。また、追加法を集めた書物を、「追加集」と呼んでいる。

北条泰時画像◆北条義時の跡を継ぎ執権となった泰時は、御成敗式目の制定を主導するなど政治家として有能だったこともあり、武家のみならず同時代の公家からの評価も高かった　『英雄百首』　個人蔵

　本来の「式目追加」とは、鎌倉幕府の手元にある御成敗式目の巻末に、評定《ひょうじょう》の決定を経て書き込まれていた特別な追加法を指すようである。いわば物理的に「追加」されたものであった。本来の「式目追加」と思しき追加法を見ると、式目の規定を参照しながら、その内容を補充、ないし改変するものがままある。また、文永《ぶんえい》の徳政令《とくせいれい》のように、破棄したことを明示する法も本来の「式目追加」には含まれている。鎌倉幕府は、式目制定以後も、法規の維持管理《メンテナンス》をそれなりにしていたのである。これら本来の「式目追加」は、三十箇条程度が確認されている。

　しかし、現在鎌倉幕府の追加法とみなされているのは、本来の「式目追加」だけではない。現在追加法を参照するうえでもっとも便利なのは、佐藤進一《さとうしんいち》・池内《いけうち》義資《よしすけ》編『中世法制史料集　第一巻　鎌倉幕府法』（岩波書店）であり、七百箇条以上が収集され、校勘がほ

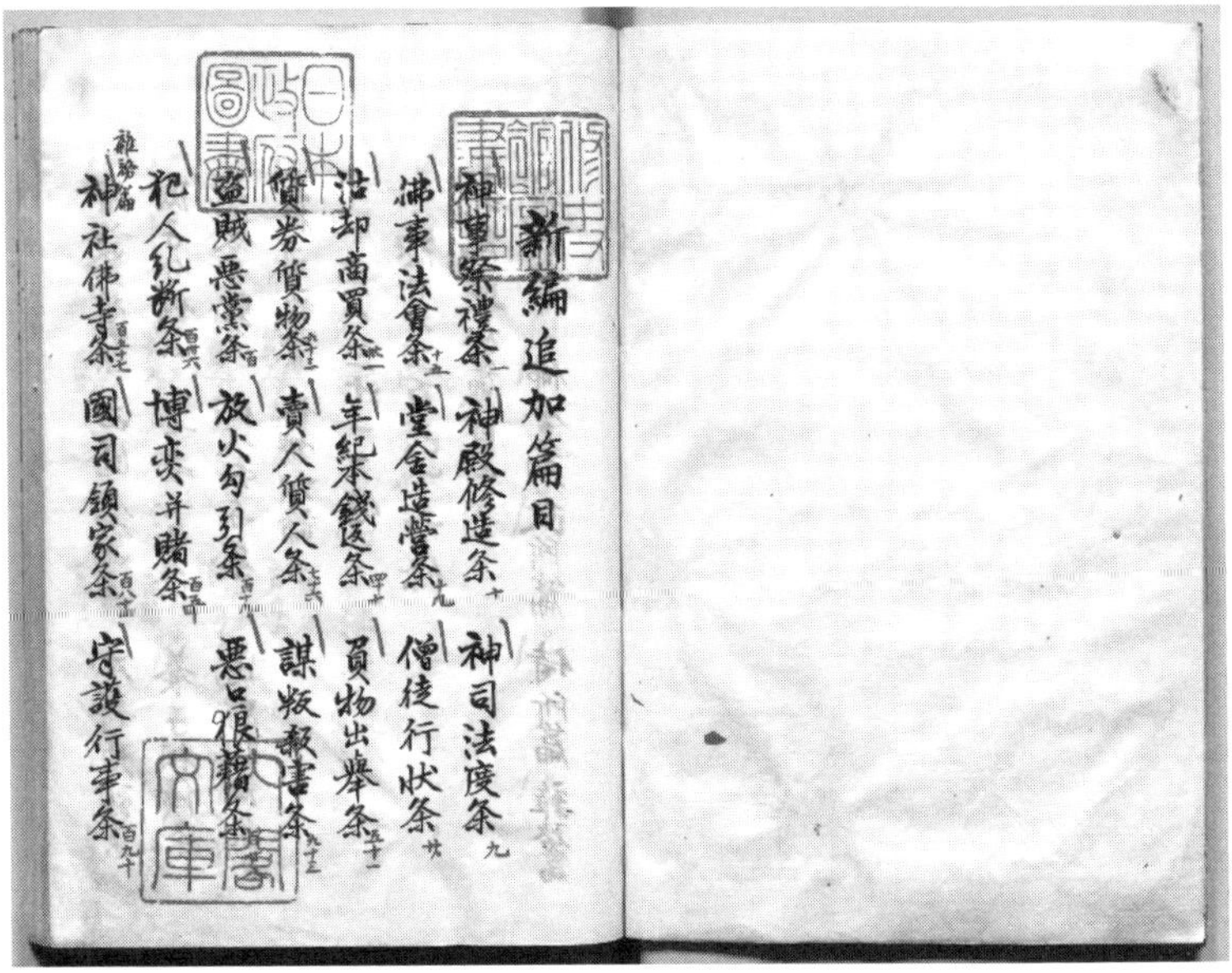
新編追加篇目
神事祭禮条　神殿修造条　神司法度条
佛事法會条　堂舎造営条　僧徒行状条
沽却商買条　年紀米錢条　質物出挙条
質券質物条　売人質人条　謀叛殺害条
盗賊悪党条　放火匂引条　悪口狼藉条
犯人糺断条　博奕并賭条
雑務篇
神社佛寺条　國司領家条　守護行事条

『新編追加』冒頭の編目◆国立公文書館蔵

どこされた本文が掲載されている。

これら追加法を多く伝えてきたのは、種々の追加集の古写本であるが、二十箇条程度の短いものから、四百箇条弱をおさめる大部のものまで非常に多様であり、収録追加法も相互に出入りがあって、一定しない。『中世法制史料集』で集められた箇条以上にどれだけ未知の追加法があるのか、全体像はよくわからないのである。そして、おそらくは、鎌倉幕府の当局者も同様に追加法の全体を把握しきれていなかった。とある幕府裁判の事例では、ある一方の当事者が持ち出してきた追加法を、偽物であるともう一方の当事者が非難し、しかもその当否を幕府側がなんの判断もしていない。現代の『法令全書《ほうれいぜんしょ》』のような鎌倉幕府の法全体を網羅したものは存在せず、幕府は、自らがどのような法を制定したかを組織立って記録しきれていなかったと指摘されている。

そして、このような「式目追加」にあらざる凡百の追加法群は、法と法とのあいだの整合性もあまり調整されておらず、場当たり的に発したものや、一度発したものの結局効力が存続しているかどうかよくわからないものまで、雑多なものが含まれており、近現代の法の常識とは著しく異なる様相を呈している。

つまり、幕府の法には二層があった。中核部分には幕府側がある程度維持管理していた式目五十一箇条および「式目追加」があり、その周辺部には幕府が把握しきれない追加法群があった。

少なくとも後者の追加法群は、幕府によってひろく公布・伝達の手続きが取られたとは限らない。当事者たちはこれら幕府法をどうにかして入手し、法廷に持ちこみ、自分たちの利益と主張を裏付けるための道具として使用していったのである。さきの裁判の事例では、ある一方の当事者が出してきた追加法は、非御家《ひごけ》人《にん》とおぼしき人物から入手したものであった。もしその人物が追加法をもっていなかったら、あるいはその人物と当事者のあいだにツテがなかったら、裁判の場にその法が持ち出されることはなかったであろう。中世法の世界では、たまたま法を知っているものが利益を得るのである。

御成敗式目と同じく、鎌倉幕府追加法は室町時代になっても効力を失わず、追加集は書写され続けていった。室町中期には、追加法を内容ごとに分類した『新《しん》編《ぺん》追《つい》加《か》』という追加集も編纂されており、後代よく用いられた。かくして現代に追加法が伝わっている。

（木下竜馬）

【参考文献】

笠松宏至『日本中世法史論』（岩波書店、一九七九年）

笠松宏至『法と言葉の中世史』（平凡社ライブラリー、一九九三年）

前川祐一郎「日本中世の幕府「追加法」生成と伝達の構造」（林信夫ほか編『法が生まれるとき』創文社、二〇〇八年）

04 訴訟制度——発達した裁判

鎌倉幕府の特徴は、発達した訴訟制度である。

鎌倉末期に記された幕府法制手引書の『沙汰未練《さたみれん》書《しょ》』では、訴訟の三類型が載せられている。第一の所《しょ》務《む》沙汰《ざた》は所領の田畠・土地の訴訟を、第二の雑務沙汰《ざつむざた》は借金や土地売買、奴婢関係などの訴訟を、第三の検《けん》断沙汰《だんざた》は謀反、夜討、強盗など重大犯罪を中心とした訴訟を扱うもので、鎌倉での審理機関はそれぞれ引《ひき》付《つけ》、問注所《もんちゅうじょ》と政所《まんどころ》、侍所《さむらいどころ》である。

先行研究では、所務沙汰は不動産を扱う民事訴訟、雑務沙汰は債権・動産を扱う民事訴訟、検断沙汰は刑事訴訟としておおむね理解されてきた。しかし三者の区分けははっきりとしておらず、苅田狼藉《かりたろうぜき》や路次《ろじ》狼藉がある時期に検断沙汰へ移管されたように、流動的であった。さまざまな訴訟を処理するなかで、まず所務沙汰の領域が確立し、検断沙汰や雑務沙汰の領域が少しずつ分出していったのであろう。

以下、もっとも整備された所務沙汰を例に、基本的な訴訟手続きを概略したい。まず訴人《そにん》（原告）は自らの主張をまとめた訴状を問注所に提出する。訴えが受理され、所定の部局（この場合は引付）に係属すると、論人《ろんにん》（被告）に対して反論をうながす問状《といじょう》が発給される。論人は訴状に対して反論する陳状《ちんじょう》を提出する。引付はさらに訴人に対して書面の提出を求める。こうしたやりとりを「訴陳《そちん》に番《つが》う」といい、交わされた文書を訴陳状《そちんじょう》という。通常は三問三答を限度とする。

次に、この訴陳状をもとにして口頭弁論（対決）に移る。引付から出頭を促す召文《めしぶみ》が出され、引付の座において両当事者が対決し、奉行人による問答を受ける。訴陳状とこれらの問答の結果を受け、引付での評議がなされる。この評議が評定《ひょうじょう》に上程され、裁決がなされれば一件落着であり、裁許状《さいきょじょう》（判決書）が渡される。これが一連の流れである。裁許状には両当事者の主張と根拠、そして幕府としての判断が載せられ、長文化した。

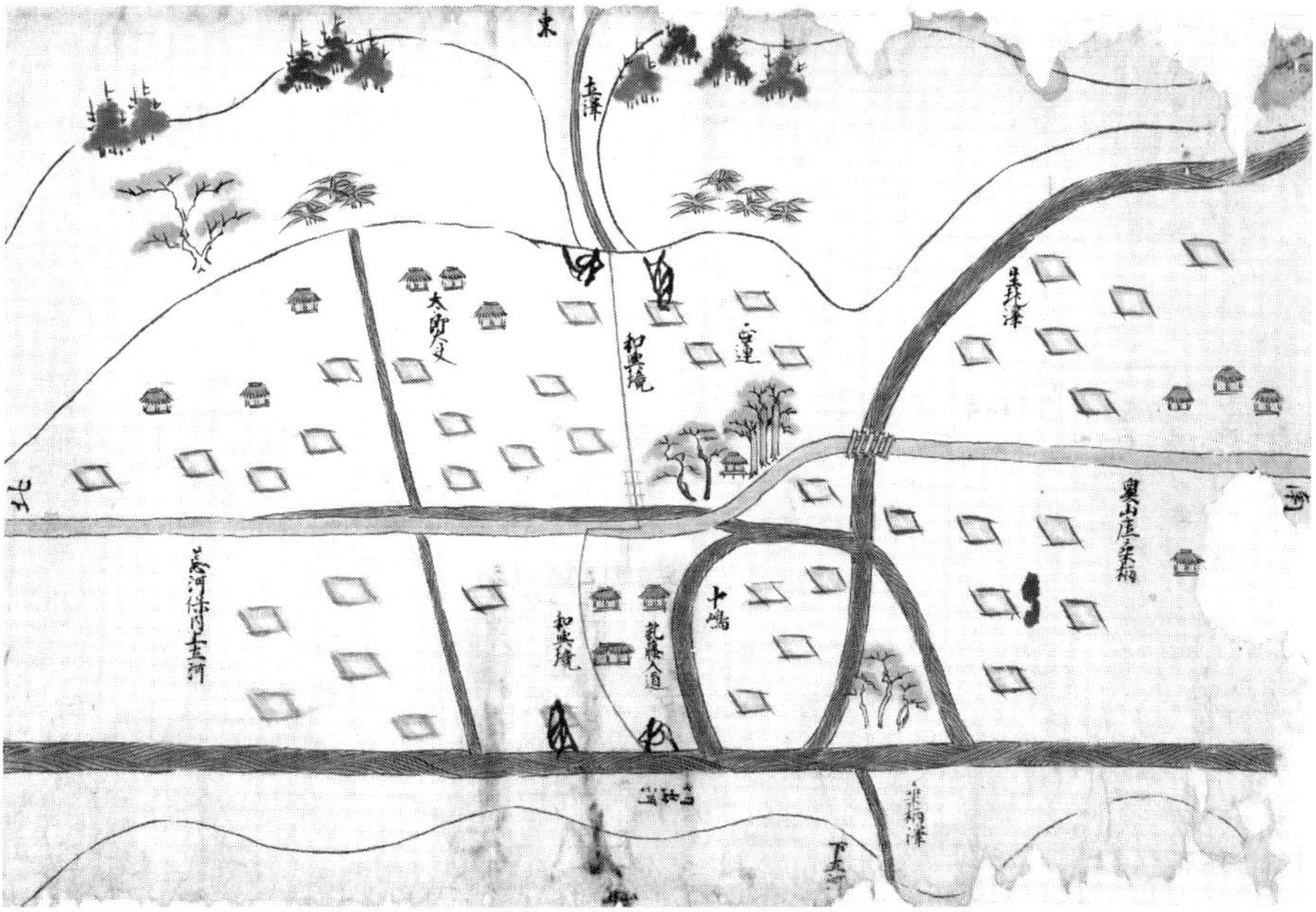

奥山荘・荒川保堺相論和与絵図◆奥山荘と荒川保で堺をめぐって相論が起こり、和解後、境界線を決める際に作成された絵図。真ん中に引かれた朱線が堺で、線の両端には執権北条貞時と連署大仏宣時の花押が据えられている　新潟県立歴史博物館蔵

伝阿仏尼の墓◆阿仏尼は藤原為家の側室で、為家の死後、播磨国細川荘の領有をめぐって二条為氏と相論となると、幕府に訴えるため鎌倉に下向した。子に関東祗候の廷臣・冷泉為相がいる　神奈川県鎌倉市

この過程を補強するいくつかの制度があった。たとえば問状や召文を無視しつづければ、召文違背の咎、あるいは難渋の咎などが適用され、自動的に敗訴になる場合もあった。また、いったん判決が出たあとも、審理のやり直しを求める覆勘《ふっかん》、越訴《おっそ》などの救済措置が設けられていた。もっとも、「北条泰時執権時代の決定は改めない」というような不易法《ふえきほう》がしばしば発布され、判決の確定性は増していった。

ちなみに、鎌倉幕府の裁判においては、当事者が訴訟の進行を主導的に担う部分が大きく、証拠の収集や立証はおろか、問状の送達すら訴人の責任でおこなわなくてはならなかった。これを当事者主義という。

そして非常に特徴的なのは、裁許の内容を実現させる執行（施行《しぎょう》、遵行《じゅんぎょう》、沙汰付《さたしつけ》）のありかたである。鎌倉中期までは驚くべきことに、強制執行のしくみはなかった。勝訴者は受け取った裁許状を現地で披露し、自力で権利を確保しなくてはならなかったのである。当時の典型的な強制執行は、なかば合戦に近い。係争地を引き渡さず、武装して現地に立て籠もる敗訴者に対し、執行する側もある程度の武力が必要であった。

鎌倉後期から、鎌倉幕府が現地の御家人《ごけにん》や在京人《ざいきょうにん》、守護《しゅご》などを使節《しせつ》として任じ、裁許を執行させる使節遵行《じゅんぎょう》の制度が整えられた。また、裁許に従わないものに対し所領没収などの罰を与える下知《げち》違背の咎の制度も運用されるようになった。もっとも制度がすべて想定通りに運用されたわけではないが、幕府裁判の強制力は増した。

また一方で、鎌倉後期には、当事者どうしが和解する和与《わよ》が増加し、幕府もこれを推奨した。和与の場合には、両当事者が作成する和与状が裁許状のなかにほぼ丸ごと引用され、当事者間の合意を幕府が保証することとなった。逆に、幕府の裁許を経ない和与は私和与とみなされ、幕府裁判上での保護を受けないこととなった。

（木下竜馬）

【参考文献】
石井良助『新版　中世武家不動産訴訟法の研究』（高志書院、二〇一八年）
佐藤進一『鎌倉幕府訴訟制度の研究』（岩波書店、一九九三年、初刊一九四三年）

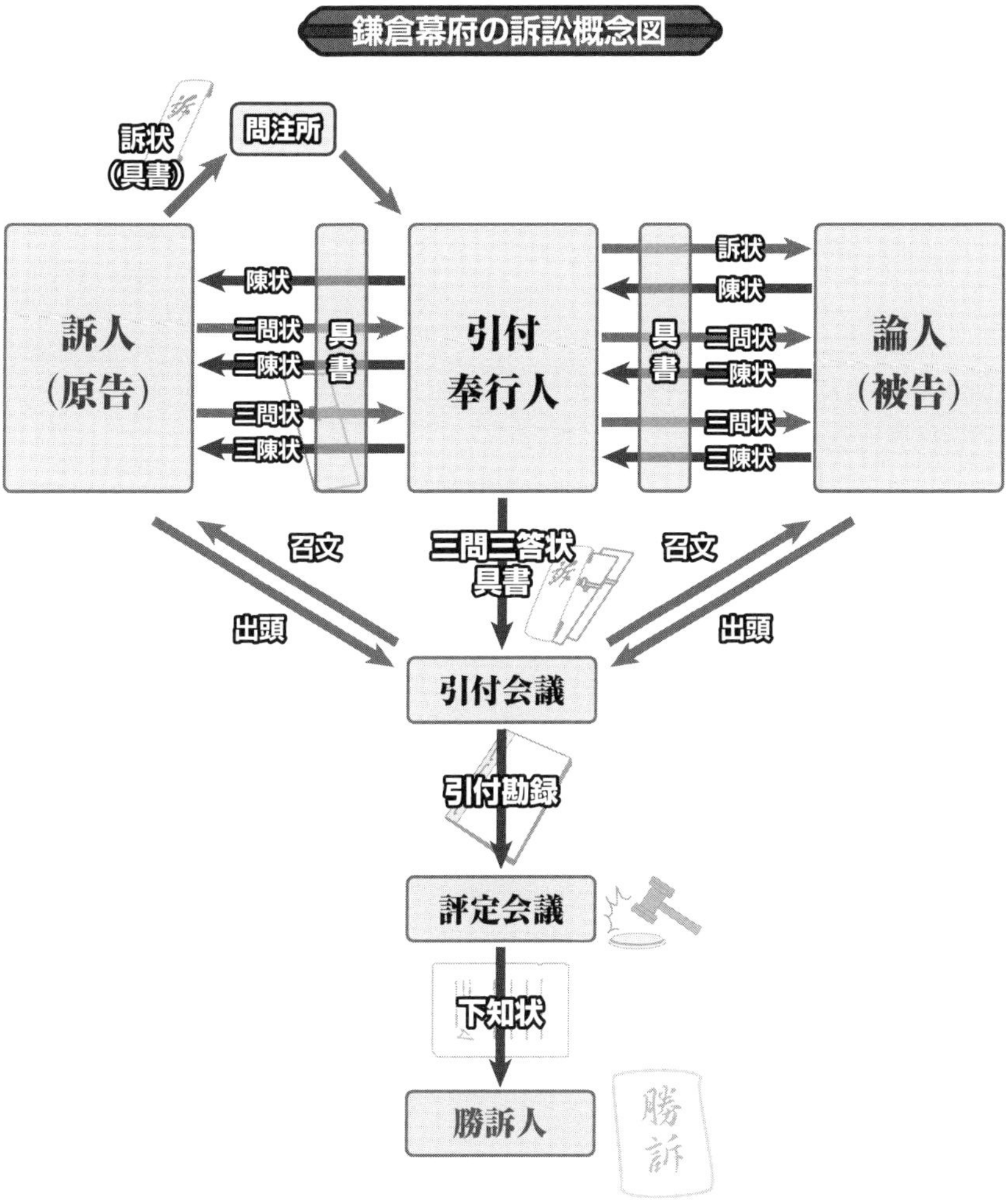

※『週刊朝日百科日本の歴史８　徳政令―中世の法と裁判』（朝日新聞出版、1986 年）掲載図を参考に作成

05 経済基盤――幕府と朝廷を支えた「屋台骨」

鎌倉幕府の運営を支えた経済基盤は、将軍家の直轄領と御家人《ごけにん》の所領《しょりょう》だった。前者は、将軍＝鎌倉殿《かまくらどの》を本所《ほんじょ》（荘園《しょうえん》・国衙領《こくがりょう》の重層的な領有体系のなかで実効支配権を持つ者）とする荘園・国衙領で関東御領《かんとうごりょう》と呼ばれ、年貢を取得できた。

関東御領の起源は、源頼朝《みなもとのよりとも》が挙兵以来、軍事的に占領してきた東国の荘園・国衙領＝東国領である。寿永《じゅえい》二年（一一八三）の十月宣旨《せんじ》により、東国領は本来の荘園領主・知行国主《ちぎょうこくしゅ》（一国の国務権と官物《かんもつ》取得権を持つ者）のもとに回復されることになったが、翌年にはこれらの所領のなかから頼朝が「便宜の御領」と朝廷に申請したものについては、幕府の所領と認められた（元暦《げんりゃく》元年〈一一八四〉三月七日高階泰経《たかしなやすつね》奉書《ほうしょ》）。また、この年には五百余か所の平家没官領《へいけもっかんりょう》が頼朝の管轄下に入ることになり、「便宜の御領」の東国領と平家没官領が関東御領となったのである。

関東御領のうち、将軍＝鎌倉殿を本所とする国衙領の多くは、将軍＝鎌倉殿を知行国主とする関東知行《かんとうちぎょう》国《こく》にあった。関東知行国は、幕府が平家没官領を得た元暦元年に武蔵《むさし》・駿河《するが》・三河《みかわ》の三か国として出発した。翌年の平家追討後に、武蔵・駿河・相模《さがみ》・伊豆《いず》・上総《かずさ》・信濃《しなの》・越後《えちご》・伊予《いよ》の八か国が与えられ、さらに文治《ぶんじ》二年（一一八六）には伊予が下総《しもうさ》に代わり、新たに豊後《ぶんご》も追加されて九か国になった。これらのうち豊後のみが九州にあったが、これは源義経《よしつね》の追討にともなう臨時的な措置であり、追討が一段落すると頼朝は豊後を辞退した。その後、文治五年に平泉藤原《ひらいずみふじわら》氏を滅ぼし、陸奥《むつ》・出羽《でわ》を幕府直轄地とすることが認められると、上総・信濃・越後・下総の四か国が離れ、武蔵・相模・伊豆・駿河の四か国が関東知行国として定着した（なお、建保《けんぽう》四年〈一二一六〉一月～承久《じょうきゅう》元年〈一二一九〉一月にかけて陸奥が加わった）。

御家人の所領内に設定された定田《じょうでん》＝公田《こうでん》は、御家人に課せられた公事《くじ》である御家人役のうち、経済的課

幕府の経済基盤の概念図

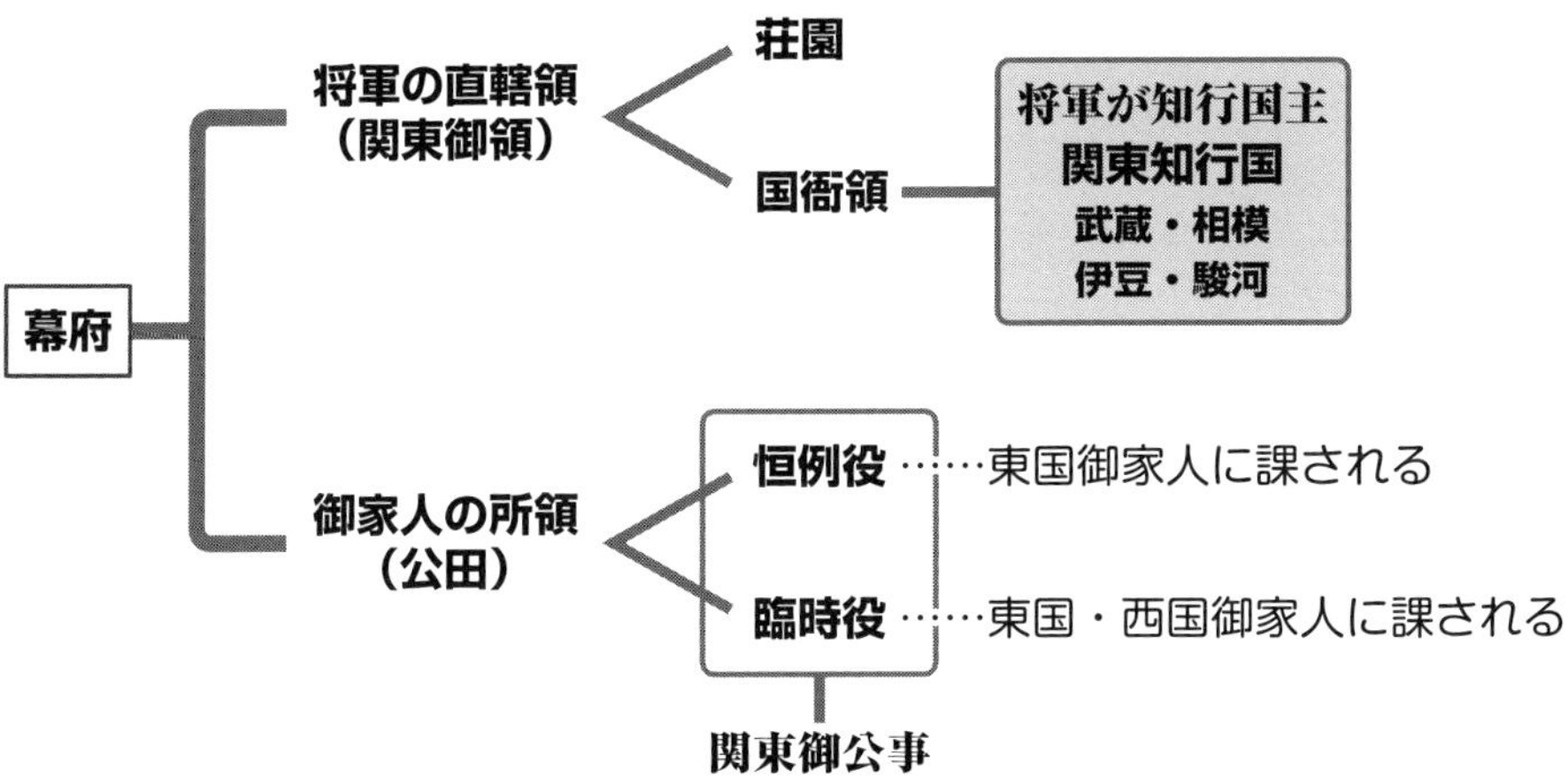

役である関東御公事《かんとうみくうじ》の負担基盤とされた。関東御公事には恒例役《こうれいやく》と臨時役《りんじやく》があったが、前者は幕府の日常的運営を支える課役で、東国御家人の所領（開発私領《かいはつしりょう》）に課された。一方後者は、将軍御所や幕府に関連する寺社などの造営のほか、朝廷への経済援助（関東御《かんとうお》訪《とぶらい》）も含む課役で、東国・西国双方の御家人の所領に課された。

このように御家人の所領も、幕府の運営を支える（さらには朝廷の運営も支える）経済基盤となったのだが、御家人のなかで最大の所領群を集積したのが、幕府内部の権力闘争を勝ち抜いた得宗家《とくそうけ》を中心とする北条《ほうじょう》氏だった。したがって、北条氏の所領群は、幕府さらには朝廷をも支える最大の経済基盤になったといえる。なかでも、陸奥国は大半が北条氏所領に編入されたため、同国の北条氏所領群はその最たるものとなった。

十三世紀後半になると、モンゴルの襲来や悪党《あくとう》の蜂起といった軍事的対応を要する事件が増大したため、幕府はそれに必要な兵粮米《ひょうろうまい》や兵粮銭《ひょうろうせん》を「天役《てんやく》」という名目の臨時役として御家人に課すようになった。しかしそれは、御家人の所領にもとづくものではなく、

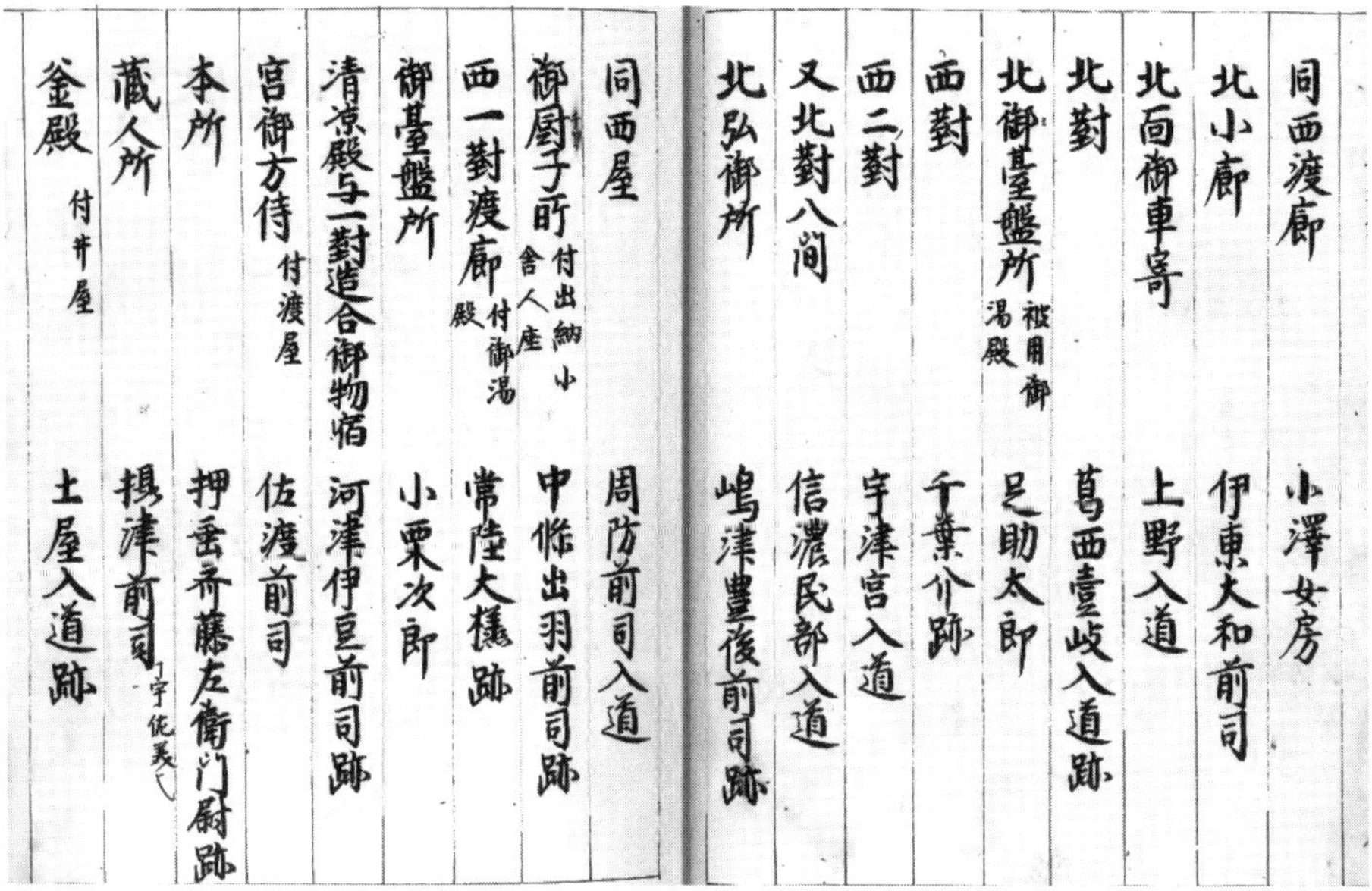
同西渡廊　小澤女房
北小廊　伊東大和前司
北面御車寄　上野入道
北對　葛西壹岐入道跡
北御臺盤所 被用御湯殿　足助太郎
西對　千葉介跡
西二對　宇津宮入道
又北對八間　信濃民部入道
北弘御所　嶋津豊後前司跡
同西屋　周防前司入道
御厨子所 付出納小舎人座　中條出羽前司跡
西一對渡廊 付御湯殿　常陸大掾跡
御臺盤所　小栗次郎
清涼殿与一對道合御物宿　河津伊豆前司跡
宮御方侍 付渡屋　佐渡前司
本所　押垂斎藤左衛門尉跡
藏人所　摂津前司（宇佐美）
釜殿 付井屋　土屋入道跡

『吾妻鏡』建長２年３月１日条に記された「閑院内裏造営注文」◆「北小廊」は伊東大和前司、「西二対」は宇津宮入道というように、閑院内裏の造営が御家人たちに割り当てられている　国立公文書館蔵

御家人という身分に対して課されたものであり、所領の規模にかかわらず大きな経済力を持つと認識した御家人に対しては、北条氏と同様にそれ相応の幕府への財政的奉仕を求めたのだった。しかし、充分な見返りを与えられないまま、軍事的・経済的負担のみを強いられることのような課役は御家人の反発を招き、幕府＝北条氏からの離叛を招く一因となった。

（田中大喜）

【参考文献】

上杉和彦「中世国家財政構造と鎌倉幕府」（同『鎌倉幕府統治構造の研究』校倉書房、二〇一五年、初出一九九六年）

上杉和彦「鎌倉時代の銭貨流通をめぐる幕府と御家人」（同右書、初出二〇一三年）

五味文彦「武家政権と荘園制」（網野善彦ほか編『講座日本荘園史２　荘園の成立と領有』吉川弘文館、一九九一年）

清水亮「鎌倉幕府御家人役賦課制度の確立過程」（同『鎌倉幕府御家人制の政治史的研究』校倉書房、二〇〇七年、初出一九九六・二〇〇二年）

七海雅人「鎌倉幕府の陸奥国掌握過程」（『羽下徳彦先生退官記念論集　中世の杜』東北大学文学部国史研究室中世史研究会、一九九七年）

06

徳政令《とくせいれい》——主眼は御家人所領の移動統制

徳政《とくせい》とは「徳《とく》のある政治」、すなわち善政一般を意味する言葉であるが、中世では債権・債務関係を破棄し、土地や物を元の持ち主に戻すことも善政の一つとみなされ、それを認める法令は徳政令《とくせいれい》と呼ばれた。鎌倉幕府は文永《ぶんえい》四年（一二六七）以来、何度か御家人所領の取り戻しを発令しており、中でも永仁《えいにん》五年（一二九七）に出された永仁の徳政令は当時から「徳《とく》政《せい》御沙汰《ごさた》」と呼ばれ、徳政令の嚆矢とみなされている。なお永仁の徳政令以後、鎌倉幕府が徳政令を発した形跡は確認されていない。

鎌倉幕府の徳政令は、分割相続の進行やモンゴル襲来・異国警固番役《いこくけいごばんやく》の負担などによって窮乏化し、所領を手放さざるをえなくなった御家人《ごけにん》たちを救済するために発令されたものと理解されてきたが、御家人統制令としての性格も見逃すことはできない。永仁の徳政令の法文を検討すると、実は御家人所領の取り戻し令は付帯事項にすぎず、法令の主文は御家人たちが所領を売却したり質入れしたりすることを禁じることにあった。すなわち御家人たちが自由に所領を手放すことを禁じること、御家人所領の移動を統制することに徳政令の主眼はあったのである。

御家人所領は御家人たちが幕府に奉公するための経済的基盤であったため、幕府は早くから御家人所領の移動に関心を払っていた。御成敗式目《ごせいばいしきもく》第四十八条では、御家人が幕府から与えられた所領（恩領）を売却することを禁止している。また十三世紀前半以来、御家人所領の代官に山僧《さんそう》を起用することがしばしば禁じられているが、これも金融業を営む山僧を介して借金の質物という形で御家人所領が流出することを防ごうとする措置であった。御家人所領はその子孫に継承され、幕府への奉公の経済基盤として再生産されるべきとするのが鎌倉幕府の基本的な立場であり、さまざまな形で御家人所領の移動を統制することが試みられた。その結果、統制の対象も恩領のみならず、御家人所領全般に拡張され、御家人以外の者への売却・質入ればかりでなく、御家人間の所領の移動も規制されるようになった。十三世紀末に発令された永仁の徳政令は、こうした御家人所領統制策がたどりついた姿だったのである。

また永仁の徳政令は、越訴《おっそ》の停止・借金関係の訴訟の不受理とともに発令されている点も注目される。越訴とはいったん下された判決を不服とする者が再審理を求めて訴えることで、鎌倉幕府では越訴頭人や越訴《おっそ》方《がた》が設置されるなど制度的に越訴が認められていた。一方で鎌倉幕府は段階的に不易法《ふえきほう》を発令して原判決の固定化も進めており、モンゴル襲来後になると越訴の制限・停止を試みるようになる。永仁五年の立法はまさに越訴の全廃を企図したものであり、借金関係の訴訟の不受理とともに、御家人たちの権利主張の機会を封殺しようとするものであった。これらとあわせて発令されている点からも、永仁の徳政令の統制的・抑圧的性格をよみとることができよう。

永仁の徳政令についてはまたたく間に全国に広がったことでも知られている。発令は永仁五年三月であるが、翌月にはさっそく常陸国《ひたちのくに》で適用されている。また、六波羅探題《ろくはらたんだい》に通達されたのは七月であるが、九月には九州にまで「関東御徳政《かんとうごとくせい》」が伝わっている。ただ、それらはいずれも付帯事項だったはずの御家人所領取り戻し令の情報であり、その適用であった。

さらに幕府の想定外の事態も発生する。永仁徳政令はあくまでも御家人を対象とした法令であったが、これを根拠に御家人以外の人びとの間でも売却・質入れ所領の取り戻しがおこなわれるようになったのである。先に「土地や物を元の持ち主に戻すこと」を正当とする当時の社会通念を指摘したが、それと結びつくことによって、あるいはそれを誘発することによって、永仁の徳政令は幕府の意図を超えて独り歩きし始めてしまったのである。統制的・抑圧的性格により御家人たちの反発をうけたためか、発令翌年の永仁六年二月には一連の立法は撤回されるが、付帯事項にすぎなかった御家人所領取り戻しのみはその有効性が確認されている。

（高橋典幸）

【参考文献】

笠松宏至「永仁徳政と越訴」（同『日本中世法史論』東京大学出版会、一九七九年、初出一九七一年）
笠松宏至『徳政令』（岩波新書、一九八三年）

新田一郎『日本中世の社会と法』（東京大学出版会、一九九五年）
村井章介「永仁の徳政令」（同『中世の国家と在地社会』校倉書房、二〇〇五年、初出一九八五年）

『山王霊験記絵巻』に描かれた借上◆訴訟のため鎌倉にやってきた女性が金に困り、借上から借金している場面　大阪府和泉市久保惣記念美術館蔵

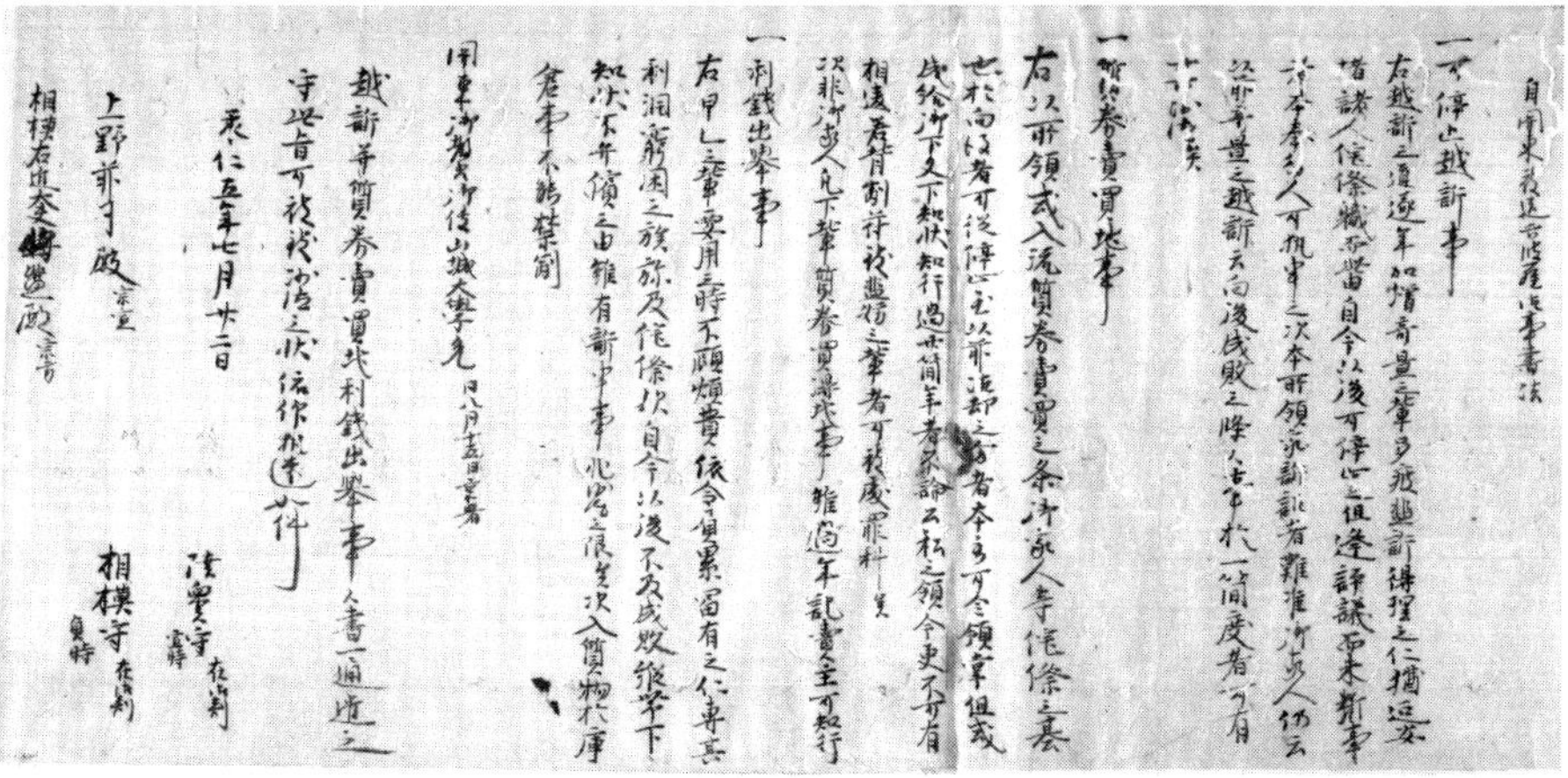

永仁５年７月22日関東御教書案◆永仁の徳政令の施行を六波羅探題に伝える幕府の命令。「東寺百合文書」にその案文が伝来していることは、永仁の徳政令が幕府の意図を越えて広がっていったことを示している　京都府立京都学・歴彩館蔵

視点 天変地異《てんぺんちい》と怪異《かいい》

武士の政権というと、合理的な思考で運営されたように思われるかもしれない。しかし、彼らも中世に固有の通念や価値観の中で生きており、心性は貴族と大きくは変わらなかった。

中国の儒教的なイデオロギーを背景に、古代・中世では、天文の変異（天変《てんぺん》）は為政者が徳《とく》のない悪い政治をおこなったことに対する天からの譴責《けんせき》として理解された。幕府でも、天変が起きていないか陰陽師《おんみょうじ》に常時観測させ、発見されれば、徳を示すための施策、すなわち徳政《とくせい》を実践した。また、神仏の力にもすがり、仏教僧や陰陽師に命じて祈禱《きとう》をおこなわせた。地震や気象災害、疫病や飢饉、戦乱や外寇《がいこう》なども、同じように為政者の不徳・悪政と結びつけて理解され、徳政や祈禱といった対応が図られた。

徳政の内容は、時々の社会問題に応じて一様でないが、幕府が御成敗式目《ごせいばいしきもく》などを制定したり、訴訟制度を充実させたりしたことも、徳政意識の一つの現れである。また、為政者が民を思いやる撫民《ぶみん》の精神を尊重し、自ら倹約や謹慎を実践することも肝要であった。

例えば、延応《えんおう》二年（一二四〇）、将軍藤原《ふじわらの》（九条《くじょう》）頼《より》経《つね》の上洛が延期された理由は、天変の第一とされた彗星《すいせい》が連夜出現したからであり、また、「土民《どみん》の煩《わずらい》」を軽減するためであった。このときは、御家人《ごけにん》や幕府役人を対象に、倹約令も出されている。その頼経が、寛元《かんげん》二年（一二四四）に将軍を辞した理由も天変であり、翌年出家した理由も彗星であった。こうした政治行動の背景には現実の権力闘争も見え隠れするが、天変地異を口実に政局が動いたことも確かである。

天変地異や災害とは少し異なり、怪異《かいい》もよく起きた。動植物や自然環境に関する珍奇な現象のことで、『吾妻鏡《あずまかがみ》』にも記事が多い。御所に白鷺《しらさぎ》が集まったとか、鎌倉の街に黄色い蝶の大群が飛来したとか、将軍の着衣に鳶《とび》が糞をしたとかいったものである。怪異が発生すると、陰陽師に吉凶を占わせ、凶事・凶兆と判断されれば災厄をはらう祈禱をおこなわせた。鷺の怪異に対処するため陰陽師がおこなったのは、鷺祭という陰陽道の祭祀であった。

（下村周太郎）

【参考文献】

海津一朗『新　神風と悪党の世紀』（文学通信、二〇一九年）
笠松宏至『徳政令』（岩波新書、一九八三年）
下村周太郎「鎌倉幕府と天人相関説」（『史観』一六四号、二〇一一年）
菅原正子『占いと中世人』（講談社現代新書、二〇一一年）

「建保職人歌合」に描かれた陰陽師◆国立国会図書館蔵

鎌倉大仏◆鎌倉幕府滅亡から程ない建武２年（1335）に発生した大風で堂舎は損壊した。戦国時代の明応年間にも地震・津波の被害を受けたと伝わる　神奈川県鎌倉市・高徳院

07

惣領制《そうりょうせい》――御家人役《ごけにんやく》の配分・徴収システム

鎌倉幕府が創出した、惣領《そうりょう》を責任者とする御家人《ごけにん》役《やく》の配分・徴収のための仕組み。多くの場合、一族の長である家督《かとく》が惣領となって一族＝庶子《しょし》に御家人役を配分するとともに、彼らからそれを徴収した（庶子が直接幕府に納める場合もあった）。

史料上、御家人役の配分・徴収の責任者である「惣領」は、東国御家人が負担する幕府恒例役《こうれいやく》（幕府の日常的運営に関わる課役）を具体的な内容に持つ「関東御《かんとうみ》公事《くじ》」とともに現れることが確認できる（貞応《じょうおう》二年〈一二二三〉十一月二日大友能直譲状《おおともよしなおゆずりじょう》）。このことから、鎌倉幕府の惣領制《そうりょうせい》とは、承久《じょうきゅう》の乱後の一二二〇年代半ばから一二三〇年代初頭における、幕府恒例役の制度的成立にともなって創出されたものと考えられる。

しかし、このような惣領を責任者とする課役の配分・徴収のための仕組みは、国衙《こくが》や荘園領主《しょうえんりょうしゅ》のもとでも確認でき、こちらのほうが鎌倉幕府に先行して存在したとみられる。したがって、鎌倉幕府の惣領制は、国衙や荘園領主が構築した年貢《ねんぐ》・公事《くじ》の配分・徴収のための仕組みをモデルにして創られたと考えられよう。

このように惣領制には、鎌倉幕府のものと国衙・荘園領主のものとの二類型があったのであり、両者は原理的に異なるものだった。ところが、十三世紀後半以降、御家人が荘園所務《しょむ》（年貢・公事の収納実務）の主導権を握るようになると、鎌倉幕府の惣領制でも国衙・荘園領主に対する年貢・公事の配分・徴収をおこなうようになり、両者の原理的差異は希釈化されていった。

惣領制にもとづく御家人役の負担単位は、多くが家督を中心とした御家人の家＝一族組織をベースに設定された。十三世紀半ばには、幕府は当該期までに把握した御家人の家を「某跡」という負担単位でまとめ、その確定化と固定化を図った。しかし実際のところ、この負担単位はそのまま完全に固定されたわけではなく、大きな事件などがあれば適宜改編されることもあった。

（田中大喜）

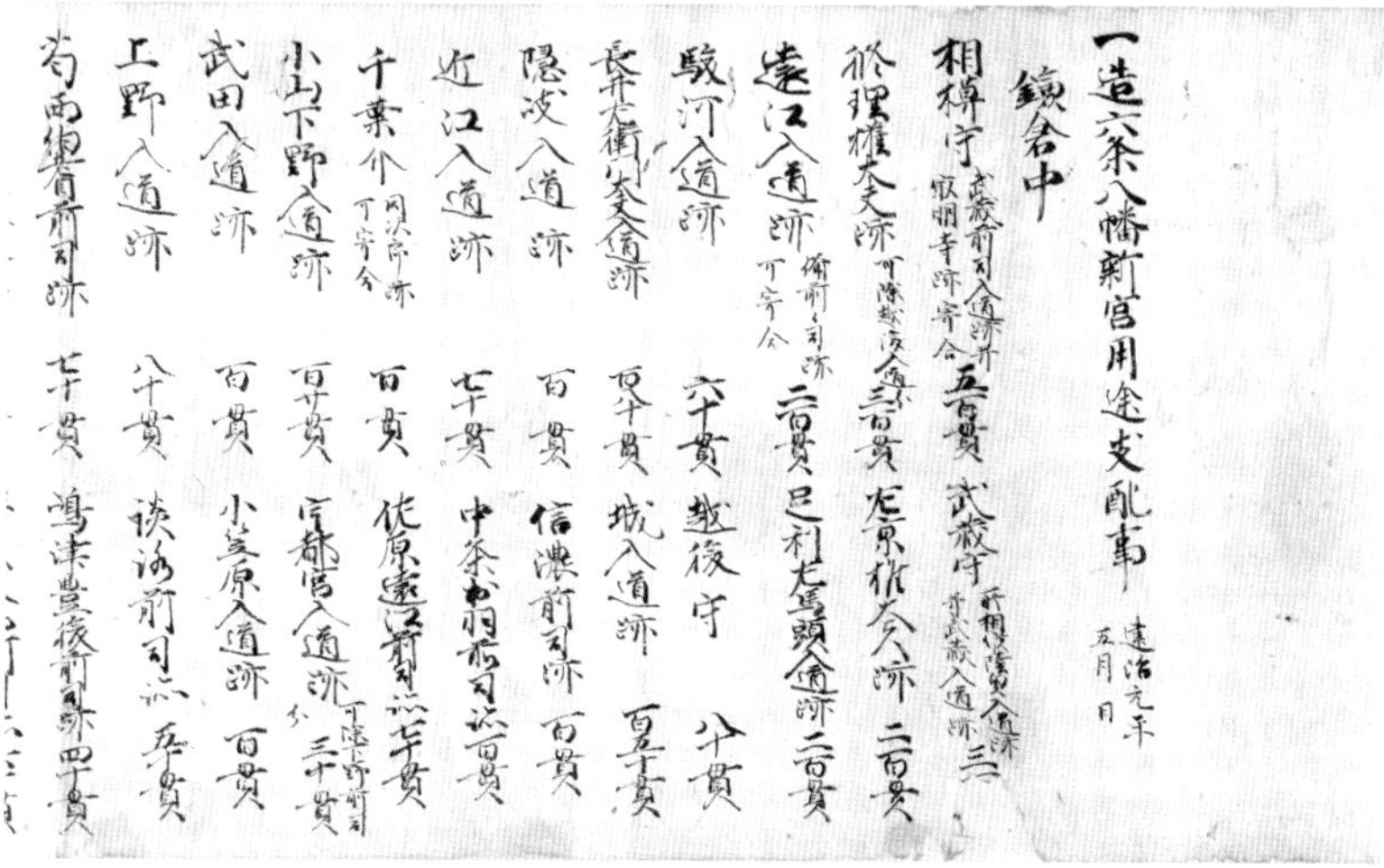

六条八幡宮造営注文◆京都の六条八幡宮を造営する際に賦課された費用のリスト。「修理権大夫入道跡」や「駿河入道跡」などと見える　国立歴史民俗博物館蔵

【参考文献】
田中大喜「家督と惣領」（高橋秀樹編『生活と文化の歴史学4　婚姻と教育』竹林舎、二〇一四年）
七海雅人「鎌倉幕府の御家人役負担体系」（同『鎌倉幕府御家人制の展開』吉川弘文館、二〇〇一年）
羽下徳彦『惣領制』（至文堂、一九六六年）
福田豊彦「『六条八幡宮造営注文』と鎌倉幕府の御家人制」（同『中世成立期の軍制と内乱』吉川弘文館、一九九五年、初出一九九三年）

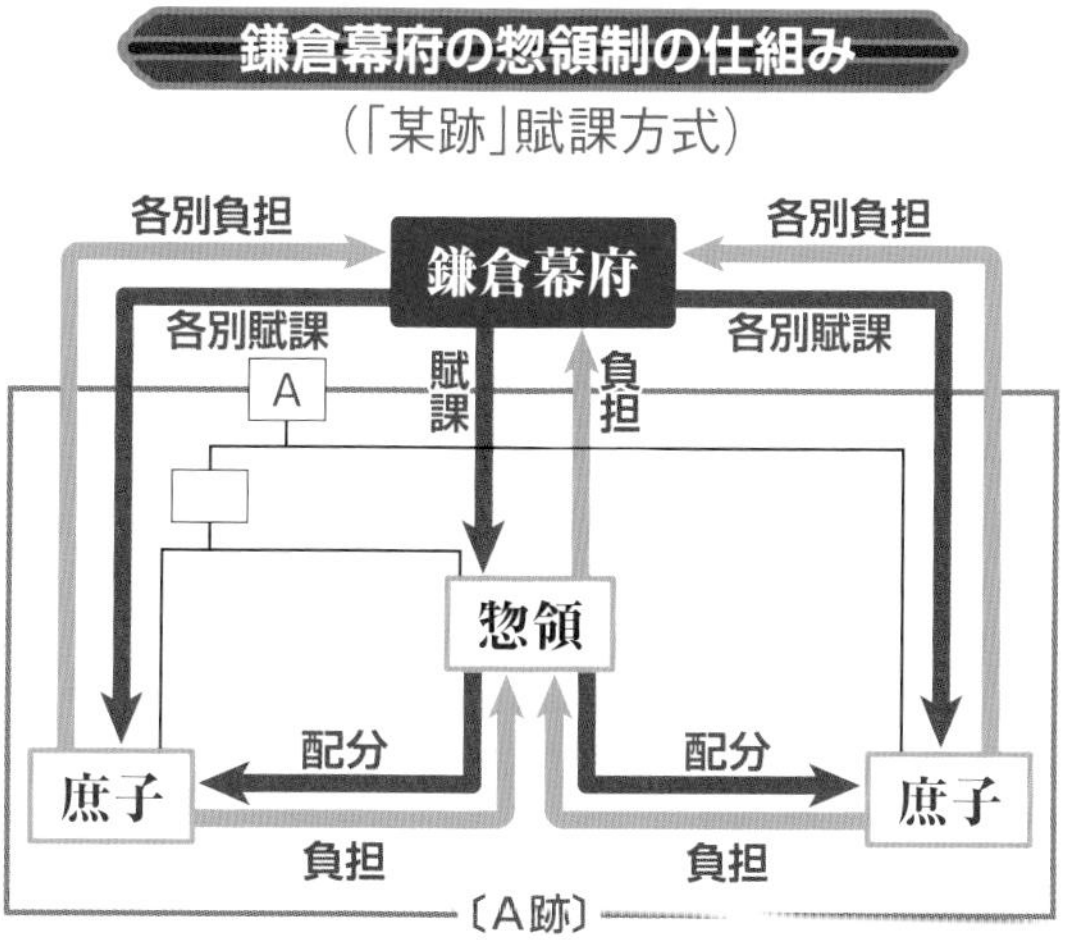

※七海雅人「鎌倉幕府の御家人役負担体系」掲載図をもとに作成

08 地方統治《ちほうとうち》——幕府と国衙《こくが》との関係

　源頼朝《みなもとのよりとも》が治承《じしょう》四年（一一八〇）に反乱軍として挙兵した際、その最初の標的となったのは伊豆国目代《いずのくにもくだい》の山木兼隆《やまきかねたか》であった。目代とは、知行国主《ちぎょうこくしゅ》・国司《こくし》の代理人であり、地方政庁である国衙《こくが》（国司が赴任しない場合は「留守所《るすどころ》」と呼ばれる）に在勤する在庁官人《ざいちょうかんじん》を指揮して地方統治の実務にあたった人物のことである。頼朝と兼隆とは流人《るにん》どうしであり、彼らを中心とする人的ネットワークどうしの衝突という側面もあったとされる。しかし、ここで注目したいのは、頼朝が挙兵時から国衙をおさえようとしていたことである。そして、同年十月に鎌倉に入り、富士川《ふじがわ》の戦いで勝利した頼朝は、相模国《さがみのくに》の国衙で最初の論功行賞《ろんこうこうしょう》をおこない、翌十一月に佐竹《さたけ》氏を打ち破った際も、常陸国《ひたちのくに》の国衙で論功行賞がおこなわれた。

　ではなぜ、このように国衙が重要視されたのだろうか。ここでは鎌倉幕府の地方統治と国衙との関係について述べる（六波羅探題《ろくはらたんだい》等の地方行政機関については各項目を参照のこと）。

　まず、国衙は道路交通網の中心に設置されることが多く、交通の要衝であった。さらに、国衙の倉庫群には国衙領（公領《こうりょう》）からの年貢が蓄積されており、また、職人も国衙に直属し、そのもとに組織されていた。そして、もっとも重要な点として、その国内の土地台帳（「大田文《おおたぶみ》」など）をはじめとする多くの帳簿類が保存され、この帳簿類を作成・使用できる在庁官人も在勤していたことである。このように、国衙には地方統治にとって欠かせない情報・技術などのノウハウが蓄積されていたのである。国衙に保管されていた土地台帳がなければ、論功行賞において、本領安堵《ほんりょうあんど》・新恩給《しんおんきゅう》与《よ》をおこなうことも不可能だったと考えられる。

　このことは、文治《ぶんじ》五年（一一八九）の奥州合戦《おうしゅうかっせん》の戦後処理で、頼朝はまっさきに陸奥《むつ》・出羽《でわ》両国の土地台帳を探索していることからも明らかである（実際は焼失しており、記憶力の高い古老《ころう》を探して復原させた）。また、承久《じょうきゅう》三年（一二二一）の承久《じょうきゅう》の乱《らん》では、畿内近国の在庁官人らによって、後鳥羽院《ごとばいん》方についた者の調査と所領没収がおこなわれたが、それも各国に保管されている土地台帳にもとづいて実行されたと考えられている。このように、論功行賞や統治のために、幕府はまず国衙にあった土地台帳を掌握しようとしていたのである。

そして、国衙を運営する人的基盤として、ここに在勤する在庁官人も重視された。すなわち、頼朝の勢力には、千葉《ちば》氏・上総《かずさ》氏・三浦《みうら》氏・小山《おやま》氏など、在庁官人層出身の人物が多く存在したことは広く知られる事実であろう。治承《じしょう》・寿永《じゅえい》の乱《らん》の過程において、彼らは御家人《ごけにん》として組織されたが、一方で、頼朝から国衙支配をそのまま承認されるとともに、国内の治安維持

鎌倉幕府と国衙の関係図

※『詳説日本史図録』（山川出版社）掲載「公式二元体制」をもとに作成

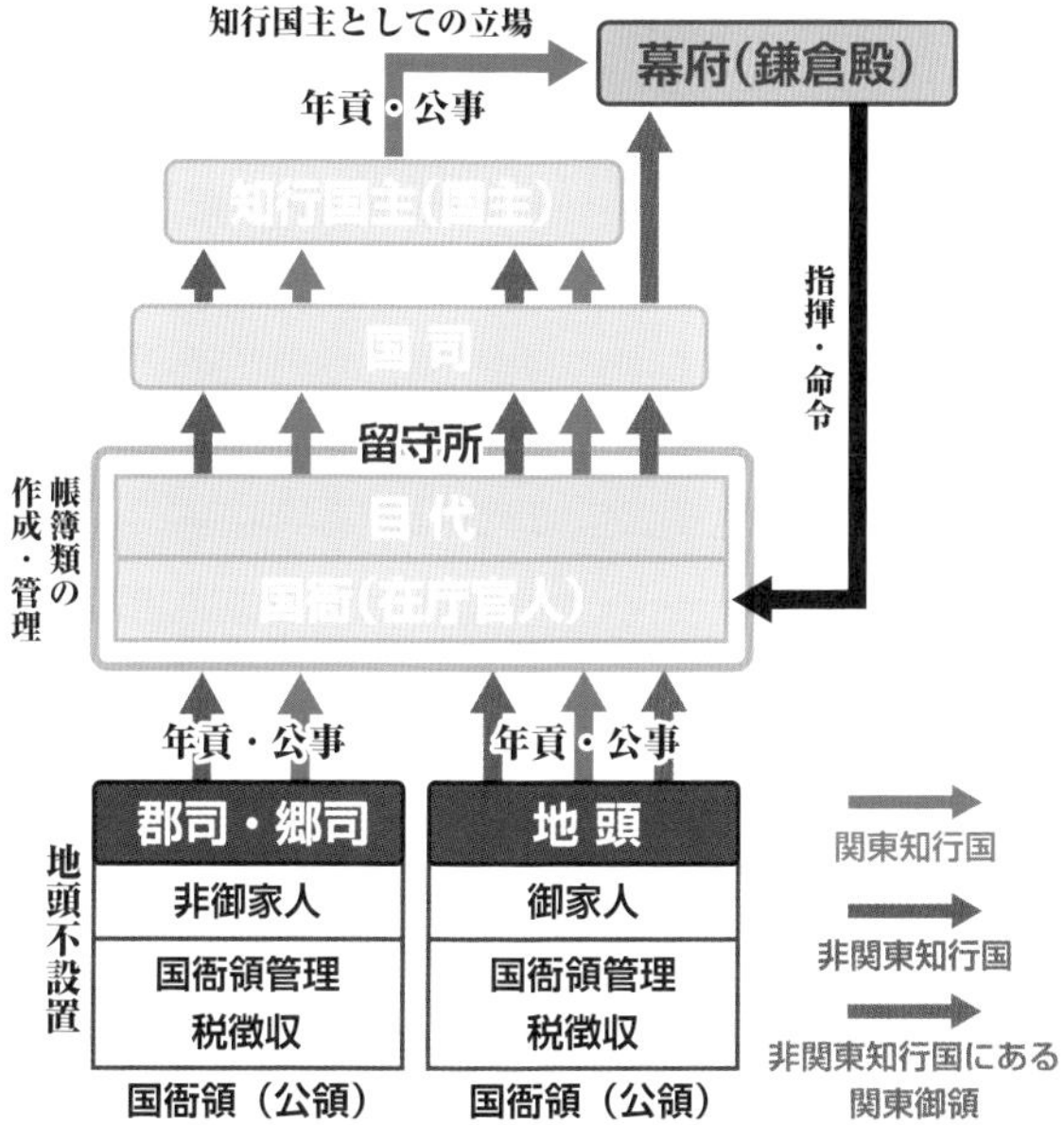

周防国衙跡◆国の史跡に指定され、現在は周防国衙史跡公園として整備されている　山口県防府市

や御家人の指揮権を与えられた。一般的には、これらの権能はのちに「守護《しゅご》」として制度化する（実際には、東国に守護はほぼ設置されていないと考えられている）。したがって、御家人に組織されたとはいえ、在庁官人としての性格も持ち続けていたことには注意が必要である。

以上をまとめると、鎌倉幕府が国衙を重視した要因として、地方統治の上で欠かせない情報・技術・方法を国衙が保持していたことがあった。そして、そこに在勤する在庁官人も、国衙を運営する人的資源として重要視され、御家人として組み込まれた。なお、文治元年のいわゆる「文治《ぶんじ》勅許《ちょっきょ》」において、頼朝は国衙在庁官人に対する指揮・命令権をも獲得している。

ここまで地方統治において国衙が果たした役割について述べてきたが、それでは、鎌倉幕府と国衙との関係はどのように推移するのだろうか。

一般的に、鎌倉後期にかけて西国に多くの地頭が誕生して国衙領を浸食し、また鎌倉幕府自身や守護が国衙機構を掌握・吸収することによって、在庁官人層の基盤が失われ、結果として、国衙や在庁官人の活動が縮小・衰退していくと考えられている。ただし、あくまで縮小・衰退の傾向にあるのであって、必ずしも消滅はしていないことに留意しなければならない。たとえば、土地台帳の作成は、鎌倉後期に至るまでおこなわれているし、『吾妻鏡《あずまかがみ》』においても、武蔵《むさし》国衙に対する指示などを検出することができる。このような点を踏まえると、鎌倉幕府と国衙あるいは在庁官人との関係は、いまなお研究課題として有効である。

（工藤祐一）

【参考文献】
石井進『日本中世国家史の研究』（岩波書店、一九七〇年）
石井進『鎌倉幕府』（中公文庫、一九七四年）
稲葉伸道「鎌倉後期の『国衙興行』・『国衙勘落』」（『名古屋大学文学部研究論集』二〇号、一九九一年）
大澤泉「鎌倉期常陸国における国衙機構の変遷と在庁官人」（高橋修編著『中世関東武士の研究第十六巻　常陸平氏』戎光祥出版、二〇一五年、初出二〇〇七年）
小原嘉記「西国国衙における在庁官人制の解体」（『史林』八九―二号、二〇〇六年）
白川哲郎「鎌倉時代の国衙と王朝国家」（『ヒストリア』一四九号、一九九五年）

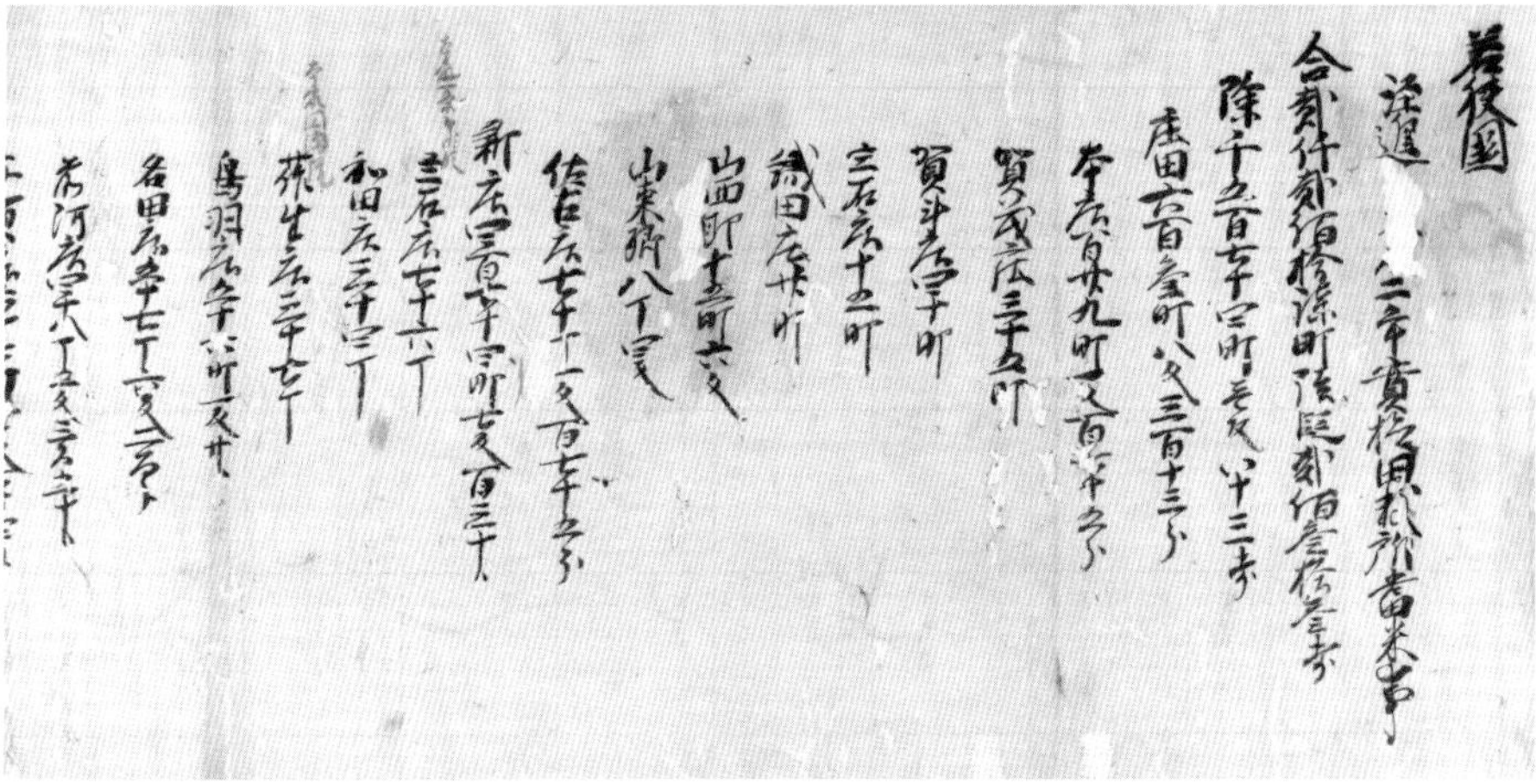

若狭国惣田数帳案◆若狭国衙が作成した文永２年（1265）の土地台帳である。荘園・公領ごとに記載されている　東寺百合文書　京都府立京都学・歴彩館蔵

09 軍事制度《ぐんじせいど》——軍事動員を中心に

鎌倉幕府の軍事を担ったのは御家人《ごけにん》たちであり、御家人制は鎌倉幕府の軍事組織であった。もちろん源頼朝《みなもとのよりとも》の挙兵当初から御家人制が存在していたわけではなく、治承《じしょう》・寿永《じゅえい》の内乱《ないらん》の過程で頼朝の軍事動員に応じた者が御家人制に組み入れられていったのである。その意味では御家人制は当初から軍事集団だったといえよう。そして頼朝が内乱を勝ち抜き、東国にとどまらず、平氏《へいし》追討のため西国にも侵攻していくことによって、御家人制は全国に拡大していったのである。

内乱の終結により御家人制は大きな転機を迎える。それまでの拡大傾向に歯止めがかけられる一方で、整理・再編成が進み、主従組織・軍事組織として整備されるようになる。建久《けんきゅう》年間には各国で御家人交名《きょうみょう》が作成され、御家人の範囲、すなわち軍事動員の対象が明確化された。また西国を中心に守護《しゅご》制度が整備され、各国に設置された守護が管国の御家人を統率する体制が構築された。それを象徴するのが京都大番役《きょうとおおばんやく》である。内裏《だいり》や院御所《いんごしょ》の警備にあたる京都大番役は平時の軍役《ぐんやく》とみなされ、御家人たちにとってはもっとも重要な職務とされたが、彼らは国ごとに守護に統率されて上洛し、交替で京都大番役を勤めたのである。守護は京都大番役に御家人以外の者を動員することを禁じられていた。

近年、東国では守護制度の整備が遅れていたことが指摘されているが、これは制度の不備というよりも、東国については鎌倉幕府が直接、もしくは守護以外の手段で御家人を統率できたことを意味している。とくに鎌倉幕府のお膝元ともいえる武蔵《むさし》や相模《さがみ》の御家人は幕府の直轄軍ともいうべき役割を果たしていた。承久《じょうきゅう》の乱《らん》では武蔵・相模を中心に、信濃《しなの》・遠江《とおとうみ》以東十五か国の御家人が動員され、京都に送り込まれているが、これは将軍御所の警備にあたる鎌倉番役《かまくらばんやく》が課された国々と一致する。これらの国々の御家人軍は鎌倉幕府軍の「本隊」とみなされていたようである。すなわち、地方で戦乱が発生すると、幕府は当該地域の守護や御家人たちに鎮圧を命じつつ、戦況に応じて「本隊」東国御家人軍を投入しているのである。

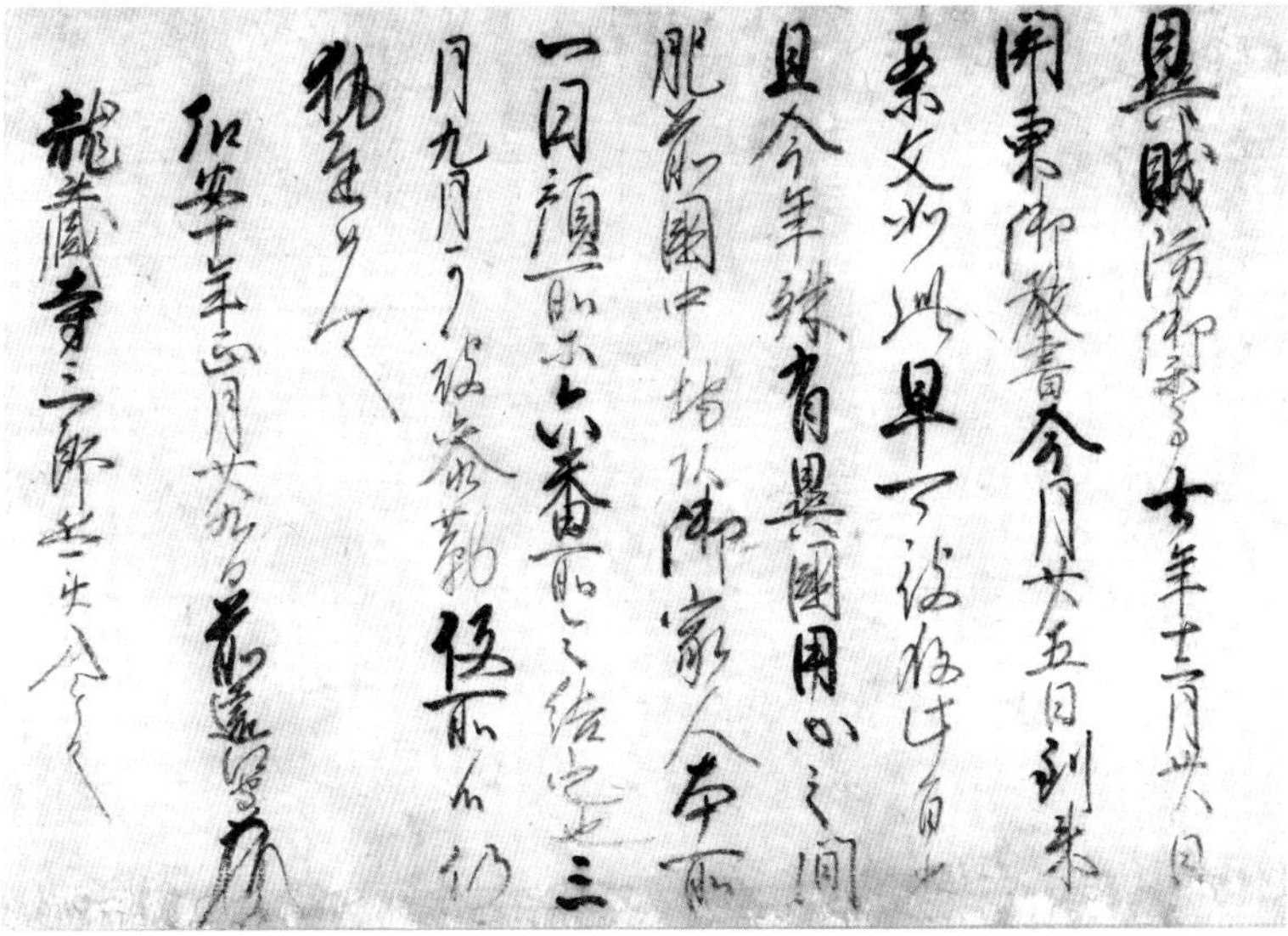

弘安 10 年正月 29 日北条為時（時定）施行状◆肥前守護北条為時が同国御家人龍造寺三郎兵衛入道に異国警固の勤仕を命じている文書。肥前国では地頭御家人とともに「本所一円預所」も異国警固番役に組み込まれていたことがわかる　龍造寺家文書　佐賀県立図書館蔵

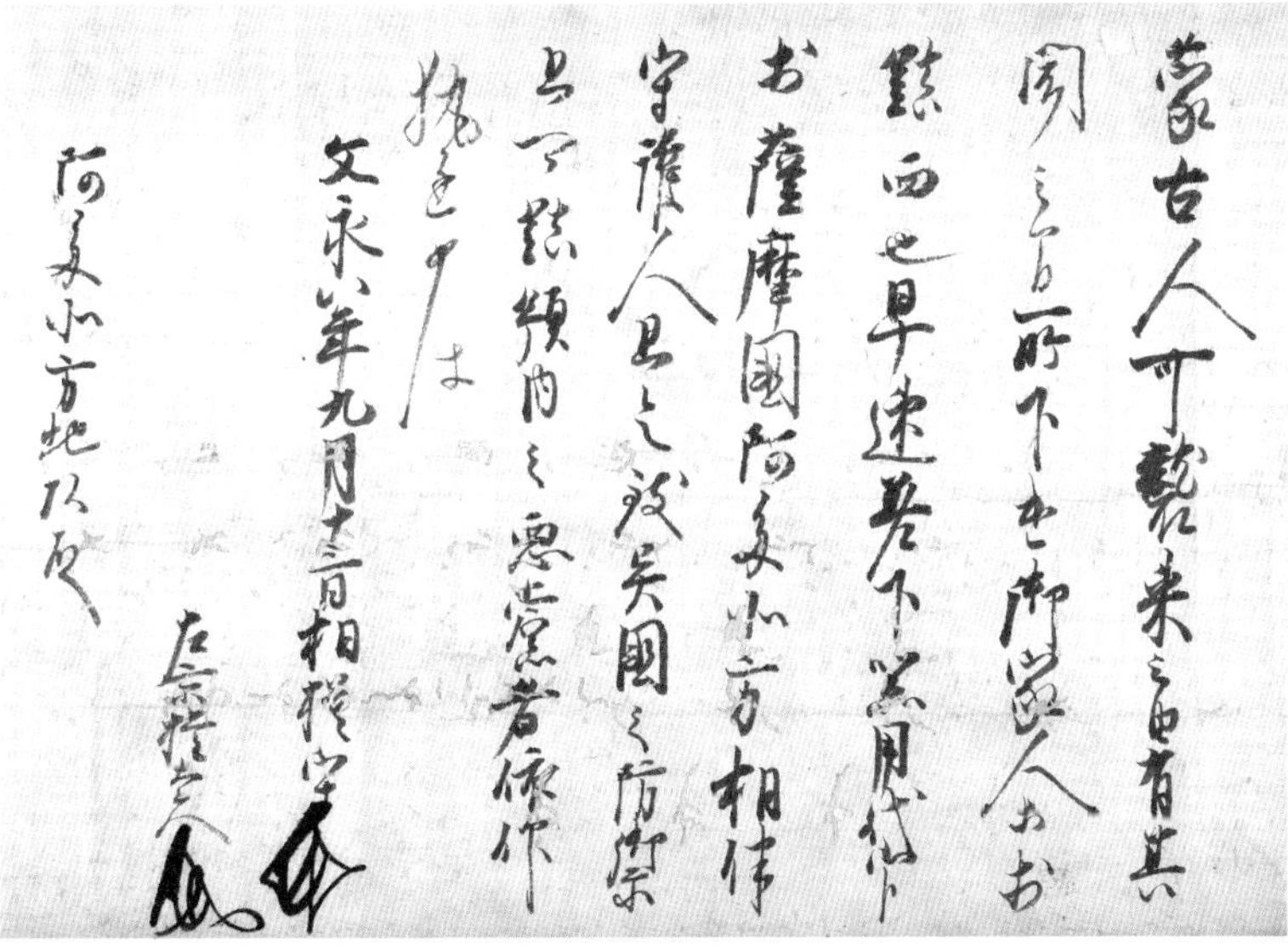

文永 8 年 9 月 13 日関東御教書◆モンゴルの襲来を警戒し、二階堂氏に代官を九州に下向させ異国警固にあたらせることを命じた幕府の命令　二階堂文書　東京大学史料編纂所蔵

たとえばモンゴル襲来に際しては、九州の守護・御家人を動員する一方で、九州に所領を持つ東国御家人にも下向を命じ、異国警固《いこくけいご》にあたらせている。また後《ご》醍醐天皇《だいごてんのう》の倒幕計画が発覚した際には、まず六波羅探《ろくはらたん》題《だい》に鎮圧にあたらせ、六波羅の手に余ると判断すると、大規模な東国御家人軍を組織して送り込んでいる。

まさに東国御家人軍は鎌倉幕府軍の本隊だったわけであるが、元弘《げんこう》の変《へん》では畿内の反乱を鎮圧すべく送り出した本隊のなかから造反者、すなわち足利高氏《あしかがたかうじ》が登場したことにより、鎌倉幕府は瓦解に追い込まれた。

鎌倉幕府の軍事体制は御家人の動員を基本としており、それは先に指摘したように、京都大番役から御家人以外の者を排除していたことからも明らかであるが、モンゴル襲来はそうした体制に大きな変更を迫る事態であった。モンゴルとの対峙・軍事的緊張は長期にわたるものであったため、鎌倉幕府は御家人以外の者の動員にふみきったのである。九州では非御家人も異国警固に動員された。また九州や西国の御家人を異国警固に専念させるため、彼らにかわって京都周辺の寺社や荘園の関係者が京都大番役に駆り出されたりした。

問題はこうした軍事動員をどのように合理化するかであった。とくに九州での異国警固番役の動員は長期にわたったため、それを維持する仕組みが必要であった。弘安《こうあん》の役《えき》後、安達泰盛《あだちやすもり》が主導した弘安徳政《こうあんとくせい》では動員に応じた非御家人も御家人に組み入れることが模索されたが、結局は異国警固番役を一国平均役《いっこくへいきんやく》とみなし、荘園領主にも負担を求めるという方策がとられることになった。そのため、異国警固に動員される非御家人は「本所一円地住人《ほんじょいちえんちじゅうにん》」と呼ばれ、彼らが勤仕を忌避した場合には「本所」すなわち荘園領主にその責任が課されることになった。こうした軍事体制は、鎌倉時代には異国警固番役がおこなわれた九州にとどまるものであったが、南北朝内乱期には全国に拡大されることになる。

（高橋典幸）

【参考文献】

川合康『鎌倉幕府成立史の研究』（校倉書房、二〇〇四年）
川合康『院政期武士社会と鎌倉幕府』（吉川弘文館、二〇一九年）
熊谷隆之「鎌倉幕府支配の展開と守護」（『日本史研究』五四七号、二〇〇八年）
佐藤進一『鎌倉幕府守護制度の研究　増訂』（東京大学出版

千早城の戦い◆楠木正成蜂起の知らせを受けた鎌倉幕府は、六波羅探題勢のみならず、東国からも大軍を派遣し、正成の立て籠もる赤坂城や千早城を攻撃した　『太平記絵巻』　埼玉県立歴史と民俗の博物館蔵

肥後国守護代安達盛宗に敵の首級を差し出す竹崎季長◆配下の御家人の戦功を確認するのも軍事指揮官の役割であった　『蒙古襲来絵詞』　宮内庁三の丸尚蔵館蔵　熊本県立美術館『蒙古襲来絵詞展』図録（2001年）より転載

会、一九七一年）
高橋典幸『鎌倉幕府軍制と御家人制』（吉川弘文館、二〇〇八年）

10 朝廷との関係——追討《ついとう》対象から協調・連携関係へ

源頼朝《みなもとのよりとも》は、治承《じしょう》四年（一一八〇）に以仁王《もちひとおう》の令《りょう》旨《じ》を旗印として挙兵したが、それは反乱軍としての挙兵であった。すなわち、平治《へいじ》の乱《らん》の敗戦によって、頼朝は謀叛人《むほんにん》として伊豆《いず》へ流罪《るざい》となっており、受刑者であった。対朝廷工作の結果、頼朝勢力は反乱軍から官軍となり、さらに治承《じしょう》・寿永《じゅえい》の乱《らん》を経て、朝廷の外部に鎌倉幕府という権力体が創出されたことを踏まえると、朝廷との関係をどのように構築・整序するかという模索によって、鎌倉幕府はみずからを政治的・社会的に位置づけようとしたと考えられる。

たとえば、頼朝は戦争の遂行に際して、独自に敵方所領を没収し、味方に恩賞として給与していた（この一連のプロセスは、変質しつつ後に地頭制《じとうせい》や御家人制《ごけにんせい》として成立・展開する）。こうした頼朝の実力による東国支配は、対平氏《へいし》戦争のなかで「寿永二年十月宣旨《じゅえいにねんじゅうがつせんじ》」というかたちで朝廷に公認された。この宣旨《せんじ》などを根拠に、鎌倉幕府の本質を東国における自律的・独立的な権力とする見解を「東国国家論《とうごくこっかろん》」と呼ぶ。

一方、すでに述べたように、源頼朝は対朝廷工作をもすすめており、朝廷との合意に達した結果、建久《けんきゅう》元年（一一九〇）に上洛した。その際、頼朝は藤原《ふじわらの》（九条《くじょう》）兼実《かねざね》に「朝の大将軍《だいしょうぐん》」たらんことを表明するとともに、翌年に出された建久新制《けんきゅうしんせい》でそのあり方が明文化された。すなわち、朝廷によって、頼朝の勢力は国家的な軍事・警察機能を分掌する「軍事権門《ぐんじけんもん》」として位置づけられたのである。このような国家的な機能を各権門（政治勢力）が相互補完的に分有し、ゆるやかな統合を想定する見方を「権門体制論《けんもんたいせいろん》」と呼ぶ（なお、分裂的な側面を重視する「東国国家論」との違いがよく強調されるが、鎌倉幕府の外部に朝廷を配置するという研究視角をもつ点において、共通の射程をもっている）。

このように、鎌倉幕府は、その成立当初からみずからの政治的・社会的位置づけを朝廷との関係のなかに求めた。そして、その交渉のあり方は、基本的には「外交《がいこう》」関係として捉えることが可能である。

　さて、鎌倉幕府と朝廷との関係は、その後どのように推移したのだろうか。

　まず、後鳥羽《ごとば》親政《しんせい》・院政《いんせい》期は、鎌倉幕府と朝廷との協調関係が進展した。そもそも、後鳥羽は三種の神器がないまま践祚《せんそ》・即位《そくい》しており、〝正統性を欠いた王〟というコンプレックスがあった。そのため、朝儀《ちょうぎ》の復興につとめるとともに、文武の諸芸を修得し、その実践によって〝正統な王〟であることを示した。そして、当時鎌倉殿《かまくらどの》であった源実朝《さねとも》とも和歌《わか》などを通じて交流していた。また、鎌倉幕府は子がいなかった実朝の後継者に後鳥羽の皇子を望み、後鳥羽もその要請を受け入れた。この背景には、鎌倉幕府と朝廷とが一体化する構想を両者ともに共有していたことが考えられる。

　しかし、実朝が暗殺された後に朝幕関係は悪化し、承久《じょうきゅう》の乱《らん》へと展開する。勝利した鎌倉幕府は、治天《ちてん》の君《きみ》（天皇家の家長）に後高倉院《ごたかくらいん》を、天皇に後堀河《ごほりかわ》天

西園寺家略系図

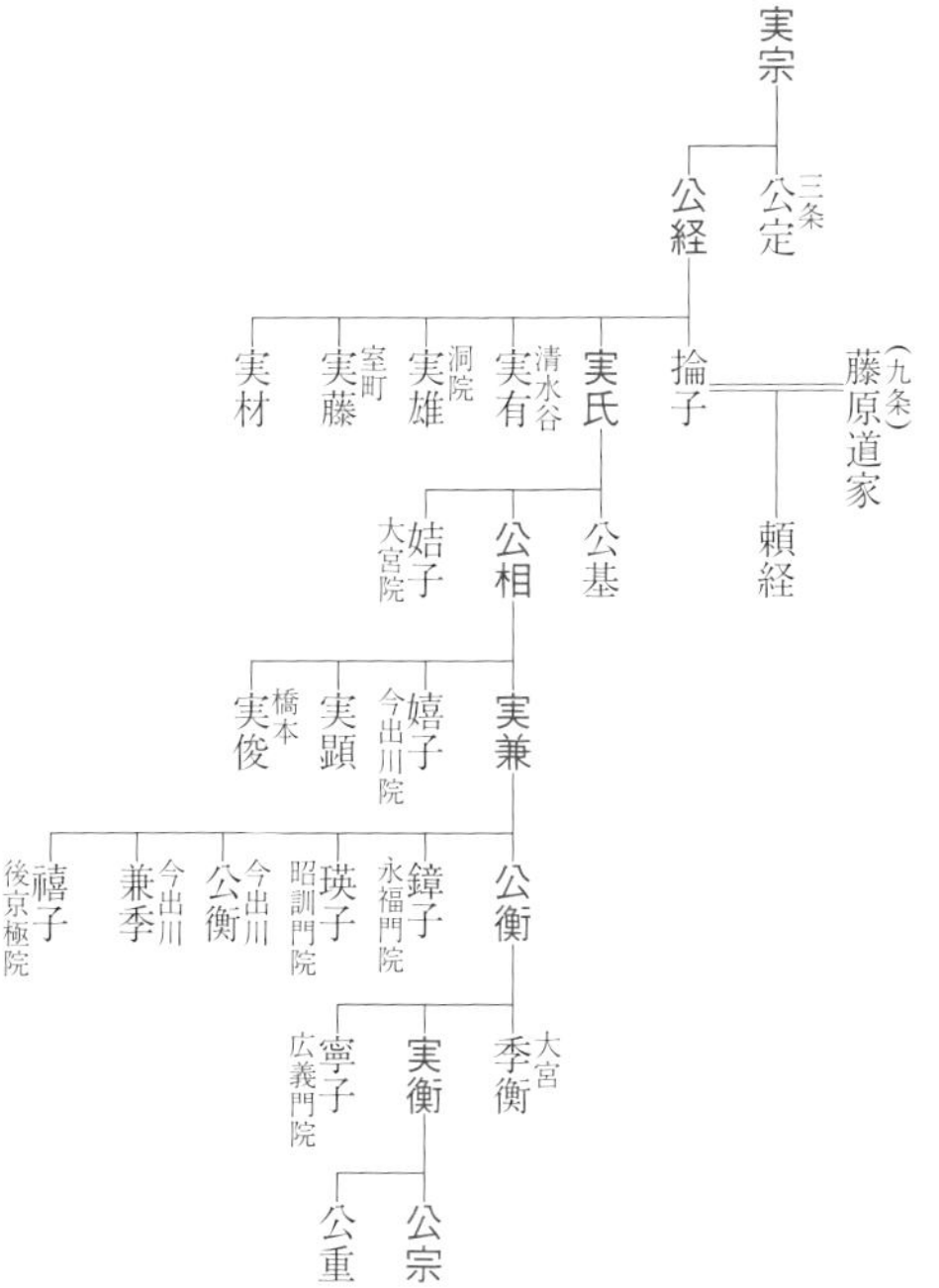

九条兼実画像◆五摂家の一つとなる九条家の祖で、治承・寿永内乱期には政治の中枢から一定の距離を置いていたが、頼朝の推薦もあり執政の座に就くと、建久新制など改革をおこなった　東京大学史料編纂所蔵模写

皇を擁立した措置を契機として、皇位継承にも関与するようになった（せざるをえなくなった）。このことは、朝幕関係が新たな段階に入ったといえよう。この事態に対して嫌悪感を示す貴族も存在したが、鎌倉幕府との協調を重視した後嵯峨《ごさが》天皇の擁立以降、既成事実として積み重ねられていく。

さらに、朝幕関係の整序がおこなわれ、朝廷側の「外交」窓口として関東申次《かんとうもうしつぎ》が設置された。それまでの鎌倉幕府と朝廷との交渉では、両者に縁を有する人物が携わっていたが、関東申次には源頼朝との血縁関係があった西園寺《さいおんじ》家が就き、世襲されていった（それ以前に朝幕交渉に関わっていた人物を関東申次とみるかは見解が分かれている）。鎌倉幕府側の窓口は六波羅探題《ろくはらたんだい》であったが、両統迭立《りょうとうてつりつ》期における皇位継承など重要事項については、鎌倉幕府から派遣された特使《とくし》（「東《とう》使《し》」）が直接関東申次と折衝することになっていた。

また、鎌倉幕府のほうに視点をうつすと、鎌倉殿については、摂家将軍《せっけしょうぐん》を経て、後嵯峨院政期に親王将《しんのうしょう》軍《ぐん》が誕生する。さらに、朝廷で財源不足を補うための成功《じょうごう》が募集された際、任官を希望する御家人《ごけにん》がそれに応募し、規定の金額を納入することもあった（御家人は自由勝手な任官を禁止されていた）。加えて、鎌倉幕府による経済援助（「関東御訪《かんとうおとぶらい》」）も実施されており、鎌倉幕府には朝廷の財政を支える側面もあった。

このように、朝幕関係は鎌倉幕府が朝廷より優位なかたちで推移した。しかし、理念的には、源頼朝が表明したような「朝の大将軍」という地位に留まりつづけ、現実の朝幕関係にあわせた再調整は（なぜか）おこなわれなかった。このギャップの解決は、次の武家政権の課題となったのである。

（工藤祐一）

【参考文献】

黒田俊雄『黒田俊雄著作集　第一巻　権門体制論』（法藏館、一九九四年）
川合康『鎌倉幕府成立史の研究』（校倉書房、二〇〇四年）
近藤成一『鎌倉時代政治構造の研究』校倉書房、二〇一六年）
坂井孝一『承久の乱』（中公新書、二〇一八年）
佐藤進一『日本の中世国家』（岩波現代文庫、二〇二〇年）
高橋典幸「鎌倉幕府論」（『岩波講座日本歴史第六巻　中世一』岩波書店、二〇一三年）
高橋典幸「鎌倉幕府と朝幕関係」（『日本史研究』六九五号、二〇二〇年）
森茂暁『鎌倉時代の朝幕関係』（思文閣出版、一九九一年）

亀山天皇画像◆後嵯峨天皇の子で後深草天皇の弟。子孫は皇位および天皇家の家長である治天の君の座をめぐり、兄後深草の系統（持明院統）と対立することとなった　東京大学史料編纂所蔵模写

後宇多天皇画像（伝）◆大覚寺党の亀山天皇の子で後二条・後醍醐天皇の父。この時期から持明院統との間で皇位をめぐる争いが激しくなり、両統迭立期を迎えた　東京大学史料編纂所蔵模写

花園天皇画像◆持明院統の伏見天皇の子で後伏見天皇の弟。両統迭立にともない大覚寺党の後醍醐天皇に譲位した。こののち、持明院統も後伏見系と花園系とで分裂していく　東京大学史料編纂所蔵模写

視点

天皇家の分裂と両統迭立《りょうとうてつりつ》

鎌倉幕府によって擁立された後嵯峨天皇《ごさがてんのう》は、文永《ぶんえい》九年（一二七二）に死去するまで、治天《ちてん》の君《きみ》（天皇家の家長）として、幕府との協調を基軸とした親政《しんせい》・院政《いんせい》を展開した。しかし、後嵯峨は、幕府に遠慮したのか自身の後継者を指名しないまま死去したため、後継をめぐって、後深草上皇《ごふかくさじょうこう》と亀山《かめやま》天皇の兄弟間で対立が起こった。その際、大宮院《おおみやいん》（後深草・亀山の母）が、後嵯峨の後継について「本意は亀山にあった」と幕府に証言し、亀山が治天の君として親政を開始したのである。

これ以降、天皇家は後深草系統（持明統院《じみょういんとう》）と亀山系統（大覚寺統《だいかくじとう》）とに分裂し、それぞれの家長が自らの子孫を皇位に就けるべく、幕府をも巻き込んで激しく対立した。また、両統はそれぞれ財政基盤を有していたが（持明院統は長講堂領《ちょうこうどうりょう》、大覚寺統は八条院領《はちじょういんりょう》が主要財源）、領有関係が錯綜しており、たびたび紛争が起こっている。

さて両統では、ほぼ交互に皇位継承がおこなわれ、そのたびに治天の君も交替した。これを「両統迭立《りょうとうてつりつ》」と呼ぶ。たとえば、亀山は文永十一年（一二七四）に後宇多《ごうだ》天皇へ譲位するが、後宇多の皇太子は後深草の皇子である熙仁《ひろひと》（後の伏見《ふしみ》天皇）であった。そして、伏見が即位すると、治天の君は亀山から後深草へ移動したのである。

ところで、わたしたちは持明院統と大覚寺統というように、それぞれの皇統を一括りにしている。しかし、実態としてそれぞれの皇統は一枚岩ではなく、皇位継承をめぐっ

光厳天皇画像◆後醍醐天皇が失脚すると即位するが、鎌倉悪府が滅亡すると廃位され即位を否定された　京都市右京区・常照皇寺蔵

て、四系統に分裂しつつあった（持明院統は後伏見《ごふしみ》系と花《はな》園《その》系、大覚寺統は後二条《ごにじょう》系と後醍醐系）。

また、文保《ぶんぽう》元年（一三一七）から翌年にかけて、幕府が間に入って行われた両統間の交渉（「文保《ぶんぽう》の和談《わだん》」）において、大覚寺統の傍系である後醍醐《ごだいご》天皇（当時は花園《はなぞの》天皇の皇太子）は、甥である邦良《くによし》親王（後二条《ごにじょう》天皇の皇子）が即位するまでの「中継ぎ」とする幕府案の提示があったとされる。結果的に後醍醐が即位し、邦良が皇太子となったが、正中三年（一三二六）に邦良が薨御したことで、持明院統の量仁《かずひと》親王（後の光厳《こうごん》天皇）が立太子《りったいし》する。このことは、後醍醐にとって、自身の子孫へ皇位を直ちに継承できないことを意味しており、その障害となる幕府打倒の計画が実行されることになるのである。

（工藤祐一）

【参考文献】

河内祥輔・新田一郎『天皇の歴史4　天皇と中世の武家』（講談社、二〇一一年）
近藤成一『鎌倉幕府と朝廷』（岩波新書、二〇一六年）
美川圭『院政』（中公新書、二〇〇六年）

鎌倉期天皇家略系図

※数字は即位順

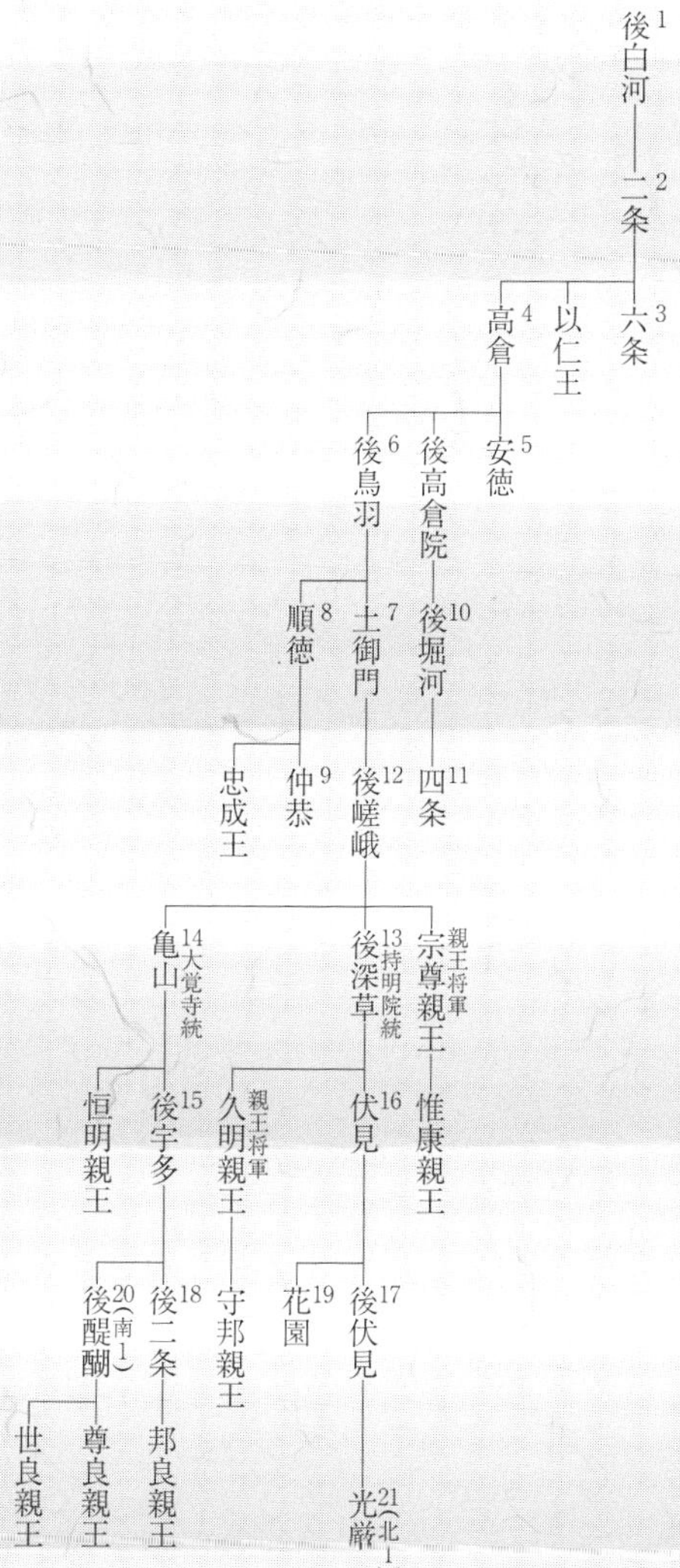

11 悪党召《あくとうめ》し捕《と》りの構造——幕府と朝廷の治安維持

鎌倉後期の幕府・朝廷・荘園領主《しょうえんりょうしゅ》を悩ませた社会問題のひとつに、「悪党《あくとう》」の存在があげられる。この悪党問題の背景には、鎌倉後期における荘園制の動揺・再編があり、そこには、自らの権益を維持・確保する人々や、失った権益の回復を狙う人々、あるいは新たに権益を獲得しようとする人々が存在した。彼らは、武家領（地頭《じとう》が設置されている所領）や本所一円地《ほんじょいちえんち》（地頭が設置されていない所領）を問わず、武力行使をともないながら活動した。そのような人々に対し、敵対する側の人々が訴える際に、その行為を指弾するために用いた言葉が「悪党」であった（悪党を公武権力や荘園領主への抵抗勢力とする見解も存在する）。

ところで、元来、幕府にとって地頭が設置されていない本所一円地の問題は管轄外であった。モンゴル襲来《しゅうらい》の前後より、本所一円地を含む治安維持政策が強化されたが、荘園領主への対応は消極的であった。また、幕府に悪党問題の解決を求めた荘園領主もまた、不入権《ふにゅうけん》などの権利確保のため、積極的に幕府の介入を望んだわけではなかった。このような両者のジレンマを解消し、かつ悪党問題を解決する方策として、「悪党召《あくとうめ》し捕《と》りの構造」が開発されたのである。

その手続きは、伏見天皇親政《ふしみてんのうしんせい》期と重なる正応《しょうおう》三年（一二九〇）から永仁《えいにん》三年（一二九五）の間に幕府法で定められ、実行に移された。すなわち、悪党の召し捕りを望む荘園領主は、まず朝廷に提訴する。そして、朝廷での審理のうえ、親政の場合は綸旨《りんじ》、院政《いんせい》の場合は院宣《いんぜん》によって悪党の召し捕りが命じられる（それぞれ「違勅綸旨《いちょくのりんじ》」「違勅院宣《いちょくのいんぜん》」と呼ぶ）。この違勅綸旨・違勅院宣は、関東申次《かんとうもうしつぎ》を通じて六波羅探題《ろくはらたんだい》に送達される。受け取った六波羅探題では、引付《ひきつけ》（後に検断方《けんだんかた》）での審理、評定《ひょうじょう》での審議を経て、悪党の召し捕りを使節に命じる六波羅御教書《みぎょうしょ》を発給する（この御教書を「衾御教書《ふすまのみぎょうしょ》」と呼ぶ）。使節は、守護代《しゅごだい》や在京御家《ざいきょうごけ》人《にん》、現地の有力御家人から二名選ばれた（「両使《りょうし》」と

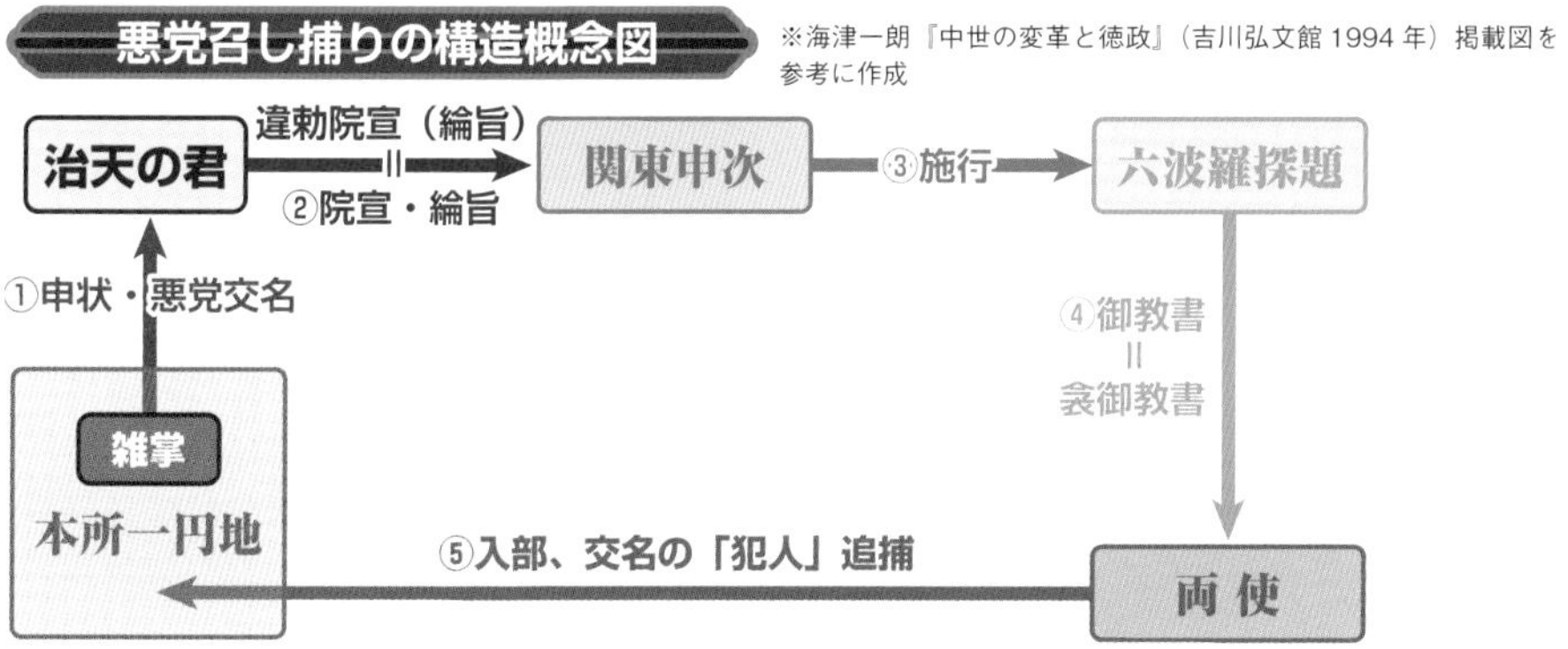

※海津一朗『中世の変革と徳政』（吉川弘文館 1994 年）掲載図を参考に作成

「石山寺縁起絵巻」に描かれた悪党を捕らえに行く武士たち◆中原親能の配下とされる　大津市・石山寺蔵

呼ぶ）。以上の手続きを踏むことによって、両使は現地に下向し、悪党を召し捕ったのである。

このような手続きの成立は、鎌倉幕府が、すべての悪党訴訟を一律に取り扱う（治安維持の機能を独占する）権力として成立させた点に歴史的意義が存在する。

（工藤祐一）

【参考文献】

近藤成一「悪党召し捕りの構造」（同『鎌倉時代政治構造の研究』校倉書房、二〇一六年、初出一九九三年）
西田友広『悪党の召し捕りの中世』（吉川弘文館、二〇一七年）

12 宗教政策――鎌倉幕府と神頼み

神仏にすがるのは文弱な貴族の役割で、鎌倉武士には似合わないと思われているかもしれない。しかし、実際には幕府と宗教は密接な関係がある。幕府の宗教政策は近年もっとも研究が進んだ分野である。

現在も鎌倉の中心にある鶴岡八幡宮寺《つるがおかはちまんぐうじ》（神奈川県鎌倉市）は、源氏《げんじ》の守護神として源頼朝《みなもとのよりとも》によって拡充された。これに頼朝創建の勝長寿院《しょうちょうじゅいん》、永福寺《ようふくじ》（ともに同鎌倉市。二寺とも現在は廃絶）の三ヶ寺が、鎌倉幕府のもっとも重要な寺社であり、宗教政策の要であった。これに代々の将軍などが創建した御願寺《ごがんじ》が加わり、幕府や将軍のための祈祷をおこなった。祈祷をおこなう顕密仏教《けんみつぶっきょう》（真言宗《しんごんしゅう》、天台宗《てんだいしゅう》）の僧は京・南《なん》都《と》から下ってきた。幕府僧の陣容は次第に充実し、鎌倉後期にはかなり高位の僧まで幕府に仕え、鶴岡八幡宮寺別当《べっとう》など幕府御願寺の要職についた。鎌倉における顕密諸宗の消長はさまざまであったが、種々の秘法《ひほう》や聖教《しょうぎょう》が鎌倉に伝来し、基本的には京の宗教体制と内容的にあまり変わらないものが鎌倉に構築された。むしろ、鎌倉に拠点を移して幕府の保護を得ることで、京における高職を狙う僧まで出現した。北条《ほうじょう》氏出身で鶴岡別当に就任し、最終的には東大寺《とうだいじ》別当にもなった頼助《らいじょ》や、鎌倉にありながら大僧正《だいそうじょう》・東寺長者《とうじちょうじゃ》となった親玄《しんげん》が著名である。こうして鎌倉は仏教の一代拠点となった。その充実具合の一端は、金沢文庫《かなざわぶんこ》（横浜市金沢区）が管理する称名寺《しょうみょうじ》聖教からうかがえる。また顕密僧に加え、京から下ってきた陰陽師《おんみょうじ》も祈祷などで一定のはたらきをした。

顕密仏教のみならず、北条氏ら幕府上層部は、禅《ぜん》宗《しゅう》・律宗《りっしゅう》などの新興の仏教をも保護した。北条氏は中国からの渡来僧《とらいそう》を積極的に鎌倉に招き、禅寺《ぜんでら》を創建した。建長寺《けんちょうじ》（開基《かいき》は北条時頼《ほうじょうときより》、開山《かいざん》は蘭渓道隆《らんけいどうりゅう》）、円覚寺《えんがくじ》（開基は北条時宗《ときむね》、開山は無学祖元《むがくそげん》）などが代表格である。北条氏の禅宗保護は、禅が全国に広まるきっかけとなった。鎌倉末期には、禅寺を格付けする五山《ござん》

鶴岡八幡宮◆源頼義が石清水八幡宮を鎌倉由比の地に勧請したことに始まり、源義家が修復し、頼朝が現在地に移すなど源氏と関係の深いことから幕府の崇敬を集めた　神奈川県鎌倉市

永福寺跡◆源義経や藤原泰衡などの冥福を祈るため、源頼朝の発願により建立された。発掘調査により、二階大堂や阿弥陀堂、薬師堂、浄土庭園などの伽藍が確認されている。応永12年（1405）の火災により焼亡し、廃絶したが、現在復元整備が進められている　神奈川県鎌倉市

建長寺◆北条時頼を開基、蘭渓道隆を開山として建長5年（1253）に創建された。鎌倉後期にはたびたび炎上し、修繕費用に充てるための中国（元）に貿易船が派遣されている（建長寺船という）　神奈川県鎌倉市

十刹《じっさつ》の制度も誕生した。一方、西大寺《さいだいじ》（奈良市）の叡《えい》尊《ぞん》の関東下向以後、鎌倉で律宗がさかんに保護されるようになった。北条重時《しげとき》が創建した極楽寺《ごくらくじ》（神奈川県鎌倉市）や、金沢実時《かねさわさねとき》が創建した称名寺のような律院がひろまり、忍性《にんしょう》などが都市鎌倉を中心に非人《ひにん》救済や和賀江島《わかえじま》管理などの社会活動をおこなった。他にも、曹洞宗《そうとうしゅう》開祖《かいそ》の道元《どうげん》が鎌倉に下向したり、日蓮宗《にちれんしゅう》開祖の日蓮《にちれん》が鎌倉で盛んに活動して時頼に『立正安国論《りっしょうあんこくろん》』を献上したりするなど、多くの宗教者が鎌倉幕府の保護を得ようとした。

　鎌倉後期のモンゴル襲来は、幕府の宗教政策に大きな影響をもたらした。モンゴルらを調伏する、異国降伏祈祷を幕府が盛んにおこなったためである。鎌倉の御願寺はもちろん、諸国の一宮《いちのみや》・国分寺《こくぶんじ》・主要寺社にまで一斉に祈祷が命じられ、センゴルとの最前線となる九州の神社には手厚く祈りがささげられた。祈祷をおこなった寺社は、合戦で活躍した武士と同じように、恩賞を要求する。神風によるモンゴル・高麗《こうらい》軍撤退という言説と「日本の国土は神々によって護られている」という神国思想《しんこくしそう》は、神仏の功績をアピールして実利を得ようとする寺社側によって増幅された面が大きい。かくして幕府は、伊勢神宮《いせじんぐう》（三重県伊勢市）や九州の主要神社（宇佐宮《うさぐう》〈大分県宇佐市〉など）を対象として、失った神領《しんりょう》を強制的にもとに戻す神領興行をおこなった。

　寺社領は、別相伝《べちそうでん》（神職の家や僧などが寺社領を私的な所領として子孫らに相続するようになったもの）や寺社外の人間への売買などによって、次第に流出していた。神領興行《しんりょうこうぎょう》は、幕府の強権を背景に、それらを取り戻す政策である。特に著名なのは正和《しょうわ》元年（一三一二）に始まる九州五社神領興行法であり、幕府使節三人が九州に派遣され、訴訟を指揮した。もちろん御家人が保持していた元寺社領も対象となったが、幕府の支配下にない非御家人も対象となった。いわば荘園制《しょうえんせい》の経年劣化に対する対処策として、「徳《とく》政《せい》」が必要とされたのであった。

（木下竜馬）

【参考文献】
海津一朗『中世の変革と徳政』（吉川弘文館、一九九四年）
永井晋編『鎌倉僧歴事典』（八木書店、二〇二〇年）

無学祖元画像◆南宋出身の僧で、北条時宗の招きにより弘安２年（1279）に来日した。時宗のみならず多くの武士たちの帰依を受け、無学派の祖となった　東京大学史料編纂所蔵模写

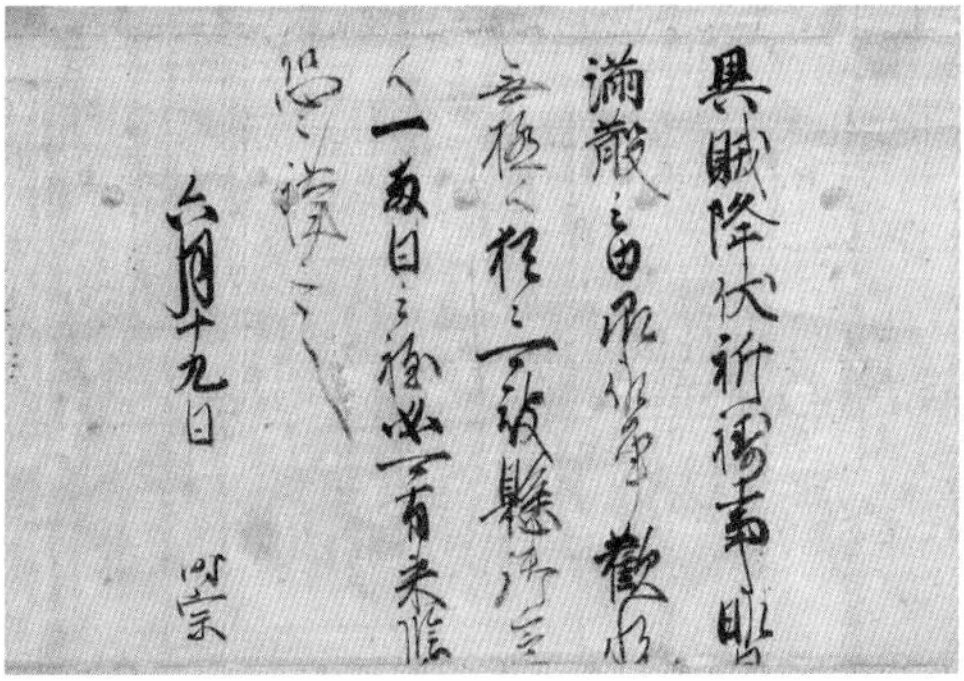

（年未詳）６月19日北条時宗書状◆今後も異国降伏祈禱に励むように命じている　九州国立博物館蔵　出典：ColBase（https://colbase.nich.go.jp/collection_items/kyuhaku/B24?locale=ja）

宇佐宮模型◆全国の八幡宮の総本社で、神宮寺の弥勒寺と一体のものとして宇佐八幡宮弥勒寺と称していた。模型はその様子をよく表している　大分県立歴史博物館蔵

13 対外関係《たいがいかんけい》——外交と貿易

平安時代、対外関係《たいがいかんけい》（外交と貿易）の窓口は九州の大宰府《だざいふ》（福岡県太宰府市）だった。外国の外交使節が訪れると、大宰府は朝廷に報告し、その指示を受けて対応にあたった。またこの時期、大陸と日本列島との貿易に従事したのは中国の貿易商人（海商《かいしょう》という）たちであったが、彼らを保護・統制し、貿易管理にあたっていたのも大宰府であった。

治承《じしょう》・寿永《じゅえい》の内乱《ないらん》後、鎌倉幕府は九州を統治するために御家人《ごけにん》天野遠景《あまのとおかげ》や武藤資頼《むとうすけより》を派遣したが、彼らは大宰府への関与を強めるようになる。とくに資頼は大宰府現地の最高責任者大宰少弐《だざいのしょうに》に任じられ、以後その地位は資頼の子孫に世襲される（武藤資頼の子孫は少弐《しょうに》氏と呼ばれるようになる）など、実質的に大宰府は鎌倉幕府の支配下に置かれることになった。こうして、東国に成立した鎌倉幕府も対外関係に深く関わっていくようになる。

まず、外交についてみよう。外国使節が来日すると、先にふれたように大宰府から朝廷に報告されることになっていたが、少弐氏は鎌倉幕府にも通報するようになる。安貞《あんてい》元年（一二二七）、高麗《こうらい》から倭寇《わこう》禁圧《きんあつ》を求める使節が来日し、国書《こくしょ》を持参したが、少弐氏は朝廷にはその控え（案文《あんもん》）を送り、原本（正文）は鎌倉幕府に送っていた。このようにして鎌倉幕府は外交ルートに組み込まれた結果、外交そのものにも関与していくようになる。天福《てんぷく》二年（一二三四）に高麗使が来日した際には、鎌倉幕府の意見により朝廷から返書を出すことが見送られ、また、延応《えんおう》二年（一二四〇）の高麗使に対しては、将軍から返書が出されることが検討された（実現はしなかった）ことが知られている。

鎌倉幕府の外交関与を決定的にしたのがモンゴル襲来である。文永《ぶんえい》の役《えき》・弘安《こうあん》の役《えき》前後を通じて、モンゴルはたびたび使節を大宰府に送って日本に服属を求めたが、モンゴルから送られてきた国書はまず鎌倉幕府に送られ、幕府から朝廷に伝えられた。返書を送るか

蒙古国牒状

上天眷命
大蒙古國皇帝奉書
日本國王朕惟自古小國之君
境土相接尚務講信脩睦況我
祖宗受天明命奄有區夏遐方異
域畏威懷德者不可悉數朕即
位之初以高麗無辜之民久瘁
鋒鏑即令罷兵還其疆域反其
旄倪高麗君臣感戴來朝義雖
君臣而歡若父子計
王之君臣亦已知之高麗朕之
東藩也日本密邇高麗開國以
來亦時通中國至於朕躬而無
一乘之使以通和好尚恐
王國知之未審故特遣使持書
布告朕志冀自今以往通問結
好以相親睦且聖人以四海為
家不相通好豈一家之理哉至
用兵夫孰所好
王其圖之不宣
至元三年八月　日

クビライ国書◆モンゴル皇帝クビライが日本に送った国書の写。国書の原本は伝わらないが、その様式を忠実に写し取っている　東大寺図書館蔵

否かはいちおう朝廷で審議されるたてまえになっていたが、実質的な決定は幕府に委ねられていた。文永六年（一二六九）来日のモンゴル使節に対して、朝廷では返書を送ることとし、文案まで作成されたものの、幕府によって握りつぶされた。また建治《けんじ》元年（一二七五）には、朝廷にモンゴル国書を回送する前に、幕府は使節を処刑していた。すでにこの段階で返書不

大宰府跡◆古代以来の対外関係の窓口。大宰府を押さえた鎌倉幕府も次第に外交や対外貿易に関わるようになっていった。現在は公園として整備されている　福岡県太宰府市

可は実質的に決まっていたといえよう。モンゴルとの交渉は戦争に直結するため、実際に戦闘にあたる幕府の判断が優先されたのであろう。その後のモンゴルとの交渉においては、貴族たちも、返書の可否を審議しながら、「最終的な方針は幕府が決めるであろう」と述べる始末であった（『勘仲記《かんちゅうき》』弘安二年七月二十九日条）。

一方、鎌倉時代になると、大宰府による貿易管理は衰退した。大宰府に代わって、海商たちは博多を拠点に有力貴族や中央の大寺社と結びつき、彼らの出資を受けて貿易を展開するようになる。両者を結びつけたのは、博多や大宰府周辺に展開した貴族たちの荘園や大寺社の末寺・末社であった。

鎌倉幕府も、当初は貿易関与に消極的であったが、十三世紀半ば以降になると、本格的に参入していくようになる。海商たちにとっても鎌倉幕府やその関係者は貴族や大寺社に並ぶ有力なパトロンであり、少弐氏が両者をつなぐ役割を果たした。文永元年、幕府は少弐氏に「御分唐船《ごぶんとうせん》」について指示を送っているが、これは少弐氏を通じて幕府が派遣に関わった貿易船のことと考えられている。さらにモンゴル襲来を機に鎮西《ちんぜい》探題《たんだい》が設置されるなど、幕府の鎮西支配が強化されると、貿易に占める幕府の存在はより大きなものになっていった。

注目されるのは、貿易による利潤を寺社の造営や修理費用にあてる寺社造営料船《じしゃぞうえいりょうせん》が、幕府関係者の出資を受けて次々に派遣されたことである。とくに正中《しょうちゅう》二年（一三二五）に派遣された建長寺《けんちょうじ》造営料船は幕府自身が出資したもので、御家人たちにその警護が命じられるなどの特権が与えられた。これらにより鎌倉には大量の唐物《からもの》がもたらされることになった。鎌倉の寺社に伝来する青磁《せいじ》の優品、あるいは発掘調査で出土する中国産陶磁器片《とうじきへん》などは、その一端を示すものである。

（高橋典幸）

【参考文献】

石井正敏『鎌倉「武家外交」の誕生』（ＮＨＫ出版、二〇一三年）
榎本渉「宋元交替と日本」（『岩波講座日本歴史第七巻 中世二』岩波書店、二〇一四年）
関周一「鎌倉時代の外交と朝幕関係」（阿部猛編『中世政治史の研究』日本史史料研究会、二〇一〇年）

鎌倉今小路遺跡から出土した青磁の破片◆幕府関係者の援助によって貿易船が盛んに派遣された結果、鎌倉には大量の唐物等がもたらされ、いたるところで中国や朝鮮半島産の陶磁器片が出土している　鎌倉市教育委員会蔵

14 都市鎌倉《とし かまくら》——武士の都の実像

都市鎌倉というと、三方を山、一方を海に囲まれた城塞《じょうさい》都市であり、また、平安京《へいあんきょう》のように碁盤目状に区画されていたと考える人も多い。鎌倉は「武士の都」だから、武士らしく城塞であり、都らしく碁盤目状である、という認識である。

ところが、どうやらそうではないらしい。山側から鎌倉へ入るには、切通《きりどお》しと呼ばれる人工的に開削された山中の細い道を通らなければならない。城塞都市の考え方に立てば、侵入する敵を迎撃する防御施設ということになるが、『吾妻鏡《あずまかがみ》』によれば、切通しの開削は山に囲まれた鎌倉の内外を往来しやすくするための交通・物流推進策であった。一方、南方には前浜《まえはま》と呼ばれる海浜が広がるが、ここにも多くの船が出入りしていたことが知られ、城塞のイメージとはほど遠い。幕府が鎌倉の城塞化を進めた形跡はなく、「武士の都」としての繁栄を考えるならば、山や海はむしろ障害であったというのが実情であろう。

また、鶴岡八幡宮《つるがおかはちまんぐう》から前浜へのびる若宮大路《わかみやおおじ》を平安京の朱雀大路《すざくおおじ》に見立て、碁盤目状に道路網が整備されたという見解についても、若宮大路に直行する道路が発掘調査で確認されないため、ほぼ否定されている。

では、城塞でも碁盤目状でもない鎌倉は、京都と比べてしょせん田舎であったかと言えば、そうではない。たしかに、紀行文『とはずがたり』に「袋の中に物を入れたるやうにすまひたる」と記されたように、鎌倉の狭さはいかんともしがたい。しかし、鎌倉中期になると「鎌倉中《かまくらちゅう》」という呼称が現れる。これは京都を「京中《きょうちゅう》」「洛中《らくちゅう》」というのと同じで、都市空間を表す表現であった。京都にいることを「在京《ざいきょう》」というが、これと対応するように、鎌倉後期には「在鎌倉《ざいかまくら》」という熟語も生まれた。

幕府の発展とは都市鎌倉の発展でもあり、鎌倉の都市整備は北条泰時《ほうじょうやすとき》が執権《しっけん》の時代に大きく進展したとされる。三浦半島から江戸湾を越えて房総半島へと向かう東海道《とうかいどう》が横切ることから、鎌倉はもともと東西方向を基軸としていた。これに対し、泰時は鶴岡八幡宮や将軍御所、北条氏邸宅などを核に、南北方向を基軸に都市整備を推進した。

　この頃、「保《ほ》」と呼ばれる行政区域が設定され、「保《ほ》奉行人《ぶぎょうにん》」という役人が置かれた。これは京都の都市制度を導入したものである。鎌倉が京都と並び称されるような都市となるうえで、摂家将軍《せっけしょうぐん》や親王将軍《しんのうしょうぐん》という高貴な身分の将軍が誕生したことの持つ意味は大きい。篝屋《かがりや》の設置や鎌倉大番役《かまくらおおばんやく》の整備には、京都／天皇御所と鎌倉／将軍御所とを同列視する発想がうかがえる。

　内部空間の災厄を除去する陰陽道《おんみょうどう》の境界祭祀である四境祭《しきょうさい》や七瀬祓《ななせのはらえ》の実施も、京都から導入したものである。小袋坂《こぶくろざか》や小坪《こつぼ》、六浦《むつら》や江ノ島《えのしま》など四境祭や七瀬祓の実施場所に囲まれた範囲が、「鎌倉中」と観念された空間を核とする都市圏であろう。

　経済面でも鎌倉は発展していく。将軍や北条氏など幕府中枢の有力者が集住したことで、一大消費都市となった。商工業者が移住し、市中に商業地区が設定され、前浜には各地から送られてきた年貢などを収める倉庫が立ち並び、船が着岸できるよう和賀江島《わかえじま》とよばれる人工島までつくられた。外港としては六浦《むつら》（横浜市金沢区）も重要である。鎌倉は陸海の交通いずれにもアクセスしており、日宋《にっそう》・日元貿易《にちげんぼうえき》で輸入された大陸の文物も数多くもたらされた。

若宮大路側溝から出土した御家人の名を記す木簡◆「伊北太郎跡」「くにの井の四郎入道跡」の名が見え、御家人役として若宮大路側溝の造作を担ったことがわかる
鎌倉市教育委員会蔵

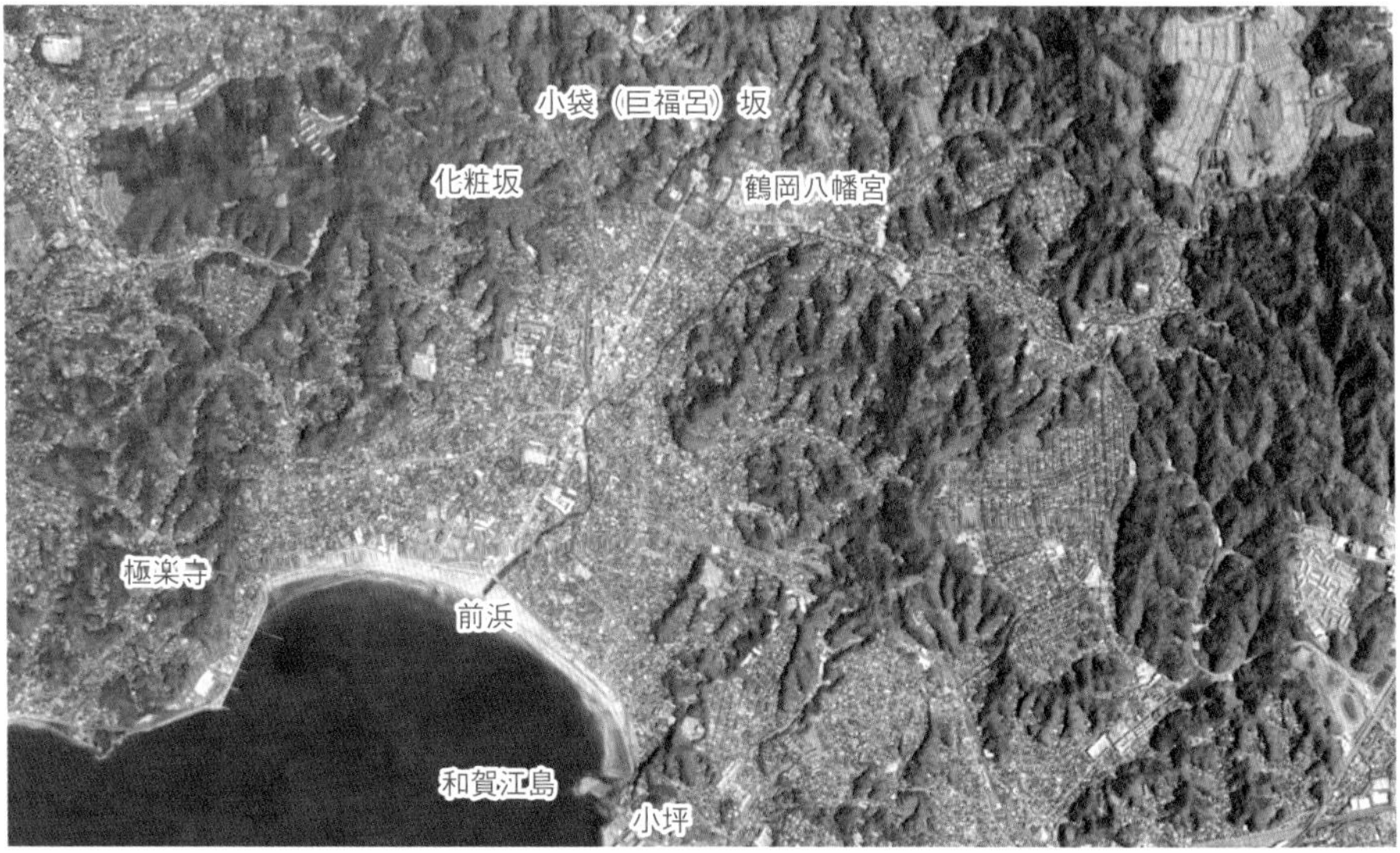

鎌倉の空中写真◆画像提供：鎌倉市役所まちづくり計画部都市計画課

都市の富に引き寄せられるように、多様な人々が流入した。律宗《りっしゅう》の忍性《にんしょう》は、都市境界部の地獄谷《じごくだに》に建てられた極楽寺《ごくらくじ》を拠点に、貧民や病人の救済に励んでいる。山の崖にはやぐらと呼ばれる横穴の葬送施設が無数につくられ、海の浜にも大量の人や動物の骨が埋葬された。都市の周縁部には死の世界も広がっていたのであり、繁栄の裏返しとも言えよう。

人口の増加で、鎌倉の土地はいよいよ手狭になる。北条氏一族の屋敷も、山内《やまのうち》や名越《なごえ》や極楽寺のように、周縁部に多いが、そもそも一般御家人の多くは鎌倉に住まず、給人《きゅうにん》（家臣）を駐在させ、空いた部屋は庶民に貸していた。すなわち「武士の都」に軍隊はいなかったのである。ゆえに、俗に「いざ鎌倉」というように、ひとたび有事が起これば、各地から御家人たちは鎌倉に駆けつけたのであった。

（下村周太郎）

【参考文献】

秋山哲雄『都市鎌倉の中世史』（吉川弘文館、二〇一〇年）
高橋慎一朗『中世鎌倉のまちづくり』（吉川弘文館、二〇一九年）
中世都市研究会編『鎌倉研究の未来』（山川出版社、二〇一四年）

まんだら堂やぐら群◆名越切通しにあり、約150もの穴の中には五輪塔が多数見られる　神奈川県鎌倉市

化粧坂切通し◆鎌倉七口のひとつで、新田義貞の鎌倉攻めの際にここで戦闘がおこなわれた　神奈川県鎌倉市

和賀江島◆鎌倉幕府が築いた人工島。満潮時には海面下にあるが、潮が引くと現れる　神奈川県鎌倉市

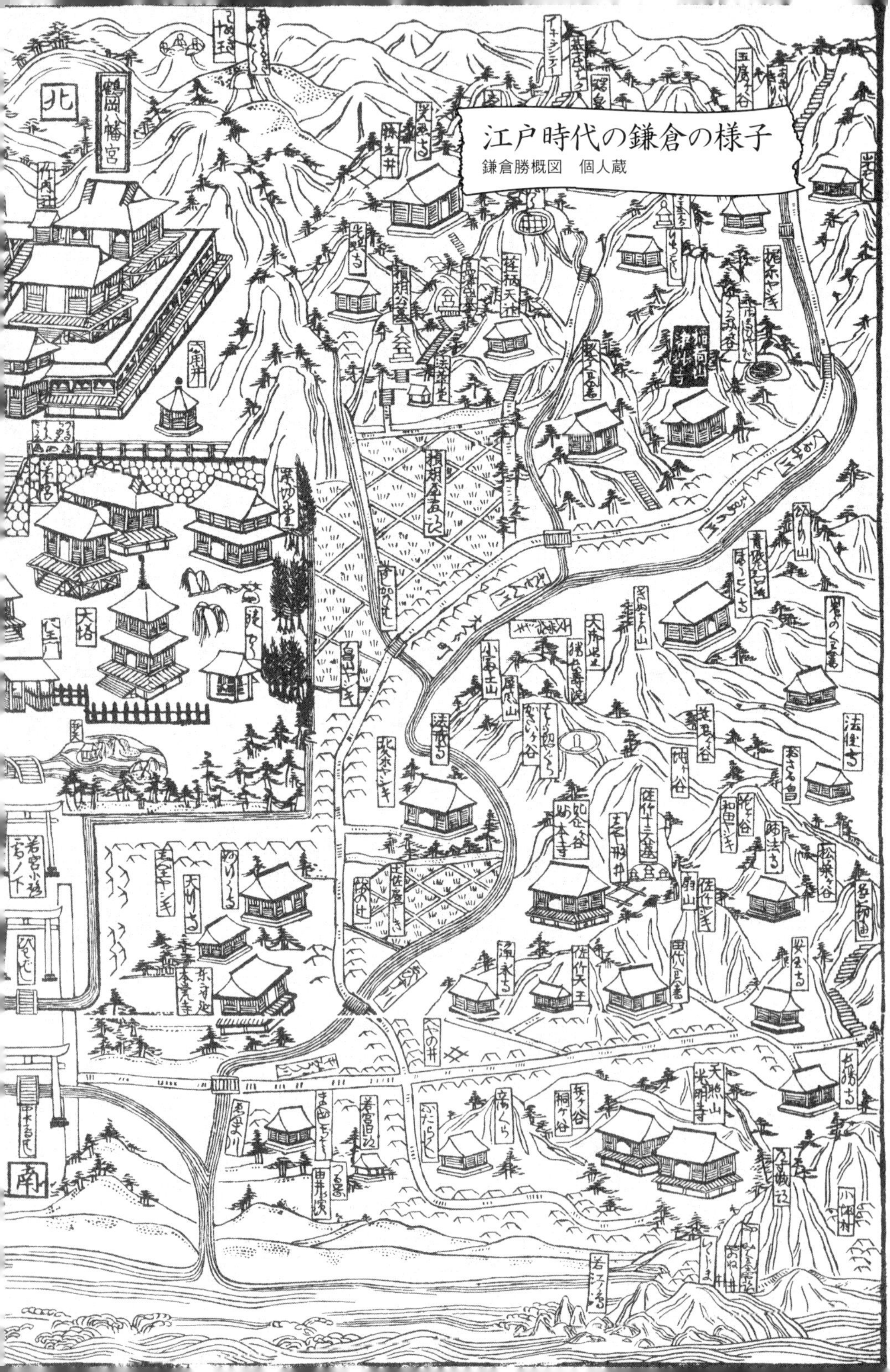

江戸時代の鎌倉の様子

鎌倉勝概図　個人蔵

瑞鹿山
圓覚寺
明月院
禅興寺
洪鐘
松岡山
東慶寺
荘厳院
亀谷切通
十六の井
源氏山
浄光明寺
いづみの井
大仏切通
光則寺
小別当
七里濱

視点 将軍御所の変遷

将軍御所は、一期が大倉御所《おおくらごしょ》、二期が「義時大倉亭《よしときおおくらてい》」、三期が宇都宮辻子御所《うつのみやずしごしょ》、四期が若宮大路御所《わかみやおおじごしょ》と、三度移転している。

治承《じしょう》四年（一一八〇）十月、鎌倉入りした源頼朝《みなもとのよりとも》は亀谷《かめがやつ》にある父義朝《よしとも》の旧宅跡（現在の寿福寺《じゅふくじ》）を訪れる。ここに御所を造営しようとしたのだが、土地が狭いことなどから断念した。結局、大倉郷に定まり、十二月、完成した大倉御所へ入った（一期）。場所は鶴岡八幡宮《つるがおかはちまんぐう》の東隣で、一帯には「東御門《ひがしみかど》」・「西御門《にしみかど》」・「南御門《みなみみかど》」などの地名が残る。実朝《さねとも》が暗殺された建保《けんぽう》七年（一二一九）の年末、失火で焼失した。

次期将軍候補として藤原《ふじわらの》（九条《くじょう》）三寅《みとら》（のちの頼経《よりつね》）が迎えられると、北条義時《ほうじょうよしとき》の「大倉亭」へ入った（二期）。政子《まさこ》も断続的にここに居住したと見られる。所在地をめぐっては、大倉御所東方の二階堂大路《にかいどうおおじ》東側（二階堂大路仮御所）、大倉御所南方の小町大路《こまちおおじ》東側（宝戒寺《ほうかいじ》一帯）、大倉御所北西部（源頼朝法華堂《ほっけどう》付近）など諸説ある。いずれにせよ、三寅はわずか二歳であり、政変直後の鎌倉でもあるから、政子と義時にかくまわれる形で、事実上の将軍と執《しっ》権《けん》と次期将軍の同居がおこなわれたのである。

嘉禄《かろく》元年（一二二五）、政子が没すると、執権を継いでいた北条泰時《やすとき》は三寅（頼経）を名実ともに将軍として推戴するべく、新たに宇都宮辻子御所を建造した（三期）。この御所は、東側が小町大路に面しており、北側には執権泰時邸があった。幼い摂家将軍《せっけしょうぐん》は執権の保護と監視のもとにあった。

十年ほど経った嘉禎《かてい》二年（一二三六）、頼経の病の原因が土地の祟りとされたことから、御所再移転の話が持ち上がり、若宮大路御所が新造された（四期）。この御所は若宮大路に面する泰時邸の南部分に造られた。執権と将軍の関係はさらに深まったといえよう。

このように将軍御所と執権北条氏の邸宅とは、密接に関連しながら変遷している。加えて、一・二期は東西方向の六浦道《むつらみち》や横大路《よこおおじ》に沿う形で立地したが、三・四期は南北方向の小町大路や若宮大路に面している。このことは、商業地の発展や港湾としての前浜の重要性に対応した、泰時の時代の都市計画とも連動している。

（下村周太郎）

【参考文献】
秋山哲雄『北条氏権力と都市鎌倉』（吉川弘文館、二〇〇六年）
高橋慎一朗『武家の古都、鎌倉』（山川出版社、二〇〇五年）
西田友広「北条義時の「大倉亭」」（『鎌倉遺文研究』四六号、二〇二〇年）

将軍御所関連地図

※「義時大倉亭」御所の場所は諸説あり具体的な位置は確定していない

宇都宮稲荷神社（宇都宮辻子御所跡）◆神奈川県鎌倉市

「大蔵幕府旧蹟」の碑◆神奈川県鎌倉市

15　年中行事《ねんじゅうぎょうじ》――幕府が重んじた儀式

平安時代の朝廷では、年中行事《ねんじゅうぎょうじ》の整備が進められた。年中行事は朝廷の繁栄や社会秩序の安定のためにおこなうものであり、統治行為の一部であった。

鎌倉幕府も統治者として年中行事をおこなった。朝廷や貴族のそれを導入したものもあれば、独自に整備したものもある。また、一口に幕府の年中行事といっても、幕府という組織の行事、将軍家や得宗家《とくそうけ》といった幕府首班の家の行事、幕府直轄の寺社の行事などが複合している。

多くは年始儀礼で正月に集中している。その代表は正月三箇日におこなわれる垸飯《おうばん》で、参加者が飲食をともにする饗応儀礼である。貴族社会でも見られた慣行が、幕府成立期に導入された。

弓始《ゆみはじめ》（的始《まとはじめ》）・御行始《ごこうはじめ》・御鞠始《おまりはじめ》・評定始《ひょうじょうはじめ》など、「○○始」と称される行事も多い。新たな時のはじまりを宣言する事始型儀礼のうち、年の替わりを機におこなわれるもので、現代の書初めや仕事始めに通じる。例えば御行始は、将軍が一年で最初に外出する行事で、得宗の邸宅に出かけるのが恒例となった。弓始は御家人が御所で一年の最初に弓を射る行事で、射手《いて》は二人ずつ番となり的中数を競った。室町幕府にも引き継がれている。この他にも、将軍による鶴岡八幡宮《つるがおかはちまんぐう》への初詣や二所《にしょ》（箱根《はこね》・伊豆《いず》両権現《りょうごんげん》）への参詣ないし奉幣《ほうべい》、御所における心経会《しんぎょうえ》などが正月におこなわれる。

一連の正月行事と並び、年中行事の核となったのが八月の鶴岡八幡宮放生会《ほうじょうえ》で、十五日の放生会と十六日の流鏑馬《やぶさめ》（馬場《ばば》の儀《ぎ》）とで構成される。放生会は仏教の教えに基づき魚や鳥などの生き物を池や野に放つ行事で、宇佐《うさ》・石清水《いわしみず》両八幡宮でおこなわれていたものが導入された。流鏑馬は院政期に京都近郊の神社で流行した武芸で、鎌倉では放生会とセットとなった。

垸飯や流鏑馬といった大きな行事の費用は御家人《ごけにん》が負担し、将軍が出向く場合の供奉《ぐぶ》も御家人の役務であった。幕府行事への参加や費用負担は御家人の名誉であると同時に、負担感も大きかったようで、『吾妻鏡』からは何かしらの口実をさがしては行事に欠席しようとする御家人の様子もうかがえる。

（下村周太郎）

鶴岡八幡宮の流鏑馬◆院政・鎌倉期に武士の武芸として重んじられた流鏑馬だが、室町・戦国期になると儀式化・形骸化が進んだ。現在各地で行われているのは、江戸時代に復元されたもの　画像提供：鎌倉市観光協会

【参考文献】
赤澤春彦「鎌倉幕府における神事・仏事と将軍権力」（遠藤基郎編『生活と文化の歴史学２　年中行事・神事・仏事』竹林舎、二〇一三年）
秋山哲雄『都市鎌倉の中世史』（吉川弘文館、二〇一〇年）
桃崎有一郎「鎌倉幕府の儀礼と年中行事」（五味文彦ほか編『現代語訳吾妻鏡別巻　鎌倉時代を探る』吉川弘文館、二〇一六年）

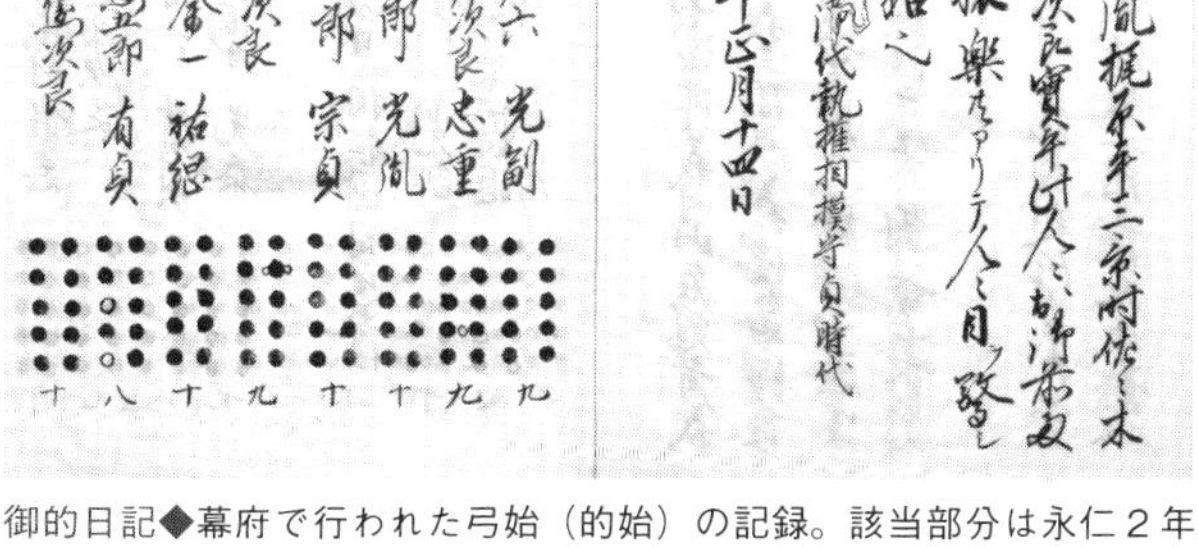
永仁二年正月十四日
一番
二番
三番
四番

御的日記◆幕府で行われた弓始（的始）の記録。該当部分は永仁２年正月14日におこなわれた弓始に関するもので、武田・曽我・本間・海野ら御家人の名が見える。的中・不的中を○●で表している　国立公文書館蔵

16 鎌倉幕府の文書《もんじょ》――統治を支えた行政文書

鎌倉幕府が発給した文書には、下文様《くだしぶみよう》と書札様《しょさつよう》の二系統があった。前者は、官文書《かんもんじょ》の様式を踏襲したもので、将軍が発給した下文を代表例とする。一方後者は、書状様式の文書で、将軍の意思を奉じて発給された御教書《みぎょうしょ》を代表例とする。ここでは紙幅の都合上、関東が発給した下文・下知状《げちじょう》・御教書を中心に述べることとする。

下文は、十一世紀以降、太政官《だいじょうかん》のみならず、上皇(院)をはじめとする権門《けんもん》の家政機関(政所《まんどころ》)の発給文書として広まった。家政機関を設置できたのは三位《さんみ》以上の位階《いかい》を持つ公卿《くぎょう》だったが、そうでない場合、自ら花押《かおう》を据えて「下」字から書き始める様式の下文を発給した。公卿になる以前の源頼朝《みなもとのよりとも》もこのタイプの下文を使用し、以降、政所開設前の将軍に踏襲された。

しかしその一方で、建仁《けんにん》三年(一二〇三)に幼い源実《さね》朝《とも》が三代将軍に擁立されると、承元《じょうげん》三年(一二〇九)に実朝が公卿になって政所下文を発給するまでの間、将軍の意思を奉じる下知状という新しい様式の文書が発給された。下知状は下文の代用として開発されたわけだが、そのため本来、その使用は下文が発給されないときに限られていた。ところが、嘉禄《かろく》元年(一二二五)、四代将軍になる藤原《ふじわらの》(九条《くじょう》)頼経《よりつね》が元服して下文を発給するようになっても、下知状の発給が続けられ、下文と下知状は併用されるようになった。しかも、下文は所職《しょしき》の給与と譲与《じょうよ》の安堵のみに使用されるのに対し、下知状は裁許をはじめとするあらゆる局面において使用され、鎌倉幕府の文書体系の中心に据えられる文書になったのである。このような下知状の登場と機能の拡大は、その実質的な発給者である北条氏《ほうじょう》(執権《しっけん》・連署《れんしょ》)による幕府権力の掌握の様相を表している。

このように下文は変質し、下知状と同質化していったわけだが、その様相は政所下文の様式の変化にも確認できる。すなわち、当初の政所下文の宛所《あてどころ》(「下」

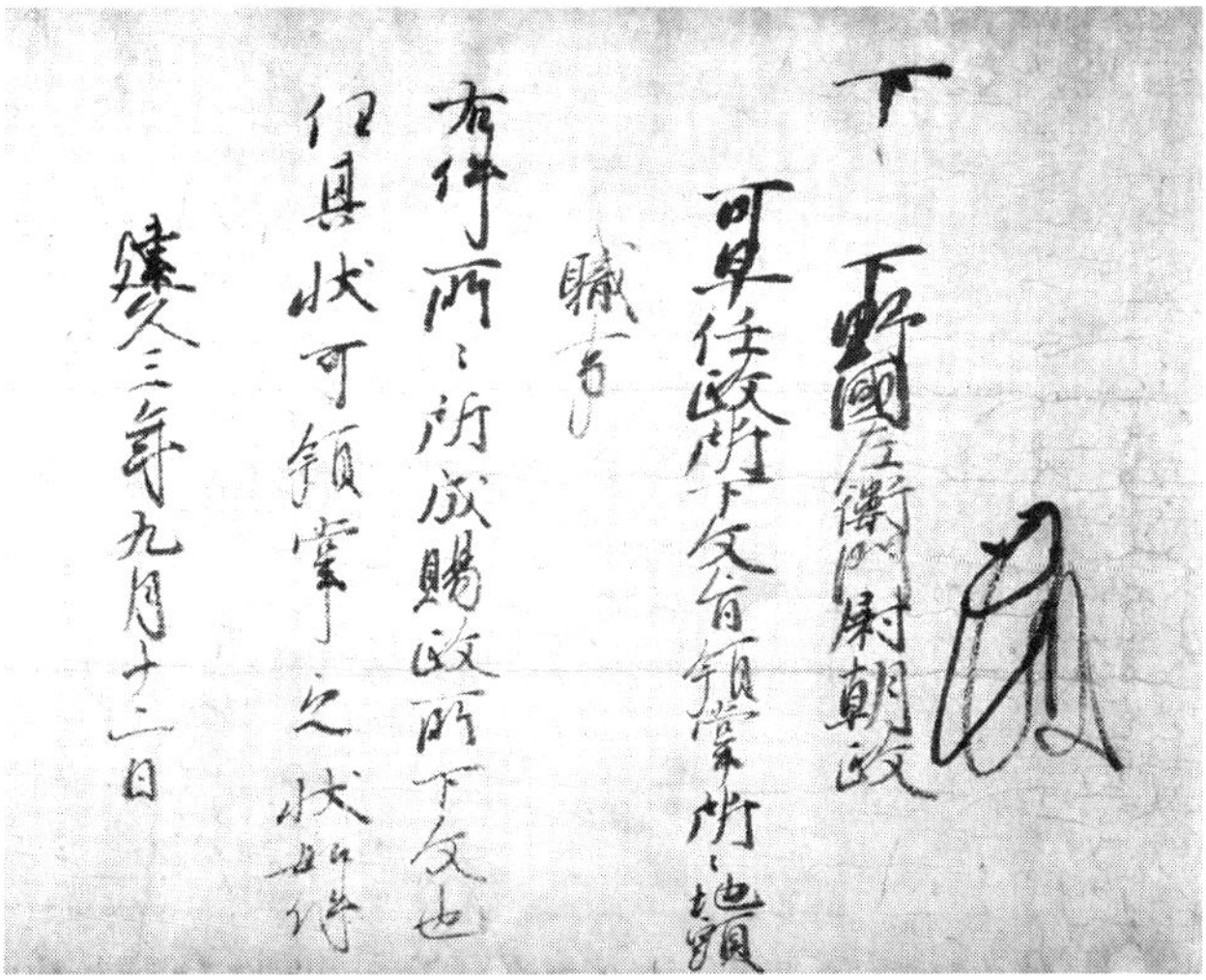

建久３年９月12日源頼朝袖判下文◆神奈川県立歴史博物館蔵
菱沼一憲『源頼朝』（戎光祥出版、2017年）より転載

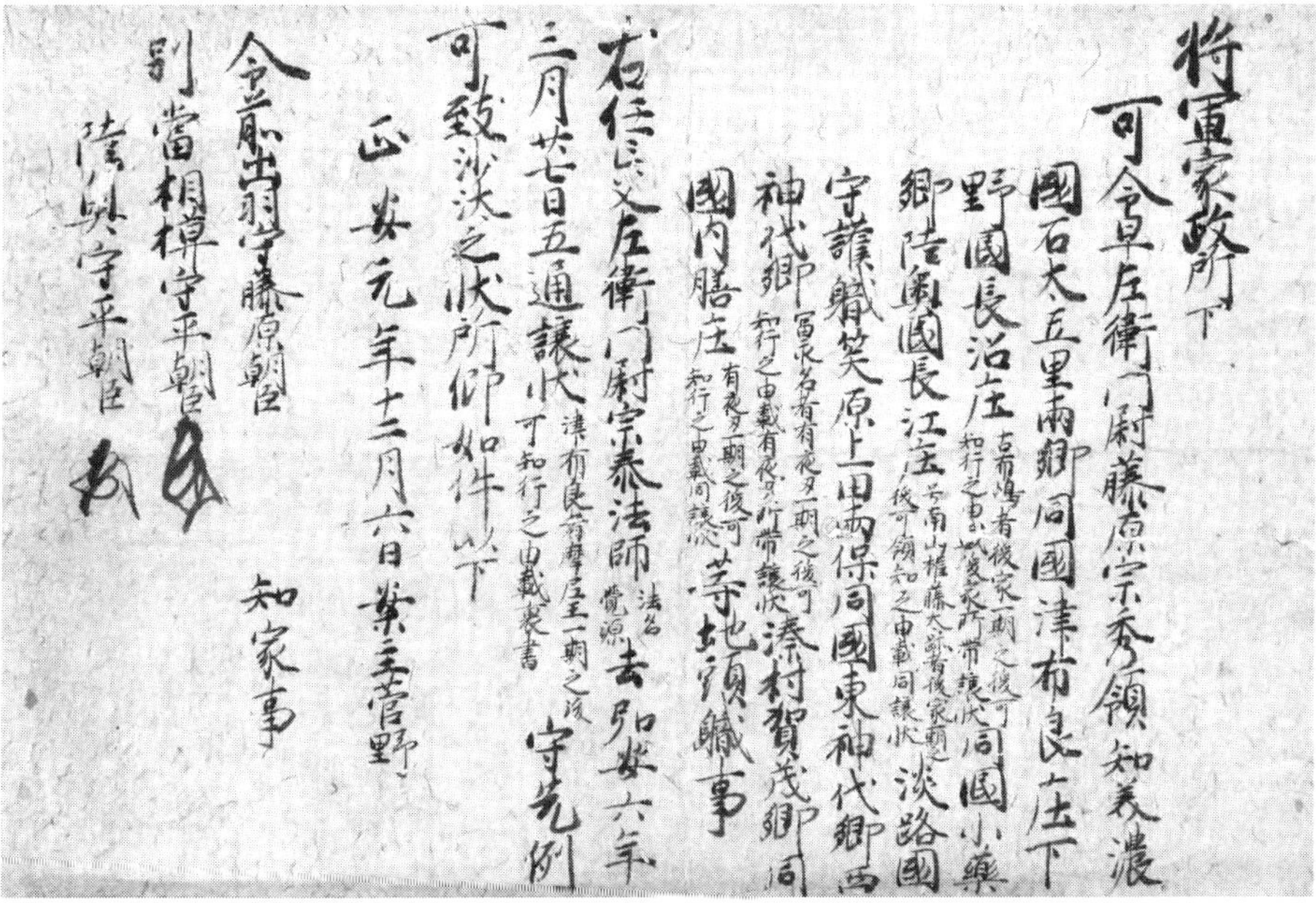

正安元年12月6日将軍（久明親王）家政所下文◆宮内庁書陵部蔵

字の下）には在地の「住人等」が記されたが、事書《ことがき》に受給者を記す下知状が発給されるようになると、政所下文の宛所もその実際の受給者を記すものが現れた（複数所領を安堵する下文の様式）。そして、文永《ぶんえい》三年（一二六六）に七代将軍になった惟康王《これやすおう》は、同七年末に公卿になるまで下文の発給が止められたが、その後発給された政所下文には宛所が記されなくなった。これは、宛所を持たない下知状の様式に引きずられた結果を示しているとみられる。

一方、書札様の代表例である御教書は、当初、幕府の意思を伝達することを目的に使用され、限時的効力を持つにすぎなかった。しかし、執権北条泰時《やすとき》の執政期以降、①法令施行、②幕府とゆかりの深い寺社の所職補任《ぶにん》・安堵、③御家人に対する所職の給与・安堵、④幕府が補任権を持たない公家・寺社の所職への安堵、にも使用されるようになった。御教書は次第に機能を拡大させ、下文や下知状と同じく永続的効力を期待される文書となっていったのである。この背景には、上述したように下文の用途が所職の給与と譲与の安堵に限定され、さらに下知状も裁許文書として用途が固定化していくという事情があったと考えられる。御教書は柔軟な文書として、臨機応変に活用されたわけだが、幕府が関与すべきではないと判断した案件には使用されなかった。このような案件に幕府が対応する場合は、得宗《とくそう》が発給する書状が使用されており、得宗書状は幕府の公的機能を表現する新たな文書として登場したのである。

（田中大喜）

【参考文献】

近藤成一「文書様式にみる鎌倉幕府権力の転回」（同『鎌倉時代政治構造の研究』校倉書房、二〇一六年、初出一九八一年）
佐藤進一『古文書学入門』（法政大学出版局、一九七一年、新版一九九七年）
佐藤秀成「将軍家下文の変化」（同『鎌倉幕府文書行政論』吉川弘文館、二〇一九年、初出一九九九年）
佐藤秀成「関東御教書再考」（同右書）
佐藤雄基「文書史からみた鎌倉幕府と北条氏」（『日本史研究』六六七号、二〇一八年）

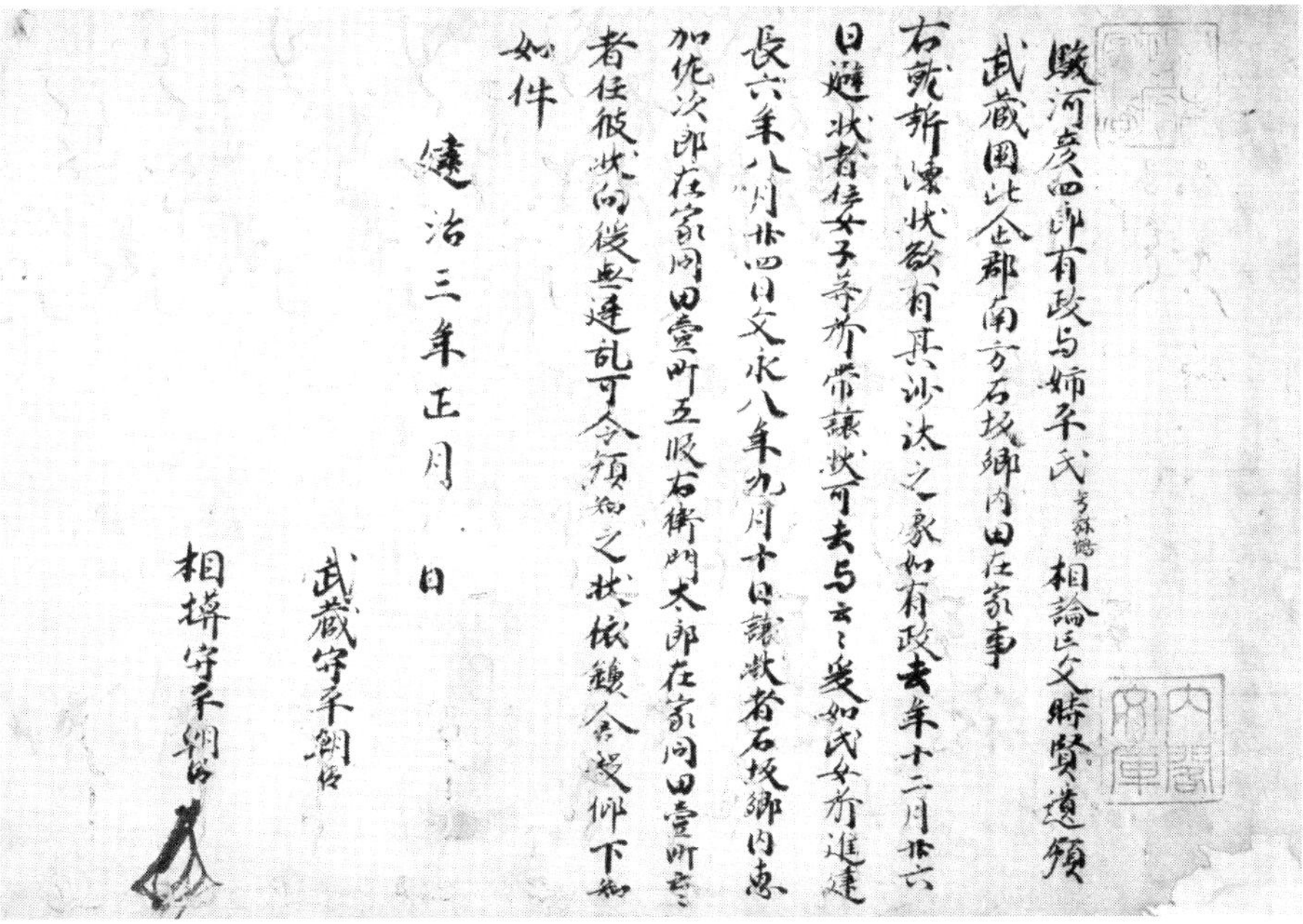
駿河彦四郎有政与姉平氏相論亡父時賢遺領
武蔵国比企郡南方石坂郷内田在家事
右就訴陳状欲有其沙汰之処如有政去年十二月廿六
日避状者倭文子等所帯譲状可去与云々爰如氏女所進建
長六年八月廿四日文永八年九月十日譲状者石坂郷内恵
加佐次郎在家同田壹町五段右衛門太郎在家同田壹町壱
者任彼状向後無違乱可令領知之状依鎌倉殿仰下知
如件
建治三年正月　日
武蔵守平朝臣
相模守平朝臣

建治３年正月日関東下知状◆朽木家古文書　国立公文書館蔵

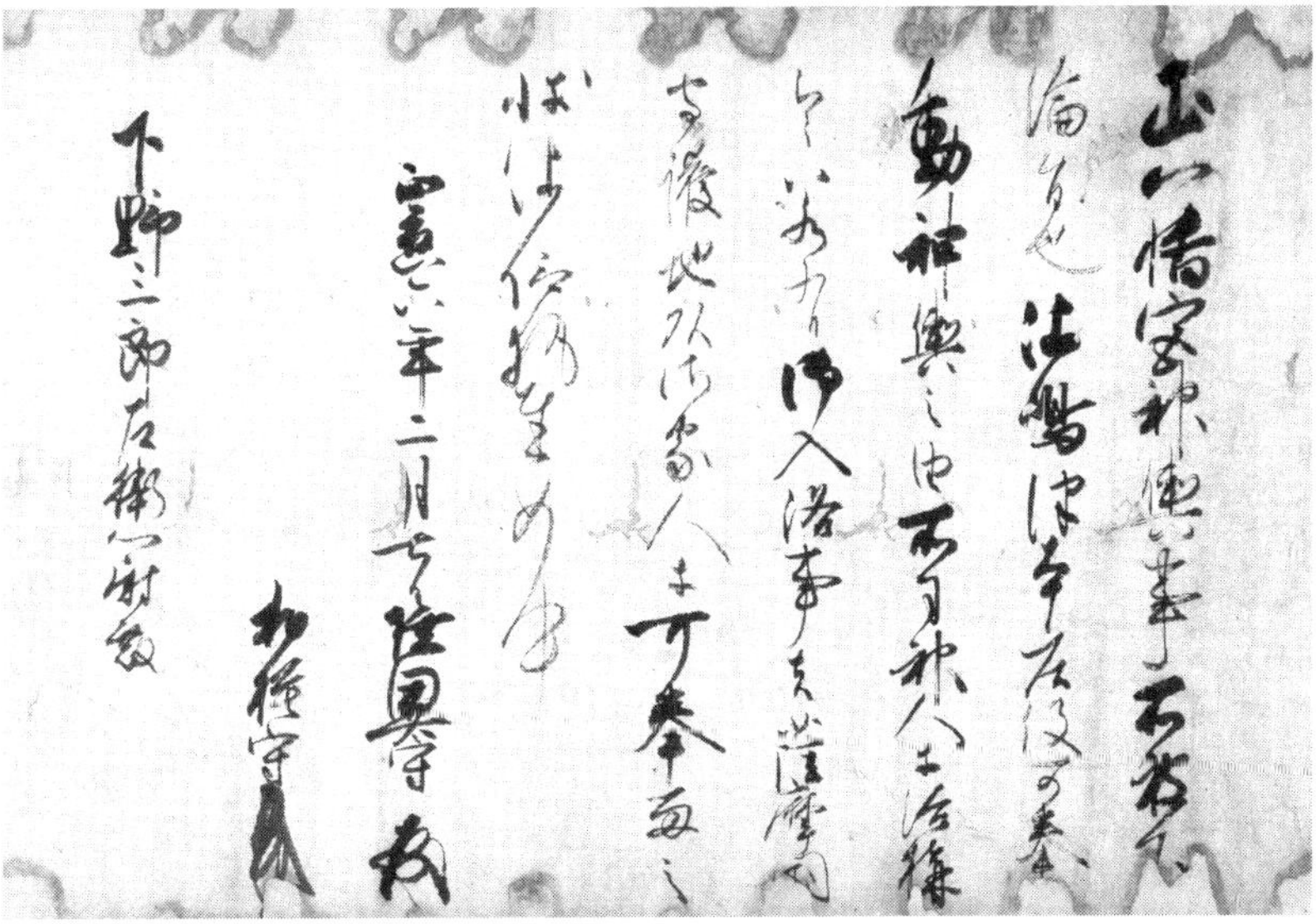

正応６年２月７日関東御教書◆島津家文書　東京大学史料編纂所蔵

17 吾妻鏡《あずまかがみ》——鎌倉幕府の正史

鎌倉幕府が編纂した、将軍の年代記の体裁をとる歴史書。治承《じしょう》四年（一一八〇）四月九日の東国武士たちに挙兵を促す以仁王《もちひとおう》の令旨《りょうじ》が出された記事に始まり、文永《ぶんえい》三年（一二六六）七月二十日に前将軍宗尊親王《むねたかしんのう》が鎌倉を追われて京都に戻った記事をもって終える。

成立時期は明らかにならないが、第四十二巻の宗尊将軍記の袖書《そでがき》に、後深草院《ごふかくさいん》が「院」とのみ記され、正応《しょうおう》三年（一二九〇）二月に出家することが記されている点から、正応三年二月以後、亡くなる嘉元《かげん》二年（一三〇四）七月以前の成立というのが大枠となる。そのうえで、吾妻鏡《あずまかがみ》には多くの文書が収録されているが、それらのなかには永仁《えいにん》の徳政令《とくせいれい》に関連するものが多くある点に着目すると、成立の上限は永仁五年（一二九七）以降に絞られる。

また、編纂者も不明だが、北条《ほうじょう》氏一門の金沢《かねさわ》氏の周辺、あるいは得宗《とくそう》の周辺の人物を中心に編纂されたと推測されている。ただし、単独の編纂者が頼朝将軍記から順を追って最後まで記述したとみるのは難しく、後述するように少なくとも三つの編纂グループが置かれ、同時並行で編纂を進めたと考えられる。

吾妻鏡の編纂材料となった原史料には、①幕府奉《ぶ》行人《ぎょうにん》が作成した行事記録や日記、②幕府陰陽師《おんみょうじ》の家や鶴岡八幡宮《つるがおかはちまんぐう》に伝わった記録、③合戦に際して作成された記録（合戦記や申詞記《もうしことばき》）、④公家の日記や朝廷から届いた文書《もんじょ》、⑤御家人や寺社が訴訟の際に提出した文書、⑥幕府内部で作成した文書、⑦伊勢神宮《いせじんぐう》および善光寺《ぜんこうじ》の文書、など多様な諸史料が確認されている。

冒頭で述べたように、記事は将軍の年代記の体裁をとるが、日記記述の特色である天候記述の有無や文書引用の度合いといった原史料の利用という観点から記事を分類すると、（1）頼朝《よりとも》将軍記、（2）頼家《よりいえ》将軍記・実朝《さねとも》将軍記・頼経《よりつね》将軍記・頼嗣《よりつぐ》将軍記、（3）宗尊将軍記、の三つにわけることができ、それぞれ編纂方法に違いがあった様子がうかがえる。

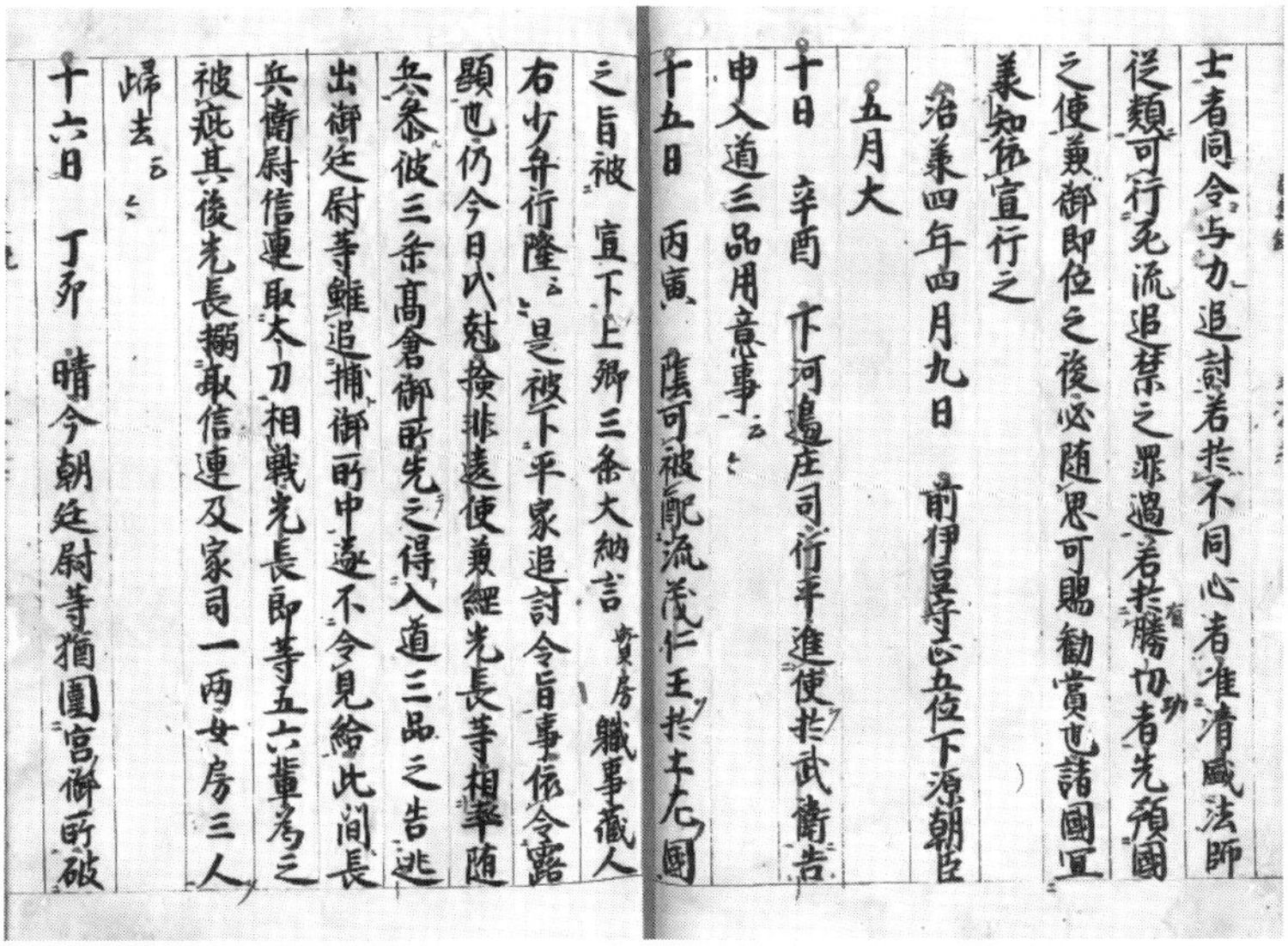
士者同令与力追討若於不同心者准清盛法師
従類可行死流追禁之罪過若於有勝功者先預國
之使兼御即位之後必随思可賜勧賞也諸國冝
承知依宣行之
治承四年四月九日　前伊豆守正五位下源朝臣
五月大
十日　辛酉　下河邊庄司行平進使於武衛告
申入道三品用意事云々
十五日　丙寅　陰可被配流以仁王於土左國
之旨被　宣下上卿三条大納言実房　職事蔵人
右少弁行隆云々　是被下平家追討令旨事依令露
顕也仍今日以検非違使兼綱光長等相率随
兵参彼三条高倉御所先之得入道三品之告逃
出御廷尉等雖追捕御所中遂不令見給此間長
兵衛尉信連取太刀相戦光長郎等五六輩為之
被疵其後光長搦取信連及家司一両女房三人
帰去云々
十六日　丁卯　晴今朝廷尉等猶圍宮御所破

北条本吾妻鏡◆「北条本」は、戦国大名北条氏に伝わった金沢文庫本系の写本で、北条氏直が天正18年（1590）に黒田如水に贈ったものを、慶長9年（1604）に如水の子長政が徳川秀忠に献上したもの　国立公文書館蔵

すなわち、（1）は天候記載が少なく、文書引用が多いことから、日記を原史料としてはほとんど使用せず、代わって文書やその控えを引用しながら記事を作成した。反対に（2）は天候記載が多く、文書引用が少ないことから、多くの記事が日記を原史料とし、文書をもとに記事を作成するという方法はほどんど用いなかった。（3）は天候記載も文書引用も多いことから、日記を活用する一方、文書は原史料をそのまま引用するという方法を多く用いた、という違いがうかがえるのである。このような編纂方法の違いは、編纂担当グループの違いと対応しているのかもしれない。

ところで、吾妻鏡は戦国時代になってから多くの関心が持たれるようになったといわれているが、実は早くに散逸しており、室町時代にはすでに入手しがたい稀覯本《きこうぼん》となっていた。しかも、揃いの完本の形では伝来しておらず、一部の記事のみを断片的に写し留めた抄出本《しょうしゅつぼん》や数年分の零本《れいほん》の形で伝わっている場合がほとんどだった。それでも現在では、吉川本《きっかわぼん》や北条本《ほうじょうぼん》という大部の吾妻鏡が存在するが、これらは何者かによって四十二巻ないし四十三巻まで集められた本を入手した右田弘詮《みぎたひろあき》と徳川家康《とくがわいえやす》という二人が、さらに本文の収集と復元をおこなうことでまとめ上げた集成本なのである。つまり、吉川本や北条本をはじめとする大部の吾妻鏡はどれも取り合わせ本にすぎず、現在では吾妻鏡の原形を知ることはできないという事実を認識しなければならない。

このように現在の吾妻鏡は、集成本も抄出・零本もいずれも写本であり、伝来もまちまちであるため、それぞれに文字の異同や記事内容の相違が認められる。

徳川家康画像◆江戸幕府の初代将軍で、吾妻鏡の伝来に大きな役割を果たした　埼玉県行田市・忍東照宮蔵　画像提供：行田市郷土博物館

吾妻鏡は鎌倉時代の基本史料だが、こうした史料的特色と、上述したような性格の異なる多様な諸史料を原史料とした編纂物であることとを充分に理解して、使用する必要がある。

（田中大喜）

【参考文献】

井上聡「『吾妻鏡』の成立とその構成および伝来をめぐって」（『季刊　悠久』一五〇号、二〇一七年）

五味文彦『増補吾妻鏡の方法〈新装版〉　事実と神話にみる中世』（吉川弘文館、二〇一八年）

高橋秀樹「吾妻鏡原史料論序説」（佐藤和彦編『中世の内乱と社会』東京堂出版、二〇〇七年）

『島津家本吾妻鏡の基礎的研究』（東京大学史料編纂所研究成果報告書　二〇一七―一、研究代表者　高橋秀樹、二〇一八年）

あとがき

本書の編集・執筆の依頼を受けたとき、「図説」という本書の特色が発揮される場は、第一に学校の教育現場であってほしいと考えた。中学校や高等学校の多くでは、社会科の授業に図説が副教材として用いられている現状に鑑みると、本書もその一つに加わることが最も望ましいと思ったが、鎌倉幕府に内容が特化した本書ではそれは難しいと判断した。そこで、先生方の授業準備の教材として活用されることを意識して、本書の作成に取り組むことにした。本書の刊行を直前に控えた今は、この願いが少しでも叶うことを祈るばかりである。

鎌倉幕府研究は、戦前以来の重厚な研究史を有する、日本中世史研究の王道ともいうべき研究テーマである。そのため、わたし一人の能力ではこの豊かな研究成果を余すところなく伝えることは無理と考え、木下竜馬・工藤祐一・下村周太郎・高橋典幸の四氏にご協力を仰ぐことにした。近年の鎌倉幕府研究をリードしてきたこの四氏にご協力いただけたことで、本書は充実した内容を備えることができたと考えている。また、本書には図版が豊富に掲載されているが、これらは丸山裕之氏をはじめとする戎光祥出版株式会社編集部の方々のご尽力によるものである。最後になったが、ご多忙のなかご執筆いただいた四氏と戎光祥出版編集部の方々に、この場を借りて厚く御礼申し上げたい。

二〇二一年四月

田中大喜

執筆者一覧

田中大喜（別掲）

高橋典幸

一九七〇年生まれ。東京大学大学院博士課程中退。現在、東京大学大学院人文社会系研究科教授。

〔主な業績〕『鎌倉幕府軍制と御家人制』（吉川弘文館、二〇〇八年）、『源頼朝』（山川出版社、二〇一〇年）、『中世史講義【戦乱篇】』（編著、筑摩書房、二〇二〇年）

下村周太郎

一九八一年生まれ。早稲田大学大学院博士後期課程修了。現在、早稲田大学文学学術院准教授。

〔主な業績〕『小金井市史　通史編』（共著、小金井市、二〇一九年）、『新府中市史　中世　資料編』（共著、府中市、二〇二〇年）、「中世国家論と陰陽道研究」（『新陰陽道叢書2　中世』名著出版、二〇二一年）

木下竜馬

一九八七年生まれ。東京大学大学院修士課程修了。現在、東京大学史料編纂所助教。

〔主な業績〕「鎌倉幕府による裁許の本所申入」（『日本歴史』八三二、二〇一七年）、「武家への挙状、武家の挙状」（『史学雑誌』一二八―一、二〇一九年）、「鎌倉幕府の法と裁判へのまなざし」（秋山哲雄・田中大喜・野口華世編『増補改訂新版　日本中世史入門―論文を書こう―』勉誠出版、二〇二一年）

工藤祐一

一九八九年生まれ。学習院大学大学院博士後期課程単位取得退学。現在、駒場東邦中学校・高等学校教諭。

〔主な業績〕「六波羅探題の成立と「西国成敗」」（『鎌倉遺文研究』三七号、二〇一六年）、「鎌倉殿御使と文治記録所」（小原仁編『変革期の社会と九条兼実』勉誠出版、二〇一八年）、「鎌倉時代の荘園紛争と六波羅探題の問注記」（『学習院史学』五七号、二〇一九年）

【編著者略歴】

田中大喜（たなか・ひろき）

1972年生まれ。学習院大学大学院博士後期課程修了。

博士（史学、学習院大学）。

現在、国立歴史民俗博物館・総合研究大学院大学准教授（併任）。

専門は中世武士団・在地領主研究。

主な著書に『中世武士団構造の研究』（校倉書房、2011年）、『新田一族の中世 「武家の棟梁」への道』（吉川弘文館、2015年）、『上野新田氏』（編著、戎光祥出版、2011年）、『下野足利氏』（編著、戎光祥出版、2013年）、『古文書の様式と国際比較』（共編著、勉誠出版、2020年）、『増補改訂新版　日本中世史入門』（共編著、勉誠出版、2021年）などがある。

図説《ずせつ》 鎌倉幕府《かまくらばくふ》

2021年 6月10日　初版初刷発行
2021年10月20日　初版2刷発行

編著者　田中大喜
発行者　伊藤光祥
発行所　戎光祥出版株式会社
〒102-0083 東京都千代田区麹町1-7 相互半蔵門ビル8F
TEL：03-5275-3361（代表）　FAX：03-5275-3365
https://www.ebisukosyo.co.jp
印刷・製本　株式会社シナノパブリッシングプレス
装　丁　山添創平

ISBN：978-4-86403-387-9

弊社刊行関連書籍のご案内

各書籍の詳細及びその他最新情報は戎光祥出版ホームページ
(https://www.ebisukosyo.co.jp) をご覧ください。

【図説シリーズ】A5判／並製

図説 真田一族　169頁／1980円（税込）　丸島和洋 著

図説 室町幕府　175頁／1980円（税込）　丸山裕之 著

図説 明智光秀　159頁／1980円（税込）　柴 裕之 編著

図説 豊臣秀吉　192頁／2200円（税込）　柴 裕之 編著

図説 明治政府　208頁／1980円（税込）　久保田 哲 著

図説 鎌倉北条氏　鎌倉幕府を主導した一族の全歴史　181頁／1980円（税込）　野口 実 編著

【戎光祥中世史論集】A5判／並製

8 承久の乱の構造と展開　転換する朝廷と幕府の権力　241頁／4180円（税込）　野口 実 編

9 中世宇都宮氏　一族の展開と信仰・文芸　336頁／4400円（税込）　江田郁夫 編

【中世武士選書】四六判／並製

27 小山氏の盛衰　下野名門武士団の一族史　243頁／2860円（税込）　松本一夫 著

30 相馬氏の成立と展開　名門千葉一族の雄　281頁／2970円（税込）　岡田清一 著

38 源頼朝　鎌倉幕府草創への道　213頁／2750円（税込）　菱沼一憲 著

【戎光祥選書ソレイユ】四六判／並製

002 九条兼実　貴族がみた『平家物語』と内乱の時代　162頁／1980円（税込）　樋口健太郎 著

005 中世武士の勤務評定　南北朝期の軍事行動と恩賞給付システム　193頁／1980円（税込）　松本一夫 著

南北朝武将列伝 南朝編　四六判／並製／416頁／2970円（税込）　亀田俊和・生駒孝臣 編

南北朝武将列伝 北朝編　四六判／並製／454頁／2970円（税込）　亀田俊和・杉山一弥 編